行业协会处罚权研究

凌潇——著

U0894117

高等教育出版社·北京

图书在版编目（CIP）数据

行业协会处罚权研究 / 凌潇著. --北京：高等教育出版社, 2022. 4

ISBN 978-7-04-056280-4

Ⅰ. ①行… Ⅱ. ①凌… Ⅲ. ①行业协会－行政处罚法－研究－中国 Ⅳ. ① D922.291.914

中国版本图书馆CIP数据核字（2021）第120199号

HANGYE XIEHUI CHUFAQUAN YANJIU

策划编辑 贾 雯　　责任编辑 贾 雯　　封面设计 张申申　　版式设计 杨 树
插图绘制 邓 超　　责任校对 刘娟娟　　责任印制 田 甜

出版发行	高等教育出版社	网　址	http://www.hep.edu.cn
社　址	北京市西城区德外大街4号		http://www.hep.com.cn
邮政编码	100120	网上订购	http://www.hepmall.com.cn
印　刷	北京七色印务有限公司		http://www.hepmall.com
开　本	787mm×1092mm　1/32		http://www.hepmall.cn
印　张	12.875		
字　数	250千字	版　次	2022年4月第1版
购书热线	010-58581118	印　次	2022年4月第1次印刷
咨询电话	400-810-0598	定　价	56.00元

本书如有缺页、倒页、脱页等质量问题，请到所购图书销售部门联系调换

物 料 号　56280-00

序言

行业协会处罚权问题研究具有独特的政策意义、现实意义与理论意义。在政策层面,近年来,行业协会自治能力的培育,已经越来越受到决策高层的重视,“多元主体治理”已经成为我国社会治理的发展基调,而行业协会处罚权制度的构建,则是关乎行业协会自治能力的重要制度架构。在司法实践中,行业协会处罚权引发的诉讼纠纷日渐增多,相关争议涉及司法审查的方式、处罚措施的合法性,以及处罚权与反垄断法的关系等诸方面。与之形成对照的是,我国学术界对于相关理论问题缺乏系统研究,在研究内容上存在缺憾,研究方法较为单一。本书的目的,在于以行业协会处罚权研究为中心,重新梳理有关行业协会自治的理论框架,回应现实的潜在需要,运用新的方法论,弥补研究内容上的不足,同时开拓潜在的研究领域。

在厘清行业协会、行业协会自治权、行业协会处罚权等关键范畴的前提下,本书导论部分回顾了国内外该领域研究的现状,指出该领域研究存在内容分散化、方法单一化等突出问题。

第一章为行业协会处罚权的基础理论部分,主要包括五个方面的内容:行业协会处罚权的表现形式、行业协会处罚权生成机制分析、行业协会中以处罚权为中心的社会控制体系、行业协会处罚权制度体系的平衡，以及行业协会处罚权的性质。行业协会处罚权的来源一般认为有三，以契约说为通说。契约说可以细分为民事契约说与社会契约说。民事契约说有助于正确解读处罚权纠纷的司法审查，符合其他法域司法实践的现实，但该说仅仅描述了权力产生的现象，而非对权力产生动力的分析，社会契约论的解释思路存在"方法—目标"的不匹配，并且可能与行业自治不相容。社会交换视野下的权力生成机制研究，首先需要阐述行业协会组织的产生。市场中的企业面临三种交换：与该行业内企业之间的交换、与国家之间的交换，以及与社会之间的交换。在同行业竞争者间内部交换方面，交易成本理论对于行业协会的产生机制具有较强的说服力。不过在理论上，行业协会并非节约交易成本唯一的组织形式，实践中，行业协会通常由大型企业推动建立，与交易成本理论也有所抵牾，因此，内部交换中降低交易成本的需求只是行业协会产生的基础，在没有其他因素介入的情况下，组织尚处于待唤醒的状态，而激发这一沉睡集团的突生变量，存在于企业与国家/社会的外部交换中。企业对外部交换资源具有很高的依赖性，需要通过行业协会实现结盟，以此制衡因依赖所引发的权力不平衡；企业从事外部交换以"价值共识"为中介物，以声誉机制为主要体现，这也给予了大型企业推动行业协会组织成立的额外激励。美国环境产业自治的发展历史可以为此提供佐证。行业协会形成后，组织可以为成员提供替代成本高昂的集体物品，而成员企业很难采取相应的反制措施，处罚权等自治权力也因此种依赖关系而生。以往有关集体行动的研究，往往忽视“混合奖惩”中奖与惩的关系，实践中也有部分行业协会主要采取奖励来激励成员。行业协会依据处罚权规则，界定奖惩的适用条件、类型以及程度，采取一定的监督与执行措施实施社会控制。在这一社会控制体系中，经常性的积极激励（奖励）提高了成员对收益预期的基准线，边际效应递减决定了消极激励（处罚）的主导地位。与公权力处罚相比，基于行业协会的专业性及信息优势，行业协会实施的处罚措施具有成本低、效率高的优点，有可能达致多方共赢的结果。行业协会处罚权制度的宏观构建应当以权力平衡为出发点，从内部、外部两种交换关系入手，以保障最低限度资源要求、提供基本替代机会、建立充分的信息交流机制、遏制成本外部化行为为基本原则。在传统的“公私法”二元体系视野中，对行业协会处罚权的性质认识包括两种学说：特殊行政行为说与私法权力说，但以权力平衡为目标的功能主义解释进路也许具有更强的实用性。

第二章阐述行业协会处罚权的优化配置与运行机制。行规行约是处罚权的静态表达形式。对行规行约的文本分析表明，我国行业协会在自治规则体系及处罚权规则体系建设方面存在较大缺陷。这一现象源于我国行业协会的社会资源动员能力薄弱的现实，行业协会依赖于政府权力的让渡，集体行动的内部挖潜反而处于边缘地位。处罚权制度的内部建设有助于行业协会有效实施资源聚合，提高治理能力。行业协会处罚措施一般包括财产罚、声誉罚、资格罚、集体抵制、除名等几种类型。一般来说,警告与训诫威慑力最低,除名威慑力最高,财产罚、声誉罚与资格罚则视组织、行业、成员的不同而威慑力差异较大。威慑力不同的处罚措施的分级适用,可以节约执法成本,保证处罚权的边际威慑力。处罚措施的严厉程度及枉行的发现概率,直接影响最优威慑效果,处罚程度的严厉性与枉行查处的动态监督不可偏废。行业协会处罚措施的严厉性需要考虑若干限制条件:第一,行业协会处罚一般应当低于制定法的制裁;第二,处罚严厉性受制于损害计算的准确性,损害危及外部个体时,行业协会处罚应格外审慎;第三,不同规模的企业对于处罚的敏感度差异,决定了处罚的基准应当以成员中占较大比例的中小企业为标准,并以声誉罚等措施矫正大型企业对部分制裁威慑不敏感的问题;第四,处罚严厉性要与行业协会规模相适应,组织规模较小、成员异质性程度低的协会,更接近关系型治理模式,不宜设置过高的处罚;第五,行业协会处罚同样需要考虑执行成本问题;第六,行业协会处罚与国家公权力处罚存在替代与扣除关系,在行业协会已实施处罚的前提下,公权力机关的处罚应当适当减少,反之亦然。就行业协会处罚权的适用条件而言,很难构建严密的“构成要件”理论,而应当侧重于内部运行的程序控制,并以司法审查作为监督其自由裁量边界的保障手段。在处罚权的运行机制方面,以内部巡查为主要代表的枉行查处措施,可以有效地修正由于信息不充分、注意力有限等原因导致的威慑不足,有助于行业协会与成员在互动中进一步厘清组织规则的内涵与外延,监督举报机制则可以一方面节约执法成本,另一方面提高制裁的威慑力。

第三章阐述国家公权力对于行业协会处罚权行使的引导作用。在绝对自治与国家强行干预之间,立法权与行政权的非强制性引导往往被忽略。其实,这种互动不仅可以协助行业协会遏制自律行动中的搭便车,还有助于减少行业协会行使处罚权的交易成本,促进处罚权的合法运作,最后通过建立“协同共治”的治理框架及规范运行机制,防止公权力对行业协会自治的过度干预。相较于法团主义,并充分考量我国行业协会发展程度不高的约束条件,“协同共治”更符合我国多元治理的发展思路。“共治”包括立法引导与行政引导两方面的内容。在立法方面,制定法应当为处罚规则划定基本的制度边界,不过多干涉处罚权的具体运行,而侧重程序上的适当控制。在行政引导方面,应当考虑从如下几方面着手:整合现有行业协会处罚实践中的制度资源,拟定示范文本;进一步优化行政部门对于行业协会绩效考核工作;以国务院反垄断委员会为实施主体,建立双向互动的信息咨询与建议机制,作为反垄断执法的前置引导措施。与立法权相比,行政权与行业协会处罚权之间的互动更为频繁,在介入态度上,行政机关应当秉持谦抑的立场。另外,行业协会处罚权的行使还必须考虑利益相关者的补偿问题。

第四章阐述行业协会处罚权纠纷的司法审查,包括司法审查的方式、范围,司法审查中的反垄断问题等内容。另外,本章还探讨了替代式争议解决方式的运作问题。处罚权纠纷到底应当采取民事诉讼还是行政诉讼,是我国学术界的主要争议点。在大陆法系国家与地区,行业协会处罚纠纷基本上都以民事诉讼方式审查,行政诉讼审查的范围主要限于职业协会。通过两种诉讼方式在行业协会处罚语境中的比较可以发现,对大部分行业协会而言,民事诉讼不会过分削弱法律对于成员利益的保护,同时可以避免行政诉讼给行业协会自治带来的负面效应。以功能主义为导向的混合式审查方案是一种较为可行的解决办法:行业协会处罚权引发的纠纷,原则上应当以民事诉讼解决,以行政诉讼为例外,在我国民事立法未就此作进一步明确规定之前,可以将处罚权纠纷类型化为合同纠纷处理。在法律法规对于行业协会的行业管理权有明确授权,且存在法定的或者实质意义上的强制入会时,由此产生的处罚权纠纷方可纳入行政诉讼。在审查过程中,无论行政诉讼还是民事诉讼,均应当以程序的正当性审查为原则,同时要求当事人穷尽组织内所有救济途径。程序审查也存在例外,在行政诉讼中,当处罚程序违反法律法规的强制性规定,或者剥夺被处罚人重大程序权利并且有可能带来重大损失的,被处罚者可以跳过"穷尽所有救济"环节要求法院径行裁判。民事诉讼中的例外,是指法院可以根据成员退出机制受限程度,以及处罚措施的严厉程度,决定对处罚事实问题的介入程度。由于信息的优势,行业协会内部纠纷解决机制可以提高纠纷解决的速度与质量,准确评估相关损失与制裁威慑,保护行业协会成员的商业秘密,但需要满足基本的程序正义要求,且不能排除司法审查。受资本专用性的影响,外部仲裁作为一种替代争议解决方案并不具有广泛适用性。行业协会的集体行动与市场自由竞争秩序之间存在巨大张力，由于意思联络以及共同行为的"表现度"更为明显，行业协会处罚权与限制竞争行为之间具有更为紧密的联系，有可能给市场竞争秩序带来更为严重的伤害。《中华人民共和国反垄断法》与欧盟的相关立法有一定差异，司法判例中体现的法院决策比较接近于美国的司法实践，在目前我国《反垄断法》实施时间短、经验案例缺乏的前提下，出于扶持行业协会发展的目标，我国法院可以采取相对审慎的态度对待反垄断民事诉讼中的举证责任分配等问题。行业协会处罚仅仅是实现限制竞争目标的手段，因此，只有在其可以非常明显地纳入价格固定等协议范畴的前提下，法院才可以对其适用本身违法原则，否则采取合理原则加以审查更为妥当。

目录

导论

1994年,全球治理委员会在一份报告中对"治理"(Governance)一词作出如下定义:"治理是各种各样的个人、团体——公共的或个人的——处理其共同事物的总和。这是一个持续的过程,通过这一过程,各种互相冲突和不同的利益可望得到调和,并采取合作行动。"[1]简而言之,治理"指出自政府,但又不限于政府的一套机构和行为体"[2],这一术语适用范围相当广泛,"是由共同的目标支持的,这个目标未必出自合法的以及正式规定的职责,而且它也不一

① [瑞典]英瓦尔·卡尔松、[圭]什里达特·兰法尔主编:《天涯成比邻——全球治理委员会的报告》,赵仲强、李正凌译,中国对外翻译出版公司1995年版,第2页。

② [英]格里·斯托克:《作为理论的治理:五个论点》,华夏风译,载《国际社会科学杂志》1999年第1期。

定需要依靠强制力量克服挑战而使别人服从”[1]。在这一语境下，治理主体多元化/多中心治理理论成了社会治理理论的基石。近几年，我国社会治理政策的走向与之日趋同步。2014年3月5日，李克强在第十二届全国人民代表大会第二次会议上所作的政府工作报告中，一方面将行政体制改革的“简政放权”作为重点领域改革的突破点，另一方面强调了“发挥社会组织在公共服务和社会治理中的作用”，从政府与社会组织两个层面为我国今后的社会治理奠定了“多元主体治理”的基调。要发挥社会组织对其成员的行为导引、规则约束、权益维护作用，就必须将行业规章等发挥自律功能的自治规范作为“多层级多领域”依法治理的重要环节。而行业协会自律惩戒制度的构建，则是关乎行业协会自律绩效的重要制度架构。另外，提高我国行业协会自律惩戒制度的研究与实践水平，有助于强化行业自律，既为推行政社分开、政企分开、管办分离，推进行业协会商会与行政机关脱钩奠定工作基础，也为脱钩后行业协会的发展指明道路。

相对于党的十八大提出的“社会管理创新”，最新的政策表述无论在概念选择、治理思路还是政府定位方面，都更加符合国际治理模式变革的趋势。在国家政策层面，对行业协会社会治理能力的重视具有明显的延续性与稳定性：国家“十二五”规划纲要首次以专章形式（第三十九章）规划了加强社会组织建设的工作思路，在依法监管的同时，也强调了

① [美]詹姆斯·N.罗西瑙主编：《没有政府的治理》，张胜军、刘小林等译，江西人民出版社2001年版，第5页。

通过强化行业自律,实现推动政府部门向社会组织转移职能的目标。

治理理念的转变需要具体治理技术的应时而动。行业协会处罚权问题本属于“社团罚”的一个子课题,是大陆法系民法的传统研究领域,但除德国外,其他法域的民法学者对行业协会处罚权的研究并不多见。民商法研究旨在对平等主体间的权利义务关系加以研判,而行业协会处罚权体现一定的不平等性,与民事法律关系研究趣旨有所抵牾,这也许是在诸多“通论式”的民法学著作中难觅其踪迹的根本原因。

日本学者富井政章所著的《民法原论》在私权之主体一编中有关于社团的论述,但未提及社团罚问题。[①] 在日本学者山本敬三所著的《民法讲义·总则》中,“法人以外的团体”一节重在分析社团的内部治理结构以及财产关系,也未涉及社团罚问题。[②] 我国台湾地区学者的研究体例与之相仿。在梅仲协所著的《民法要义》中,对于社团问题的论述主要涉及社团的设立、登记、内部治理结构以及对外民事权利义务关系[③];郑玉波的《民法总则》则简要提到了“开除”这一常见的社团处罚方式,认为开除应以有正当理由为限,否则可请求法院对开除决议予以撤销。[④] 不过,这

① [日]富井政章:《民法原论》(第一卷),陈海瀛、陈海超译,中国政法大学出版社 2003 年版,第 87~178 页。

② [日]山本敬三:《民法讲义·总则》,解亘译,北京大学出版社 2004 年版,第 330~334 页。

③ 梅仲协:《民法要义》,中国政法大学出版社 1998 年版,第 71~75 页。

④ 郑玉波:《民法总则》,中国政法大学出版社 2003 年版,第 231 页。

部分论述属于“社员资格”的子项,该学者论说的重点在于阐释会员资格的取得与丧失,而非社团处罚权力如何行使。总体来说,在民法学者卷帙浩繁的民法学著作中,甚少涉及社团处罚。① 这一研究盲点与各法域的民法典立法体例有直接的因果关系。大陆法系的民法典中鲜见与社团罚相关的法律规范,社会团体组织的法律规制一般交由特别法来完成。②

即便在特别法中,法条的体例安排也大致与民法思路相一致,只不过在一些技术细节问题上更为具体,但有关社团罚的内容同样粗略。以《日本一般社团法人及一般财团法人法》为例③,该法是日本“关于一般社团法人及一般财团法人之设立、组织营运及管理”的基本法,其中仅第二十九条与第三十条规定了社员除名:“社员之除名,限于有正当之事由时,得由社员总会决议之。在此场合,一般社团法人应于该当社员总会日起算一星期前通知该社员,且应于社员总会日赋予申辩之机会。社员之除名,如未通知被除名之社员,不得对抗该当社员。”该法第二百六十六条

① 例如,李开国所著的《民法总则研究》,马俊驹、余延满所著的《民法原论》及朱庆育所著《民法总论》,论述社团法人的篇幅都较小,仅列举了社团法人的主要特点、社团法人与财团法人的界分,论述的核心在于剖析社团法人的权利能力以及行为能力。

② 例如,《意大利民法典》第二节是关于社团与财团法人的规定,该节第 24 条是整部法典中唯一与社团罚相关的法条,其内容也仅限于“除名”。参见《意大利民法典》,费安玲、丁玫译,中国政法大学出版社 1997 年版,第 16 页。

③ 以下所引用的《日本一般社团法人及一般财团法人法》法条,均来自我国台湾地区学者范姜真媺的翻译文本。

以及第二百六十九条的有关规定，可以适用于除名等社员总会决议引发的司法诉讼。除此之外，该法绝大部分的内容都意在规范社团法人的设立、合并与分立、解散，以及社团法人的内部治理结构。

从研究重点来看，笔者认为，我国法学界对于行业协会的研究，在目标以及内容方面都面临关键性的转换临界点，应当从传统的"立法主导模式"研究范式，逐渐向理顺行业协会自治权力的运行方面转型。[①] 如果对行业协会自治权行使的动态过程稍加分析即可发现，行业协会处罚权是行业协会内各项自治权力中唯一一个贯穿始终的权力：在规则制定权中，无论是章程还是其他具体行规行约，处罚权规则都是自治与自律得以实现的重要保障；行业协会对成员生产经营行为的监督与信息获取，主要目的在于及时发现成员枉行，并通过处罚措施予以纠正；在纠纷解决环节，从现实发生的司法判例来看，行业协会与其成员之间产生的争议基本上都围绕着处罚权展开。可见，关于行业协会处罚权问题的系统性理论研究，可以重新梳理有关行业协会自治权力研究的脉络，阐明行业协会自治权力的运作逻辑

① 必须要说明的是，笔者并不认为我国当前行业协会等社会组织的立法工作已经非常完备。我国社会组织管理的三大基本法规《社会团体登记管理条例》《基金会管理条例》和《民办非企业单位登记管理暂行条例》都还有进一步完善的空间。修正"多元治理"观从根本上改变了以往自上而下进行社会管理的思路，理论研究者应当充分考虑当前我国社会组织自治、自律、自主能力相对欠缺的现状，未雨绸缪，关注社会组织自治尤其是自治权力行使的各领域，如规则(by-law)制定权、处罚权、纠纷解决权等，为社会组织将来承接社会治理职能提供前摄性的理论指引。

与基础,夯实行业协会自治权的理论基石。

目前,虽然我国行业协会处罚权实践案例还不多见,但可以预见的是,随着“多元治理”方略的逐步推进,集中体现行业协会自治权力的处罚行为将越来越多地出现在公众视野当中。事实上,在某些地方与领域,行业协会处罚引发的司法纠纷已经开始引起人们的注意。

2001年,广州吉利汽车足球俱乐部以中国足球协会侵害其名誉权为由提起诉讼[①],其纠纷因处罚行为而生,原告要求法院判令中国足协承担因侵犯名誉权产生的民事责任。2002年,长春亚泰足球俱乐部向北京市二中院提起行政诉讼,要求法院撤销中国足协作出的《关于对四川绵阳、成都五牛、长春亚泰、江苏舜天和浙江绿城俱乐部足球队处理的决定》。足协的上述“决定”包括取消升级资格、取消转会资格、取消引进国内球员资格等处罚措施,处罚对象不但涉及五家足球俱乐部,还包括部分教练员与球员。[②]对以上两起处罚权纠纷,受理法院最终都采取了回避态度,吉利诉中国足协名誉侵权一案,法院最后根据《最高人民法院关于审理名誉权案件若干问题的解

① 具体参见《法院驳回吉利诉状　桂生悦很想不通》,搜狐网,2002年2月8日发布,2016年4月8日访问;以及《吉利将足协告上法庭　法院以“名誉权纠纷”为由受理诉状》,新浪网,2001年12月13日发布,2016年4月8日访问。

② 该案案情以及争议点的客观梳理,参见天津体育学院体育法学研究所材料。

释》第四条规定，[1]认定该案不属于人民法院受理民事案件的范围，裁定“驳回起诉”；亚泰诉中国足协行政处罚一案，一审法院最终以该案不符合行政诉讼受案条件为由，裁定“不予受理”。正因为这两起诉讼案件引发的争议，衍生出我国法学界对于行业协会处罚权问题的第一次集中探讨。

2011年，北京市从事水产批发的个体户娄某，以《北京市水产批发行业协会手册》中的“奖罚规定”构成垄断协议为由，向北京市二中院提起诉讼，法院最后支持了娄某的诉讼请求，判决认定，北京市水产批发行业协会通过内部奖惩规定，“组织会员达成变更和固定獐子岛扇贝价格的垄断协议的行为”[2]，属于《反垄断法》所规制的横向垄断行为。该案被誉为自《中华人民共和国反垄断法》实施以来，“横向垄断协议”的第一案。[3]

另外，尚有一些并未进入司法审查的行业协会处罚实例。据《城市信报》报道，为解决分散农贸交易中严峻的食品安全问题，山东省青岛市工商局市北分局与农贸市场主

① 该条司法解释具体内容是，“国家机关、社会团体、企事业单位等部门对其管理的人员作出的结论或者处理决定，当事人以其侵害名誉权向人民法院提起诉讼的，人民法院不予受理”。

② 刘娟、王要勤：《个体户告水产批发协会垄断胜诉》，《北京日报》2013年11月22日。

③ 刘娟、王要勤：《个体户告水产批发协会垄断胜诉》，《北京日报》2013年11月22日。

办方南山商会[①]共同签订《南山市场食品安全“连保联控”责任书》《南山市场食品安全“连保联控”协议书》。这一试点机制的核心在于:(1)经营者向市场主办方预交“质量保证金”,保证金既是一种惩罚手段,也是经营者向消费者履行集体赔偿义务的经费来源;(2)对市场按销售产品门类划分片区,片区内商户出现食品安全问题的,同片区所有经营户都将被张贴“黄牌”予以警告。[②]

需要特别说明的是,尽管一般观点认为,行业协会的处罚权行使对象仅限于协会成员,但在实践中,已有部分行业协会的处罚行为开始溢出会员的边界,延伸到非会员的其他社会个体。根据上海黄金饰品行业协会制定的《上海黄金饰品行业黄金、铂金饰品价格自律实施细则》第五条,各金饰品经营者应以协会制定的中间价为基准,上下正负浮动不得超过3%,违者将受到相应制裁,而“非会员单位从事黄金饰品业务的经营者”也应遵守价格自律,如有违反,协会将采取“业内通报批评”的处罚方式回应。[③]最终,上海市物价局认定该行业协会以及老凤祥银楼等五家主要金店的行为构成价格垄断,并作出了总金额1 059.37万元的

---

① “南山商会”是青岛的地方性、自发性社会组织,前身为南山个协团队。因此,该组织并非本书定义的、以企业为成员的典型性行业协会。实际上,娄某诉北京市水产批发行业协会一案中,原告的身份也是个体工商户。在后文中笔者将在行业协会概念定义环节,阐述将这一类非典型协会作为部分分析样本的理由。

② 相关新闻报道参见《一户卖黑食品附近商贩也要“连坐”》,搜狐网,2013年4月17日发布,2016年4月8日访问。

③ 《金店裸金转手提价上百元　行业协会成保价帮凶》,搜狐网,2013年7月22日发布,2016年4月8日访问。

处罚决定。[①] 中国银行业协会在2013年9月出台了《中国银行业协会“失信债务人”名单管理办法》(征求意见稿),面向会员单位征求反馈意见。在该意见稿的第四章与第五章中,中国银行业协会将会把失信债务人的失信信息在会员单位内通报,并采取限制或停止办理相应业务等联合制裁措施。

上述案例部分反映出行业协会处罚权研究的几个核心议题:行业协会处罚权的范围与边界如何界定?国家权力介入的条件、依据、方式与权限如何判定?司法机关应当如何处理涉及行业协会处罚权的各类诉讼?尽管现有研究对以上问题进行了一定深度的探讨,但大多就事论事,缺乏系统性研究,为实践提供的理论支撑非常有限。在足协涉诉风波之后的2008年,同样是中国足协,同样是纪律处罚(此次处罚的对象为武汉光谷俱乐部的违规球员),同样遭到俱乐部方面的强烈质疑,在多轮对峙之后,光谷俱乐部愤然退出中超联赛。

综上,出版本书的主要目的有以下三点:

其一,顺应“多元治理”的发展潮流,回应现实的潜在需要。在美国,行业协会是不容忽视的经济力量与政治力量,例如,拥有近200家成员的美国化学协会(The American Chemistry Council),有近300名职员专职从事该行业的自律工作,该协会下属数十个分支实体,每年运行的财政预算

① 《操纵行业零售价格　损害消费者利益——发改委谈上海黄金饰品行业协会及部分金店价格垄断案件》,环球网,2013年8月12日发布,2016年4月8日访问。

高达1.1亿美元。[①]改革开放以来，我国行业协会的发展也非常迅猛。[②]行业协会参与社会治理的主要方式在于自治权力的有效行使，因此，亟须理论界对行业协会自治权行使的基本规律进行系统性研究，全方位观照自治权力的产生、性质、配置运行以及权力边界等基础性理论问题，为应对社会生活中已经发生以及可能发生的实务难题提供理论指南。

其二，以行业协会处罚权研究为着力点，重新梳理行业协会自治权的理论框架。即便是对行业协会理论问题研

① M.L.Barnett.One Voice, but Whose Voice? Exploring What Drives Trade Association Activity.*Business & Society*.2009(2):213-244.

② 有资料显示，我国行业协会数量从20世纪80年代的2家，增长到2004年年底的4万多家，占到我国当时社会团体总量的近1/3，“其中，全国性行业协会数量近700家，占全国性社团总数的40%。”（数据来源:《中国行业协会发展现状描述》，广东机构编制网。“2012年，我国行业协会数量达到6万余个，会员2 000余万家（含个体工商会），协会工作人员100多万人。仅600余家全国性行业协会商会就有会员企业427.9万家，其中中等规模以上企业22.9万家，协会工作人员16 000多人。”（数据来源:《2012年中国人权事业的进展》，中华人民共和国中央人民政府网，2013年5月14日发布，2016年4月8日访问，以及《民政部、人力资源和社会保障部联合举办首届全国行业协会商会领军人才高级研修班》，网易新闻，2013年4月14日发布，2016年4月8日访问)。中国社会组织网资料显示(2016年4月8日访问，该统计资料中并没有单列的行业协会数据，而是按照功能区分进行的归类整理)，2009年，我国各类社会团体数为229 681个（各类社会组织总数为431 069个)，其中“工商业服务”的有20 945个，“职业及从业组织”15 247个（这部分社会组织并非本书所谓的行业协会外延)，即便二者之和也不及4万个，但近十几年我国行业协会经历了爆发式增长，调查数据之间存在较大矛盾，要得出一个准确的数字比较困难，再加上对于行业协会外延认识的不同，因此，即便是千辛万苦得出的统计数据也可能有所出入。不过，我们依然可以从这些数据中感知行业协会的不断发展壮大。

究比较深入的美国，研究的系统化程度的欠缺依然引起了人们的担忧。[1] 作为行业协会自治权的重要表现形式，对行业协会处罚权的研究就更加缺乏全面梳理。行业协会处罚权既在运行的逻辑上起着承前启后的中继作用，也是行业协会自治与社会环境互动的直接体现。本书试图以系统性的研究视角，将处罚权置于规则制定权、内部监管权、争议解决权等其他自治权力的关联体系中，构建一个以制度供给、枉行监督、强制执行、冲突解决等环节构成的，多层次的“嵌套式企业”研究框架。[2] 在研究内容方面，国内外学术界对于该领域一些基本理论的问题研究结果并不令人满意：行业协会处罚权如何产生？平面式的缔约行为中如何衍生一种自上而下的社会权力体系？哪些因素影响着处罚权的功能效果？新的研究方法能否为处罚权的设置、边界等难题提供解决思路？笔者试图在研究中探索新的方法论，为以上重大理论问题提供新的视角与分析方案。

其三，开拓潜在的研究领域。理论研究的命题，需要在实证研究中加以验证与考察。目前，我国行业协会的实证研究体现鲜明的“地域性”特征，不少学者对我国某些行业协会发展较好地区（其中比较突出的是温州等地的民间行业协会）的实践经验展开了多学科多角度的论述，

---

① B. R. Barringer, J. S. Harrison. Walking a Tightrope: Creating Value Through Interorganizational Relationships. *Journal of Management*. 2000(26): 367–403.

② ［美］埃莉诺·奥斯特罗姆：《公共事物的治理之道：集体行动制度的演进》，余逊达、陈旭东译，上海译文出版社 2012 年版，第 120 页。

这一研究思路尽管反映了我国行业协会发展严重不平衡的客观现实，但从本质上说，行业协会是某一行业内——而非同一地域内——从业主体的联合，因此，对于行业协会的实证研究也应当开始更多地立足于考察不同行业中行业协会的社会治理。遗憾的是，以行业为基本对象的“条块式”实证研究，目前仅限于体育、出版等少数行业部类。

环境保护、食品安全等问题一直是全社会关注的焦点议题。在此类具有重大外部性风险的行业中，行业协会自治恰恰有巨大的施展空间，国外的相关研究成果已颇为丰硕，相较之下，我国学术界尤其是法学界的研究就显得较为贫乏。国外研究一般以行业自律与产业规制的关系入手，其中的自律（Self-Regulation）是一种相对于公共规制（Public-Regulation）的治理维度，自律的主体主要是行业协会。[①] 有学者将自律定义为，一家企业、一个行业或者某个商业联合体建立起一套自己的行为标准规范并加以推行的行为，并且这种行为规范标准的设置没有法律法规的强制规定，或者这种标准规范遵守超出了法律法规的强制性要求。行业自律的重要标志在于其产生与发展基于成员自愿，属于与法规强制性对应的任意性范畴。[②] 美国的行业

① T.R. Wotruba. Industry Self-Regulation: A Review and Extension to a Global Setting. *Journal of Public Policy & Marketing*. 1997(1): 38–54.

② T. A. Hemphill. Self-Regulating Industry Behavior: Antitrust Limitations and Trade Association Codes of Conduct, *Journal of Business Ethics*. 1992(11): 915–920.

自律机制目前已经比较成熟，例如，美国化学协会吸纳了加拿大同行的自治理念，在美国化学行业中大力推行“责任关怀”行业自律计划指令。类似行业自律项目还包括：美国化学品销售商协会开展的“责任销售计划”（Responsible Distribution Process），美国森林与造纸业协会开展的“森林可持续发展倡议”（Sustainable Forestry Initiative），以及美国纺织业协会开展的“环保卓越项目”（Encouraging Environmental Excellence）等。在实证材料丰富的基础上，针对自律实践的理论研究已经颇具规模。

从目前的国外研究来看，行业自律的一些理论基本问题尚存在较大分歧：行业自律的实效是否被夸大？[①]自律标准制定后如何确保其执行？行业协会处罚权是否是保障自律实效的必要手段？[②]如何确定自律计划中处罚手段的合法性边界？可以看出，这些分歧点大多与行业协会处罚权直接相关。因此，通过基础理论与热点实证领域的交互式研究，可以开辟我国社会治理研究的新领域，并为食品安全、环境污染等企业外部性行为的规制提供崭新的思路。

---

① 关于行业自律的质疑，参见 H. J. Levin. The Limits of Self-Regulation. *Columbia Law Review*. 1967(67):603.

② 关于这一问题在后文中将进行深入分析，相关代表性论文参见 A. A. King, M. J. Lenox. Industry Self-Regulation Without Sanctions: The Chemical Industry's Responsible Care Program. *Academy of Management Journal*. 2004(43):698-716.；M. J. Lenox, J. Nash. Industry Self-Regulation and Adverse Selection: A Comparison Across Four Trade Association Programs. *Business Strategy and the Environment*, 2003(12):343-356.

第一节　行业协会处罚权的基本范畴

行业协会处罚权是行业协会自治权权能的一种重要表现形式。在作进一步论述之前，有必要将本书的几个基本书范畴加以明确。概念外延的取舍取决于研究者的目标，而不同的研究目标，成了定义者的“前见”。“由于思维过程被看成用语词进行解释的过程……说话的人……是如此地指向对事物进行直观的特殊因素，以致他所说的一切都分有了他正在考虑的环境的特殊本质。”①

一、行业协会

行业协会概念的外延与内涵。与“行业协会”对应的英文名称通常有如下几种：Business Association、Trade Association、Industry Trade Group，以及 Sector Association。不过根据《牛津法律大辞典》的解释，Business Association 是指“出于商业上的目的而由个人组合而成的团体，有正规的管理制度和独立于其成员的资产”，可见，Business Association 主要指的是合伙与公司，该辞典的中文译者也因此将之翻译为“商业性社团”②。与“行业协会”对应的辞

① ［德］汉斯-格奥尔格·伽达默尔：《诠释学 I 真理与方法》，洪汉鼎译，商务印书馆 2010 年版，第 603~604 页。

② ［英］戴维·M. 沃克：《牛津法律大辞典》，李双元等译，法律出版社 2003 年版，第 148~149 页。

条是 Trade Association,“该术语同时指制造商或贸易商协会、贸易保护协会及类似团体”[①]。

总体来看,出于不同的研究目标,国内外学者主要在狭义、广义、最广义三个层面使用“行业协会”这一概念。

(1) 狭义的行业协会概念。有学者认为,行业协会是一种非盈利性的中介性组织,目的在于保护特殊共同利益,其成员一般为企业,且具有单一性和竞争性[②],由于职业协会的共同利益是智力而非经济,其封闭性较强,中介性较弱,所以并不属于该范畴下行业协会研究的对象。[③]此外,由于参与成员之间的竞争性体现得并不明显,因此这一定义也不包括以地域为联结点组成的部分商会。[④]

(2) 广义的行业协会概念。美国学术界对于行业协会(Trade Association)所作出的比较权威的定义是:“行业协会是某种商品(或者服务)的生产者(或者销售者)基于共同利益组成的社会组织。”[⑤]在这一定义中,个体性(非企业)、智力性、封闭性并不妨碍职业协会成为行业协会大家

① [英]戴维·M. 沃克:《牛津法律大辞典》,李双元等译,法律出版社2003年版,第1112页。该辞典并未对行业协会的含义作进一步论述。

② 鲁篱:《行业协会经济自治权研究》,重庆:西南政法大学博士学位论文,2002年。

③ 鲁篱:《行业协会经济自治权研究》,重庆:西南政法大学博士学位论文,2002年。

④ 在我国语境下,某些行业协会也采用了“商会”的称谓。

⑤ National Industrial Conference Board. Trade Associations, Their Economic Significance and Legal Status. New York: National Industrial Conference Board. 1925. n. 1. 转引自 The Validity of Penalties in Trade Association Agreements. *Columbia Law Review*. 1932(32): 313–324.

族的一分子。以地缘要素为结合的商会,有另一专有概念Chamber of Commerce 加以描述,因此,至少在英美法系语境下,商会与行业协会从一开始就没有语义上的交叉。有学者对商会一些基本特征的概括,使之与行业协会区分开来:① 不以行业作为准入条件;② 以特定地域的经济环境为目标;③ 不追求政治目标。商会与行业协会也存在某些类似特征:都受国家保护与认可、都履行部分公共职能、都具有科层制的内部管理结构。

(3) 最广义的行业协会概念。也有学者在更为广泛的意义上使用行业协会这一概念——市场主体自愿设立的,旨在协助其成员以及整个行业解决公共问题,为生产经营活动提供制度安排与规则支持的组织,都可被看作行业协会。[①] 在这一定义中,不但职业协会当然地被纳入概念的外延,甚至成员彼此之间竞争性并不明显的采购人经理(Purchasing Manager)、业务经理(Office Manager)协会,也被看作行业协会。

为了避免研究范围过于宽泛导致的论证分散化,这里我们采用的是狭义的行业协会概念。“如果并且只要一种社会关系内部的社会行动取向是基于理性动机下的利益平衡,或者类似动机下的同意,它就可以叫作‘联合体’

① D. D. Martin. The American Trade and Business Association: A Study of Its Growth, Structure, and Functions in the Emergent American Society. Michigan State University. D. B. A. 1964. Economics General: p29.

(vergesellschaftung)关系”[1],因此,在本书中,行业协会是某个特定行业的从业者,基于工具理性动机创建的互益性联合体,这一联合体是经济的联合,创立的基本目的在于促进成员所处行业的发展,并通过信息交流、行业标准建立等方式,解决所处行业企业面临的公共问题,提高成员向公众提供产品(或服务)的水平。成员是否是企业法人,并非本书中行业协会的判定标准。同时,这一定义也将职业协会排除在行业协会外延中。不过,职业协会乃至其他一些民间自治组织在社会治理过程中,同样存在通过处罚措施协调集体行动的问题,鉴于手段与目标之间的相似性,相关的实证案例可以作为重要参照与对比。

二、行业协会自治权

韦伯认为,所谓自治(Autonomy),意味着“该组织的秩序并非产生于外来者制定法上的行动,而是产生于其成员自身的权威”,与之相对的,“他治(Heteronomy)的秩序则是由外来者强加的”,自治往往意味着自主(Autocephaly),即“首脑及其班子是按照该组织本身的自治秩序被挑选出来的,而不是像他主(Heterocephaly)的组织那样由外来者任

① [德]马克斯·韦伯:《经济与社会》(第一卷),阎克文译,上海人民出版社 2010 年版,第 132 页。这种联合体旨在“达成一致去改善竞争环境……同意遵守规则以调整交易和保障对人人都有利的一般条件……构成了以纯粹的自我利益互为取向的行动类型……是现代经济生活的典型特征”。参见[德]马克斯·韦伯:《经济与社会》(第一卷),阎克文译,上海人民出版社 2010 年版,第 135 页。

命”[①]。考虑到我国存在大量官办、半官半民行业协会的具体现实，以韦伯所言之自治与自主的要求来界定行业协会自治权的话，不免有生搬硬套之嫌。

要对行业协会自治权加以定义，重在分析自治权的功能性目标，自治权是保证功能目标实现的基本手段。关于行业协会功能的具体表现形式，有学者将其归纳为：游说官方规制执行者、通过一系列活动（如贸易展览）增进集体产品的生产、保持经济优势、通过制定产品标准等方式减少立法的不确定性，以及提升协会成员的社会形象。[②]从行业协会功能目标出发，行业协会自治权可以定义为：行业协会组织对其成员享有的、不受第三方不当干涉的社会权力，这种权力的目的在于协调成员集体行动以实现商业、政治等方面的集体目标。

需要说明的是，行业协会自治权的渊源有二：基于成员协商，以行规行约作为权力产生的主要成文记载与形成标志；由于法律明确规定或者行政机关委托而享有的自治权威。[③]但是，最终渊源并不构成判断一项权力是否属于自治权力的标准，自治权力的产生无论基于何种原因，只要行业协会在一定范围内享有不受国家公权力干预的自主地位，就不影响其自治权力的存在，相反，若行业协会享有的某项

① ［德］马克斯·韦伯：《经济与社会》（第一卷），阎克文译，上海人民出版社 2010 年版，第 142~143 页。

② C. Oliver. Determinants of Interorganizational Relationships: Integration and Future Directions. *The Academy of Management Review*. 1990(15): 241–265.

③ 此处之所以没有使用权力，理由在于，制定法赋予行业协会组织自治的权威或曰地位，该组织据此制定有关自治规则，并最终享有现实的自治权力。而制定法直接规定权力内容的，并非本研究所谓之自治。

具体权力，源于法律法规的明文规定，或者是出自行政机关的行政委托行为，则该项权力不属于自治权的范畴。例如，2001年，国家经贸委将本来由政府部门承担的全国室内装饰设计单位、施工企业资质等级和项目经理审查与颁发证书工作，通过行政委托的方式，交由中国室内装饰协会承担。[①]中国室内装饰协会承担的这项职能，就属于行政权力的范畴。[②]其次，我国行业协会的组建具有多元性（官办、半官半民、民间自发），成立的方式与行业协会拥有的自治权之间也不存在直接的因果关系。简而言之，判断某项权力是否属于行业协会自治权的范畴，可以通过该项权力的具体内容到底是源自章程、行规行约、成员集体特别授权，还是国家法律法规的规定、行政机关委托加以判断，若为前者，则可纳入行业协会自治权的范畴。

至于行业协会自治权的具体构成，学者意见看似不完全一致，实则殊途同归。鲁篱将行业协会的经济自治权归纳为规章制定权、监管权、惩罚权、争议解决权以及起诉权。[③]陈晓军的归纳与之略有不同，他将监管权中的标准制

① 《政府管理职能首次委托给行业协会》，《人民日报》2001年4月12日。

② 另一个例子，《中华人民共和国注册会计师法》第三十五条规定："中国注册会计师协会依法拟订注册会计师执业准则、规则，报国务院财政部门批准后施行。"注册会计师协会制定准则规则并加以执行的权力，因为需要经国家权力机关的批准方产生效力，属于国家认可的行为规范，因此，该行规行约并非自治规范而是属于国家法律的范畴，制定该行规行约并加以执行的行为，也不属于自治权范畴。

③ 鲁篱：《行业协会经济自治权研究》，重庆：西南政法大学博士学位论文，2002年。

定与实施权以及认证权单列为一项自治权力，同时新增了信息发布权。[①] 鲁篱所言之监管权不但涵盖了标准的制定、实施以及认证，而且包括行业协会对成员的日常监督，此项权力旨在保证及时发现成员枉行，承前——落实行规行约的实施，启后——联结处罚以及纠纷解决，如把这一项重要权力排除在行业自治权外，则不符合自治权力运作的制度逻辑。信息发布权可以单列：行业协会对行业内信息的获取与鉴别具有不可比拟的优势，由其发布信息可以有效降低信息成本，但行业协会与信息相关的权力远不止发布权这么简单。我们比较赞同陈承堂对于行业协会自治权力的二元划分方案，他将行业协会的权力类型化为协调权和信息权两项，其中，协调权涵盖规则制定、监督、处罚、纠纷解决以及代表诉讼，信息权则包括信息智库、信用评价、信息预测等内容。[②] 综上，与本论题直接相关的行业协会自治权力包括规则制定权、对成员行为的监督权、成员枉行的处罚权、争议解决权四项，这四项权力在逻辑上前后相接，在具体运作中，都存在相应的信息生产与发送机制。

三、行业协会处罚权

行业协会属于传统大陆民法理论体系中“社团”的

① 陈晓军：《互益性法人法律制度研究——以商会、行业协会为中心》，法律出版社 2007 年版，第 104~140 页。

② 陈承堂：《论社会团体权力的生成——以消费者协会与行业协会为例》，载《南京大学学报》（哲学·人文科学·社会科学）2009 年第 4 期。

子类型，因此，行业协会处罚权也是传统民法理论中社团处罚权的下位概念。经典的民法理论对于社团罚的定义是描述性的，种类上主要包括罚款与开除会籍两种方式，对于声誉罚、资格罚、集体抵制等其他处罚措施大多保持缄默。[①]

相较之下，我国学者对于社团罚的定义则更为完备。有学者将之视为社团为维护社团秩序，依章程对违章、违规社员实施的惩罚措施；[②]也有学者认为，所谓社团罚，"是指社团内以章程及其他自治规则的规定为表现形式，对社团成员及至社团外社会成员所施的惩罚性规则"[③]。

基于对行业协会及其自治权的定义，本书所言之行业协会处罚权，与鲁篱所言之行业协会"非法律惩罚权"[④]有相似之处，是指行业协会为了协调成员集体行动，增进组织的集体福利，依据其所享有的自治权力，以枉行纠正为目标，对枉行成员采取的使其遭受不利益或者不再享有某项

---

① 例外的是，王泽鉴将社团罚定义为"为维持社团的纪律及秩序，社团对社员常须为一定的制裁，诸如开除、停权、罚款、不许使用社团设施等"（参见王泽鉴:《民法总则》，中国政法大学出版社 2001 年版，第 191 页），但并未对此展开论述。

② 袁曙宏，苏西刚:《论社团罚》，载《法学研究》2003 年第 5 期。

③ 方洁:《社团罚则的设定与边界》，载《法学》2005 年第 1 期。

④ 对于行业协会内部规则中规定及实践中采取的处罚形式，鲁篱将之类型化为正式的法律惩罚机制与非法律惩罚机制，前者实质上是一种建议权，核心在于向相应政府部门披露相应成员违法违规信息，从而建议政府部门给予警告、吊销生产（经营）证照等处罚。另一种则是非法律惩罚，与本研究定义外延基本一致。参见鲁篱:《论非法律惩罚——以行业协会为中心展开的研究》，载《河北大学学报》（哲学社会科学版）2004 年第 5 期。

利益的行为。[①]行业协会基于法律法规明确规定，或者由行政机关委托而产生的处罚权力，由于与行业协会自治权性质迥异，因而不属于本书的研究范畴；行业协会对非成员组织与个人实施的惩罚行为，也不是本书所言之行业协会处罚权，但是，这一现象体现了以处罚权为代表的行业协会自治权力与周围社会环境之间的互动，我们将对此进行一定程度的、“连带性”的研究。

第二节　国内外研究现状与问题

一、海外研究综述

欧洲行业协会处罚权制度的历史可以追溯至中世纪。中世纪的行会是一种相互保护的团体和基于自愿成立的法律实施组织，行会通过罚款、开除等处罚措施保证成员忠实履行行会规章的义务，有关纠纷需要先通过行会内部仲裁法庭审理。[②]在大陆法系研究传统中，行业协会处罚

① 这一较为烦琐的定义将惩罚(Punishment)区分为两种类型：直接的利益损失及取消其获得某种利益的可能与机会。这一区分的灵感部分来源于柯斯丁对于惩罚的经典定义：Punishment is the presentation of an aversive event or the removal of a positive event following a response which decreases the frequency of that response. 参见 A. E. Kazdin. *Behavior Modification in Applied Settings*. Homewood，Ⅲ. Dorsey. 1975：33-34.

② ［美］哈罗德·J. 伯尔曼：《法律与革命——西方法律传统的形成》，贺卫方等译，中国大百科全书出版社 1993 年版，第 480~482 页。

权问题属于传统民法之概念——“社团罚”的子概念,在《意大利民法典》等部分大陆法系成文民法典,以及大陆法系国家的法院裁判案例中均有所体现。《德意志联邦共和国基本法》第九十二条规定法院对司法权行使具有专有地位,基于对此条产生的不同认识,德国学者对于社团罚存在三种不同的学说。弗卢梅持民事契约说,认为社团不应当享有处罚成员的权力,有关罚款、除名等常见的处罚形态要么应当视作合同违反之违约金,要么看作成员资格存废的表现。[①] 拉伦兹持私法纪律说,他认识到社团罚是一种独立于违约责任的社团纪律维持措施:罚款等处罚以准司法形式运转,其目的在于通过组织的谴责性表达,达到间接强制成员履行社团义务的目的,总括的损害赔偿并非罚款的功能目标。[②] 梅迪库斯则认为私法纪律说与民事契约说都与私法自由原则相吻合,社团罚可以类推适用民事裁判的一般原则。[③] 不过,从总体来看,社团罚属于民法研究体系中一个比较冷门的分支,郑玉波在《民法总则》中仅以“开除应以有正当理由(如吸食鸦片,或有其他不法情事)为限(民第五〇条二项四款),否则被开除者得依我民第五六条之规定,请求法院撤销其决议,以资救济”

① [德]卡尔·拉伦茨:《德国民法通论》(上册),王晓晔等译,法律出版社 2003 年版,第 229 页。

② [德]卡尔·拉伦茨:《德国民法通论》(上册),王晓晔等译,法律出版社 2003 年版,第 229~230 页。

③ [德]迪特尔·梅迪库斯:《德国民法总论》,邵建东译,法律出版社 2004 年版,第 839~840 页。

的简略表述一语带过[①],王泽鉴的《民法总则》对社团罚予以定义后即戛然而止。[②]《日本民法典》《法国民法典》等典型大陆法系国家的民法规则中,也没有明确体现社团罚的条文。

比较而言,经济学以及社会学学者对于行业协会处罚权的研究更具有理论穿透力。有美国学者认为,在传统的“市场—国家”二元治理模式之外,行业协会的自律为弥补二者缺陷提供了一条可行的“中间道路”。[③]作为行业协会自律必备的保障手段,组织对于成员的处罚权力在社会治理中具有重要地位,有学者将之称作私序的自我执行机制。[④]也有研究认为可以按照“公共—私人”“集权式—分散式”两组概念以四个维度对治理模式分类[⑤],按照这一标准,行业协会处罚权的研究落入到了“集权式的私人秩序”范畴。由于“产业外部环境通常不仅仅只影响单个企业生存的可能性,而是及于整个产业的企业群体”[⑥],需

---

① 郑玉波:《民法总则》,中国政法大学出版社 2003 年版,第 231 页。

② 王泽鉴:《民法总则》,中国政法大学出版社 2001 年版,第 191~193 页。

③ J. Rees. Development of Communitarian Regulation in the Chemical Industry. *Law & Policy*. 2010(19):477–528. I. Maitland. The Limits of Business Self-Regulation. *California Management Review*. 1985(27):132–147.

④ A. Grief. Micro Theory and Recent Developments in the Study of Economic Institutions Through Economic History. In D. Kreps, K. Wallis (eds.) .*Advances in Economic Theory and Econometrics*. Cambridge University Press. 1997 :79–113.

⑤ P. Ingram. K. Clay. The Choice-Within-Constraints New Institutionalism and Implications for Sociology. In K. S. Cook, J. Hagan (eds.). *Annual Review of Sociology*. Annual Reviews. 2000(26):525–546.

⑥ W. G. Astley, C. J. Fombrun. Collective Strategy: Social Ecology of Organizational Environments. *Academy of Management Review*. 1983(8):576–587.

要组织化的集体行动实现企业群体的集体目标[①],因此对行业协会处罚权问题的研究在理论上就与集体行动中的搭便车难题之克服直接联系起来。

集体行动的逻辑表明,只要一项旨在福泽所有成员的创新活动是自愿的,并且相应成果不具备排他性,参与者的理性选择就是搭便车。为克服这种哈丁式“公地悲剧”在组织中的出现,奥尔森认为选择性激励具有至关重要的作用,“除非在集团成员同意分担实现集团目标所需的成本的情况下给予他们不同于共同或集团利益的独立的激励,或者除非强迫他们这么做,不然的话……他们不会采取行动以增进他们的共同目标或集团目标”[②]。处罚权恰恰是奥尔森所言之反向激励。不过,奥尔森的结论略显悲观,他认为即便借助有效的惩罚等反向激励措施,克服集体行动困境的可能性依然严重受制于组织的规模。与这种“注定失败”的论调相比,交易成本的分析显然明快了不少。诺思认为,约束行为的规则、对枉行的监督与制裁、减少规则实施的成本构成了所有组织存续的必需条件,每个环节中的交易费用问题都将直接影响组织的实际绩效。[③]这一理论的适用范围显然比奥尔森的更为宽广,

---

① M. L. Barnett, A. A. King. Good Fences Make Good Neighbors: A Longitudinal Analysis of an Industry Self-Regulatory Institution. *Academy of Management Journal*. 2008(51):1150–1170.

② [美]曼瑟尔·奥尔森:《集体行动的逻辑》,陈郁、郭宇峰、李崇新译,格致出版社、上海三联书店、上海人民出版社 2011 年版,第 3 页。

③ [美]道格拉斯·C. 诺思:《经济史上的结构和变革》,厉以平译,商务印书馆 1992 年版,第 22~24 页。

只要能够以较低的交易成本执行制裁，集体行动依然可以维持。另一种常用的分析工具是博弈论，阿克塞尔罗德认为，在重复博弈中，如果未来的价值足够大，则一报还一报的惩罚策略可以促进合作关系的自发产生。[①] 这两种分析方案在组织行动研究领域影响深远。奥斯特罗姆对前述理论的综合与发展作出了显著贡献，在其著作中，集体行动的困境包括三个递进式的难题：新制度的供给问题、可信承诺问题、相互监督问题，“嵌套式”组织形式可以克服搭便车，在其理论框架中，对不同级别制裁者施加的不同程度的制裁同样占据着举足轻重的地位，同时，规则制定、枉行监督、制裁以及纠纷解决等机制必须彼此协调。[②] 埃里克森构建的、以“无需法律的秩序”为特征的社会控制体系中，不同类型的控制者制定规则需要以混合的奖赏和惩罚作为后盾。[③] 二者的研究中都主要运用了博弈理论以及交易成本理论，比较而言，波斯纳则更为强调在具有连带性的社会组织中，枉行信息的验证与传播机制的重要性。[④]

在实证检验环节，行业协会处罚权问题往往与国外行

---

① ［美］罗伯特·阿克塞尔罗德：《合作的进化》，吴坚忠译，上海人民出版社 2007 年版，第 77~101 页。

② ［美］埃莉诺·奥斯特罗姆：《公共事物的治理之道：集体行动制度的演进》，余逊达、陈旭东译，上海译文出版社 2012 年版，109~123 页。

③ ［美］罗伯特·C. 埃里克森：《无需法律的秩序》，苏力译，中国政法大学出版社 2003 年版，第 151~189 页。

④ ［美］埃里克·C. 波斯纳：《法律与社会规范》，沈明译，中国政法大学出版社 2004 年版，第 50~51 页。

业协会开展的行业自律计划相关联。近年来，奥斯特罗姆的基本分析方法对于该问题的分析产生了巨大影响，不过，奥氏理论分析对象——“公共池塘资源”，在行业协会组织语境下体现的并不如草场、水源、林场等明显，因此理论的适应性就成为研究需要解决的前置问题。有学者认为，在特定行业中，企业群体面对的公共难题在于，个别企业的枉行将对其他所有企业产生负面影响，个体枉行实际上成为一种池塘化的风险（Pool Risk）。[①] 某一行业中突发的重大危机将改变利益相关者对于该行业的认知，进而导致行业整体外部环境的恶化，[②] 从某种意义上来说，同一行业内的企业就是拴在同一条绳上的蚂蚱（Hostage of Each Other），需要建立行业协会以组织化的执法手段化解这一公共难题。[③] 简而言之，某一行业内的突发性公共事件往往成为该行业推行更为有力的自律措施的导火索。[④] 此类事件一方面可以帮助行业内企业克服对公共难题的认知障碍，[⑤] 另一方面

---

① M. L. Barnett, A. A. King. Good Fences Make Good Neighbors: A Longitudinal Analysis of an Industry Self-Regulatory Institution. *Academy of Management Journal*. 2008 (51): 1150–1170.

② A. Hoffman, W. Ocasio. Not All Events are Attended Equally: Toward a Middle-Range Theory of Industry Attention to External Events. *Organization Science*. 2001 (12): 414–434.

③ J. V. Rees. *Hostages of Each Other: The Transformation of Nuclear Safety Since Three Mile Island*. The University of Chicago Press. 1996 : 23–26.

④ L. H. Gunderson, C. S. Holling, S. S. Light. *Barriers and Bridges to the Renewal of Ecosystems and Institutions*. Columbia University Press. 1995 : 489–533.

⑤ J. M. Weber, S. Kopelman, D. A. Messick. Conceptual Review of Decision Making in Social Dilemmas: Applying a Logic of Appropriateness. *Personality and Social Psychology Review*. 2004 (8): 281–307.

可以改变其对于是否采取组织处罚措施的价值预期。[①]有学者进一步指出，声誉风险是推动行业协会成立的原动力，声誉同时也是行业内企业所面临的主要的“公共池塘资源”，处罚权的存在即在于通过制裁措施消除成员枉行对行业整体声誉的消极影响。[②]不过这一概括显然不够全面，例如，在美国缅因州龙虾捕捞行业中，由于过度捕捞导致原材料再生产的崩溃，相关行业协会开展了旨在自救的行业自律项目，对过度捕捞行为施加更为全面的监督以及更为有力的制裁，[③]在这个案例中，行业协会自律的原动力源于共享生产资源可持续的保护而非声誉维持。

国外有关行业协会处罚权问题的研究不断向特定的行业延伸。有文章结合统计分析的方法，验证了处罚权设置与环境行业自治实际绩效之间的正相关关系；[④]有研究则通过美国滑雪区域联合会的实证研究，发现在既缺乏有力的制裁手段，同时也没有第三方监督存在的前提下，该协会开展的“可持续山坡”自治计划（Sustainable Slopes Program）

---

① I. B. Vasi, M. Macy. The Mobilizer's Dilemma: Crisis, Empowerment, and Collective Action. *Social Forces*. 2003(81): 979–998.

② N. Gunningham. Environment, Self-Regulation, and the Chemical Industry: Assessing Responsible Care. *Law & Policy*. 1995(117): 57–108.

③ J. M. Acheson, J. Knight. Distribution Fights, Coordination Games, and Lobster Management. *Comparative Studies in Society and History*. 2000(42): 209–238.

④ A. A. King, M. J. Lenox. Industry Self-Regulation Without Sanctions: The Chemical Industry's Responsible Care Program. *Academy of Management Journal*. 2000(43): 698–716. M. J. Lenox, J. Nash. Industry Self-Regulation and Adverse Selection: A Comparison Across Four Trade Association Programs. *Business Strategy and the Environment*. 2003(12): 343–356.

无力克服机会主义行为，绩效颇为有限；[①] 有学者则以三里岛事故为起点，梳理了美国核电产业自治的发展历史，指出声誉机制对于行业自律的推动力以及处罚措施对自律绩效的重要性，在这一实例中，美国核电运营协会（INPO）将枉行监督与执法的权力委托给独立第三方执行，是一种较为独特的行业协会处罚权行使形态；[②] 有学者以传播学上的扩散理论为视角，分析了行业协会以处罚等措施管理成员广告行为的收益以及推广方案；[③] 针对传统国家治理的"命令—控制"（Command and Control）模式存在的执法成本高昂的问题，有学者结合国际海运业中广泛存在的自我规制（Self-Governance）制度，分析了行业自律对于社会治理的必要性以及有效的行业自律所需之条件；[④] 辛克莱尔对于"命令—控制"与自我规制两种社会治理路径的二元对立提出了不同意见，认为结合不同的"规制变量"，治理主体可以在规则设置、处罚运行等环节实现不同程度的混合，构建多元式的治理范式。[⑤] 类似的研究进路还被运用于食品安全

① J. E. Rivera, P. D. Leon. Is Greener Whiter? The Sustainable Slopes Program and Voluntary Environmental Performance of Western Ski Areas. *Policy Studies Journal*. 2004(32):417–437.

② J. V. Rees. *Hostages of Each Other: The Transformation of Nuclear Safety Since Three Mile Island*. The University of Chicago Press. 1994 :123–145.

③ P. A. Labarbera. The Diffusion of Trade Association Advertising Self-Regulation. *Journal of Marketing*. 1983(47):58–67.

④ F. Furger. Accountability and Systems of Self-Governance: The Case of the Maritime Industry. *Law & Policy*. 1997(19):445–476.

⑤ D. Sinclair. Self-Regulation Versus Command and Control? Beyond False Dichotomies. *Law & Policy*. 1997(19):529–559.

领域;[1] 有研究提出一种以政府、市场、行业协会多主体参与的协同共治(Co-Regulation)的食品安全治理模式。[2] 行业协会处罚制度如何与外部权力体系和谐共存是多方共治必须解决的核心问题。有法国学者通过对法国食品安全共治实践的案例研究,将不同主体施加的惩罚类型化为压制型惩罚、教育式惩罚以及信息惩罚,认为随着治理哲学向协同共治的演进,相应的惩罚措施也越来越强调前瞻性,部分改变了以往以事后反应式惩处为主的治理方式。[3] 贝洛夫等人所著的《体育法》中,系统性地论述了体育协会纪律处罚的类型、处罚机构的权限、处罚的证据与证明标准、处罚程序,以及有关纠纷的不同处理实体(属地法院、体育仲裁院)[4]。有学者结合美国全国大学生体育协会有关司法案例,重点探讨了正当程序在体育处罚合法律性方面的重要意义。[5] 与方兴未艾的行业协会自律项目相比,美国的律师、医师等职业协会的组织化惩戒制度则发展得更为成熟。一系列实证研究表明,在 20 世纪 70 年代,一系列“高度可

---

① T. Havinga. Private Regulation of Food Safety by Supermarkets. *Law & policy*. 2006(28):515–533.

② M. G. Martinez, A. Fearne, J. A. Caswell, S. Henson. Co-Regulation as Apossible Model for Food Safety Governance: Opportunities for Public-Private Partnerships. *Food Policy*. 2007(32):299–314.

③ E. Rouvière, J. A. Caswell. From Punishment to Prevention: A French Case Study of the Introduction of Co-Regulation in Enforcing Food Safety. *Food Policy*. 2012(37):246–254.

④ [英]米歇尔·贝洛夫等:《体育法》,郭树理译,武汉大学出版社 2008 年版,第 183~240 页。

⑤ A. M. Mccormack. Seeking Procedural Due Process in NCAA Infractions Procedures: States Take Action. *Marquette Sports Law Review*. 1992(2):261–293.

见”的丑闻严重破坏了协会自律的正当性，直至20世纪90年代，加利福尼亚州政府强制性要求此类协会建立一系列自律制度，以提高对职业欺诈行为的发现与惩罚力度，自此协会的社会公信力才得以重塑。在绝对自治与公权力强行干预之间，公权力与行业协会其实有广阔的交互协作空间。

对于行业自律而言，行业协会处罚权可谓牵一发而动全身。从制度运行的逻辑来看，以处罚为中心，向前可以涵盖规则制定与枉行查处，向后则涉及纠纷解决乃至公权力介入，上述环节的研究成果对于本书具有重要参考价值。在伯恩斯坦关于国际钻石行业私人秩序执行机制的研究中，处罚执行与内部纠纷解决机制是研究重点：在重复博弈的竞争者之间，以声誉联结为基础的“超法律契约制度”可以有效保障枉行信息的可观察性与可验证性，行业内的仲裁机制可以保证争议事项的秘密性，并提高纠纷解决的速度与质量。[①] 伯恩斯坦对于私人法律秩序的研究热情在另一篇有关棉花产业自律的研究中得以延续，该论文中既有棉花生产、运输等行业协会处罚制度的实证比较研究，也有对组织处罚功能的理论探讨。不过，与其他从经济学视角进行的研究不同的是，这篇论文运用了“威慑理论”来探讨行业协会处罚权的合理设置问题。[②] 至于

① L. Bernstein. Opting out of the Legal System: Extralegal Contractual Relations in the Diamond Industry. *The Journal of Legal Studies*. 1992(21): 115–157.

② L. Bernstein. Private Commercial Law in the Cotton Industry: Creating Cooperation Through Rules, Norms, and Institutions. *Michigan Law Review*. 2001(99): 1724–1786.

行业协会在枉行发现与纠纷解决方面的比较优势，迪克西特认为主要源于信息成本低廉，这虽然部分可以归功于其拥有更为广泛的信息渠道，但更关键的是，行业协会可以利用专业技能，以相对低廉的成本对信息作出更为准确的解码。[①]

另外一个与行业协会处罚权密不可分的研究领域是行业协会处罚的反垄断法规制，它不但包括反垄断诉讼的司法审查，也涉及行政机关准司法化的反垄断执法。“无论是单独的个体还是作为一个群体，行业协会的成员都如同坐在反垄断的火药桶上，(反垄断部门的工作)就是确保他们不要玩火。”[②] 而与其他自治行为相比，行业协会的处罚行为与限制竞争之间具有更为紧密而复杂的联系。在美国，围绕行业协会，以律师协会和医药协会为代表的职业协会，以及大部分职业体育协会衍生出了众多典型司法判例，其中不少都与行业协会处罚权的行使有关，有关的学术研究也基本以实证案例评析为基础。行业协会处罚仅仅是实现限制竞争行为的手段，波斯纳认为，只有当联合抵制等处罚措施被用来实施一个违反实体性托拉斯政策的行为，用反

① ［美］阿维纳什·迪克西特:《法律缺失与经济学：可供选择的经济治理方式》，郑江淮等译，中国人民大学出版社 2007 年版，第 25~39 页。

② A. K. Bingaman. Assistant Attorney Gen. , Antitrust Division, U. S. Dep't of Justice, Address at the Annual Symposium of the Trade Association and Antitrust Law Committee of the D. C. Bar Ass'n, Recent Enforcement Actions by the Antitrust Division Against Trade Associations (Feb. 28. 1996).

托拉斯法予以打击才是合适的。[①] 目前,美国在处理行业协会以处罚权从事限制竞争行为时,其法律规制以合理原则为主,本身违法原则为例外。[②] 合理原则自联邦最高法院在 Standard Oil Co. v. United States 中明确表示支持以来,有关批评意见并不少见,有学者认为其过于松散、缺乏确定性、易于出错、执法成本较高。[③] 从历史发展来看,美国反垄断越来越多地受到经济学理论与思潮的影响,走过了一条从哈佛学派时代、芝加哥学派时代直至后芝加哥时代的历史进程,[④] 对于行业协会限制竞争行为的规制越发宽松。在具体的司法裁判中,美国法院判例体现出明显的分类学裁判技术,莱姆利和莱斯莉分析了这一方案对于节约法院决策成本的积极功效,但同时指出这种分类学外延的变迁导致其稳定性欠佳,某些分类标准并不符合反垄断法的效率目标,因此需要提炼更为精准的裁判技术。[⑤] 目前,美国法院、美国联邦贸易委员会、司法部对于反垄断行为的审查分别采取了"快速检查"(Quick Look)、"本质即值得怀疑"(Inherently Suspect)、"市场支配力筛查"(Market Power

---

① [美]理查德·A. 波斯纳:《反托拉斯法》(第二版),孙秋宁译,中国政法大学出版社 2003 年版,第 285 页。

② T. V. Vakerics. *Antitrust Basics*. Law Journal Press. 1995:6–36.

③ 比较典型的论文参见 F. H. Easterbrook. The Limits of Antitrust. *Texas Law Review*. 1984(6):11–14, 以及 T. C. Arthur. Farewell to the Sea of Doubt:Jettisoning the Constitutional Sherman Act. *California Law Review*. 1986(74):322–328。

④ W. E. Kovacic, C. Shapiro. Antitrust Policy:A Century of Economic and Legal Thinking. *Journal of Economic Perspectives*. 2000(14):43–60.

⑤ M. A. Lemley, C. R. Leslie. Categorical Analysis in Antitrust Jurisprudence. *Iowa Law Review*. 2008(93):1207–1271.

Screen)三种司法与执法技术,加维尔[①]、冈德拉赫和莫尔[②]的论文对此有较为详尽的介绍。此外,兰伯特认为,随着罗伯斯法院有关反垄断判例数量的增加,法院决策思路也越来越多地体现出决策理论的影响力,[③]这似乎预示着美国法院的反垄断规制思想将有一个重大转型。

二、国内研究综述

国内对行业协会处罚权问题的研究以经济法学者以及行政法学者为代表。在经济法领域,对此研究较为体系化的代表是鲁篱。他将行业协会的处罚权分为法律惩罚与非法律惩罚两种类型,后者是其构建的自治权力体系的重要部分,该学者主要借助交易成本理论对于非法律惩罚的必要性、有效性、适用范围以及司法审查问题进行了系统化研究。他认为行业协会处罚权等自治权主要源于成员间的契约,因此更具有私权属性,行业协会成员的重复博弈形成的关系网络,使得非法律处罚执行成本更低、处罚手段更具有专业性与针对性,因此是一种较法律惩罚更为有效的自律措施。行业协会处罚是一种不同于违约责任的纪律罚,有

① A. I. Gavil. Moving Beyond Caricature and Characterization: The Modern Rule of Reason in Practice. *Southern California Law Review*. 2012(85): 733–782.

② G. T. Gundlach, J. J. Mohr. Collaborative Relationships: Legal Limits and Antitrust Considerations. *Journal of Public Policy & Marketing*. 1992(11): 101–114.

③ T. A. Lambert. The Roberts Court and the Limits of Antitrust. *Boston College Law Review*. 2011(52): 871–940.

助于行业自治之实现，因此，行政机关原则上不得干预，而司法机关的审查也应当秉持审慎的态度。[①]在随后的系列论文中，鲁篱进一步深化了对司法介入方案[②]、非法律惩罚救济途径[③]等问题的分析，并结合美国反垄断法司法判例，比较研究了集体抵制这一特殊的处罚权形式的反垄断法规制问题，内容涉及适用原则、权衡因素、举证责任等方面。[④]行政法学者方洁的《社团处罚研究》是目前国内该领域少有的专题性、系统性的博士论文，论述了社团罚的合法性、权力性质、功能、处罚措施的设置、有关纠纷的司法救济等内容，该学者认为，社团罚属于行业协会行使社会公务职能从事的社会行政行为，因此，是一种特殊的行政处罚，这一定性直接决定了其有关权力边界、司法审查模式、社团罚与行政权力关系的观点走向。不过这一研究在细节方面并没有提出更多具备操作性的制度设计方案。[⑤]

我国学者对于社团罚问题的兴趣，很可能源于长春亚泰与广州吉利两家足球俱乐部与中国足协纪律处罚纠纷这

---

① 鲁篱:《行业协会经济自治权研究》,重庆：西南政法大学博士学位论文,2002年。

② 参见鲁篱:《论非法律惩罚——以行业协会为中心展开的研究》,载《河北大学学报》(哲学社会科学版)2004年第5期。

③ 参见鲁篱、楚建会:《行业协会非法律惩罚救济问题研究》,载《西南民族大学学报》2011年第1期。

④ 鲁篱、周道树:《美国集体抵制行为反垄断法规制的经验及启示》,载《环球法律评论》2007年第4期。对于行业协会限制竞争行为(不限于以处罚权作为保障)更为系统的研究，参见鲁篱:《行业协会限制竞争法律规制研究》,北京大学出版社2009年版,第206~210页。

⑤ 方洁:《社团处罚研究》,北京：中国政法大学博士学位论文,2006年,尤其是第1~8、76~79页,以及第五章的内容。

一社会事件。结合两则本土案例,学者关注的焦点集中在两个相互关联的议题上:行业协会处罚权的性质,以及司法审查的方式与介入条件。足协处罚事件的司法诉讼一度在社会上造成非常强烈的反响,法院却最终采取了回避的态度,因此,我国学者对于社团罚的研究重点选择,也算是一种紧跟社会热点的表现。

对行业协会处罚权性质的认识不同,导致了不同学者在司法审查方面观点的对立。行政法学者普遍将其看作一种特殊的行政行为。姜明安认为,由于社团组织与成员之间权利义务关系的不对等,因此,二者之间属于公法关系。① 高家伟等人认为,当有关行业协会行为性质不明确而发生争议时,原则上推定为公法行为,② 谭九生认为行业协会处罚是一种特殊的行政处罚,③ 赵延聪以行政法上的授权理论,构建了一个较为详尽的行政诉讼审查方案,即以授权规范体系为原则,辅以行业协会是否具有垄断地位、是否属于官办性质、处罚事项是否重大等标准,确定司法机关是否应当以行政诉讼方式介入处罚权纠纷。④ 处罚权的静态体现即行业协会的章程与行规行约,因此,对章程的司法审查观点也决定了对处罚权纠纷的审查立场。管瑜珍认为,社团

① 姜明安:《公法学研究的几个基本问题探析》,载《法商研究》2005 年第 3 期。

② 高家伟,王锡锌:《行会法》(立法建议稿),载罗豪才主编:《行政法论丛》(第 7 卷),法律出版社 2004 年版,第 521 页。

③ 谭九生:《社团罚性质的厘定》,载《湖湘公共管理研究》(第一卷)2009 年 12 月。

④ 赵延聪:《社团罚的受案标准研究》,载《行政与法》2012 年第 11 期。

规章凝结了社团成员让渡的权利，并由此形成约束全体社员的公权力，具有公法的性质，司法审查必须对社团规章进行有效控制。[①] 方洁与周兴认为，社团规章为局部性公益、公共责任、公共事务配置公权力，在公私法交织中具备公法倾向，从而构成行政法渊源的有机成分。[②] 即便是立场相对温和的黎军，也认为只有那些不带有权力色彩的行业协会自治行为才可以纳入私法范畴，类似处罚一类的自律性管理行为，更适合公法规制。[③]

非行政法领域的学者则更为看重行业协会处罚的自治权属性，针对武汉光谷俱乐部退赛事件，陈承堂认为社团罚属于行业协会自治权的范畴，与行政处罚有楚河汉界之别，进而提出社团罚无须司法审查的激进观点。[④] 在随后的系列文章中，陈承堂继续以中国足协为样本，开始运用奥尔森的集体行动理论、[⑤] 卢梭的社会契约理论[⑥] 分析社团罚的权力渊源。并不那么极端的观点见于陈晓军的著作，该学者将行业协会等互益性法人看作私法人，在这一思路下，私法

① 管瑜珍:《社团自治离不开法律？——以社团规章的司法介入为例》，载《行政法学研究》2007 年第 2 期。

② 方洁、周兴:《社团规章的行政法法源性论说》，载《行政法学研究》2006 年第 1 期。

③ 黎军:《行业自治与国家监督——行业协会实证研究》，法律出版社 2006 年版，第 154~175 页。

④ 陈承堂:《社团罚的合法性审思——武汉光谷足球俱乐部退赛事件的法理解读》，载《武汉体育学院学报》2009 年第 7 期。

⑤ 陈承堂:《论中国足协社团罚的生成逻辑》，载《北京体育大学学报》2009 年第 6 期。

⑥ 陈承堂:《论社会团体权力的生成——以消费者协会与行业协会为例》，载《南京大学学报》（哲学·人文科学·社会科学）2009 年第 4 期。

社团采取的处罚措施当然与行政处罚有本质区别,至于司法审查问题,该学者反对采取一刀切的行政诉讼的审查模式,但并未提出一种明确的替代方案。此外,该学者对于集体抵制等处罚措施的反垄断审查、特殊行为的豁免等问题也作了一定程度的研究。[①] 周林彬和董淳锷以交易成本作为分析工具,认为行业协会属于关系型契约,因此,应当以契约精神为导向指导我国商会的立法实践,他们将几种典型的处罚形式完全视作违约责任的承担形式,如警告批评即"要求继续履行"、罚款即"违约金"、资格暂停为"履行抗辩"、开除为"解除合同",可以看出,这种观点与弗卢梅类似。[②]

另外一种比较折中的方案是由袁曙宏与苏西刚提出的。他们认为,我国的社团罚是一种公私混合的权力表现,多数情况下体现为一种变相的行政处罚,应当按照官办、半官半民、民间自发形成的标准,确定不同的司法救济途径。[③] 伏创宇则认为,对此问题应当采取"功能主义"进路,将先入为主式的公私法划分悬置,转而结合不同类型的行业协会是否构成公共管制架构的一部分、是否拥有广泛而垄断的权力、是否会造成司法资源的浪费[④] 等要素考虑司法审查

① 陈晓军:《互益性法人法律制度研究——以商会、行业协会为中心》,法律出版社 2007 年版,第 42~78、114~140 页。

② 周林彬、董淳锷:《中国商会立法刍议:从契约的视角》,载《南开学报》(哲学社会科学版)2007 年第 2 期。

③ 袁曙宏、苏西刚:《论社团罚》,载《法学研究》2003 年第 5 期。

④ 伏创宇:《论司法介入软法治理争议的可能性——以竞技性体育纠纷为例》,载罗豪才主编,《软法的理论与实践》,北京大学出版社 2010 年版,第 358~360 页。

的具体方式。

实证研究方面。由于我国改革开放后的行业协会发展历史并不长，各地发展也不平衡，因此，在实证研究方面，我国学者更加侧重于以地域为标准，例如以行业协会发展较好的温州等地区的行业协会作为实证分析样本。陈剩勇与马斌采取了与国外研究类似的研究方法，以温州烟具行业协会、五金商会的行业自律材料为对象，将行业协会处罚划入集体行动理论中的选择性激励范畴，认为温州地区的行业协会的有效运转主要源于组织对于成员以及成员经理人施加的物质、社会地位等方面的正向激励，而行业协会内部的关系网络决定其能够有效地实施对成员行为的监督，最大程度避免委托代理风险，但处罚权并未得到足够的重视。[①] 不过，受制于当前我国行业协会在社会治理中的资源动员能力，以及地位上对行政权力的依附，大多数研究对于处罚权问题的忽视态度也算事出有因，这一现象也见于其他学者的研究中。周俊、宋晓清以杭州与温州两地行业协会为样本，比较了行业协会参与社会管理绩效差别以及制约因素，但并未将处罚权的实施样态纳入评价指标，[②] 王诗宗对于温州商会的实证分析结论认为，行业协会物质与政策资源的多寡影响了行业自治权力有效度。[③] 当然，也有部

① 陈剩勇、马斌：《温州民间商会：一个制度分析学的视角》，载《浙江大学学报》（人文社会科学版）2003 年第 3 期。

② 周俊、宋晓清：《行业协会的公共治理功能及其再造——以杭州市和温州市行业协会为例》，载《浙江大学学报》（人文社会科学版）2011 年第 6 期。

③ 王诗宗：《第三部门的发展与公民社会的前景——以温州商会为例》，载《公共管理学报》2004 年第 4 期。

分学者采取了更接近学术研究规律的、以“行业”为标准的实证考察。余晖在有关中国证券业协会自律监管的历史研究成果中，部分涉及证券业协会处罚措施的决议与执行主体，多边信誉约束与处罚有效性之间关系等问题。[①]余凌云以安全防范产品行业协会为例，将行业协会的惩戒方式归纳为说服教育、公示、除名、集体抵制、经济制裁、销毁、没收、市场禁入等。该学者认为处罚权具有公共权力性质，权力的行使应接受公法原则的制约，并将有关行业协会的治理纠纷纳入行政诉讼的范围。[②]值得一提的是，在以行业为标准的学术研究方面，武汉大学法学院有关体育行业协会的研究已颇具规模，郭树理在体育纠纷的多元化救济机制研究中，以比较法的视野，对体育协会内部纪律处罚的合法性、证据与举证责任、司法审查以及替代式争议解决方式等内容作了详尽探讨，认为英美法系更偏重于程序正义，由普通法院管辖，大陆法系则更注重对处罚措施适用实体条件的分析，一般由行政法院管辖，但从发展趋势来说，两大法系都越来越倾向于将相应纠纷纳入非诉解决方式范畴。[③]

在处罚权与反垄断法关系研究方面，由于处罚本身仅仅是手段而非联合行为的目的，因此，相关研究也未将处罚权本身作为一种特殊的限制竞争行为对象，唯一例外的是

---

① 余晖等:《行业协会及其在中国的发展：理论与案例》，经济管理出版社2002年版，第175~187页。

② 余凌云:《行业协会的自律机制——以中国安全防范产品行业协会为个案研究对象》，载《清华法律评论》2007年第1辑。

③ 郭树理:《体育纠纷的多元化救济机制探讨——比较法与国际法的视野》，法律出版社2004年版，第255~269页。

集体抵制。鲁篱等认为,如果集体抵制针对成员,应当适用合理原则,如果针对非成员,则对于横向集体抵制应当适用本身违法原则,纵向的则适用合理原则。[①] 王长秋则认为应当从集体抵制的目的来考虑,如果是以维护组织集体利益且不具有商业目的的,适用合理原则,如果具有高价卡特尔等商业目的,则适用本身违法原则。[②] 叶明在博士论文中将行业协会限制竞争行为的类型分为:标准化行为、信息交换行为与会员资格管理行为,从这一分类标准来看,包括集体抵制在内的处罚措施都是实现这些行为类型的手段。在规制原则方面,该学者采取了与《中华人民共和国反垄断法》第十三条基本一致的分类标准,除价格卡特尔等明确列举行为外,都适用合理原则审查。李剑剖析了一则2013年发生的行业协会处罚案例,认为该案判决并未正确理解反垄断法中有关本身违法原则的适用条件以及举证责任分配。[③] 裴洋则以体育产业为研究对象,对体育协会常用的限制竞争行为的手段、规制原则、特定情形之豁免等问题,结合美国与欧盟司法判例作出了全面的比较法的分析。[④]

在研究方法上,受国外同类型研究的影响,交易成本理论,尤其是有关信息成本的高低比较,是分析行业协会处罚

---

① 鲁篱、周道树:《美国集体抵制行为反垄断法规制的经验及启示》,载《环球法律评论》2007年第4期。

② 王长秋:《联合限制竞争行为的法律规制研究》,重庆:西南政法大学博士学位论文,2007年。

③ 李剑:《横向垄断协议法律适用的误读与澄清——评"深圳有害生物防治协会垄断案"》,载《法学》2014年第3期。

④ 裴洋:《反垄断法视野下的体育产业》,武汉大学出版社2009年版,第53~75页。

权等自治权力产生[①]、司法介入条件与界限[②]等问题的主要研究方案。孙丽军的博士论文以交易成本与博弈论为分析工具，构建了一个较为完备的有关行业协会制度逻辑的分析框架，认为行业协会因节约交易成本而生，在内部机制方面，由于交易成本低廉，这种私序具有相对比较优势，但这也造成了沟通共谋的可能性增大，因此具有严重的反竞争风险。[③]徐建牛与孙沛东采取了社会资本的思维进路，该理论与制度经济学的分析方案有所差别，二位学者同样以温州商会为分析对象，重点评析行业协会采取的纪律处罚措施以及涉外集团诉讼手段，认为其有效性与"协会核心成员的小群体特征、组织规范的形成、组织学习能力的提高以及组织社会声望的积累有关"，行业协会与政府间的权力格局，成员异质性程度以及与其他组织关系等因素是影响自治绩效的重要变量。[④]

三、当前研究存在的主要问题

综合国内外研究来看，当前研究主要存在以下几个方

---

① 余晖：《行业协会组织的制度动力学原理》，载《经济管理》2001年第4期。

② 鲁篱：《行业协会经济自治权研究》，重庆：西南政法大学博士学位论文，2002年。

③ 孙丽军：《行业协会的制度逻辑——一个理论框架及其对中国转轨经济的应用研究》，上海：复旦大学博士学位论文，2004年。

④ 徐建牛、孙沛东：《行业协会：集群企业集体行动的组织基础——基于对温州烟具协会的案例分析》，载《浙江学刊》2009年第1期。

面的问题。

首先,在研究方法上有待创新。当前国内法学研究主要局限于传统的规范分析方案,而在国外研究中,交易成本理论、集体行动理论、公共资源治理理论框架是被广为接受的思维进路。作为一种组织现象,社会学的研究方法本应当在这一领域有更为广阔的施展空间,因此,若能尝试探索其他符合行业协会组织语境的研究方案,在智识增量方面有所突破,也许更能回应苏力先生提出的“什么是你的贡献”[①]这一严肃命题。

其次,在研究内容上待丰富。我国有关行业协会处罚权的研究主要集中在权力的性质、司法审查的条件与手段(民事诉讼抑或行政诉讼)两个环节,国外研究则侧重于处罚措施的反垄断法边界。实际上,处罚措施的合理设置以及有效运作才是行业协会处罚权问题的核心,但就这一问题而言,现有研究基本处于空白状态。我们至少需要回答如下几个问题:行业协会处罚权在实践中所表现出来的不同形式对于协调成员的集体行动具有何种不同效果;从成员与组织关系考虑,处罚权力如何配置才能更为有效地实现可欲之集体目标;处罚权如何运行才能实现最优威慑,等等。即便是学者比较感兴趣的司法审查问题,现有研究也同样肤浅,囿于传统的“公私法二元划分”视角,大多仅就审查的方式进行了论证,还没有将研究视野拓展到审查的内容、程序与界限等实质性问题,相关结论根本无法为现实

① 苏力:《法治及其本土资源》(修订版),中国政法大学出版社2004年版,自序Ⅰ~Ⅲ。

的司法纠纷提供指南。在反垄断审查研究方面,国内研究仅在集体抵制一节取得一定成果,但对于作为反垄断规制基本问题的规制原则方面,却存在僵化理解的缺陷,进而导致对有关司法实践的片面抨击。

最后,行业协会处罚权的研究亟须系统化的整合。目前相关研究大都比较零散,尚缺乏以行业协会处罚权为对象,以规则制定、枉行监督、制裁措施的运行、纠纷解决机制为逻辑主线的体系化研究。以上研究空白部分源于权力产生的社会机制研究的不全面,很少有学者反思现有的解释方案是否存在缺陷,以及如何完善等问题。

综上,为弥补上述学术研究之缺憾,笔者尝试运用多学科研究方法,重新梳理行业协会处罚权的理论框架体系,具体阐释如下理论问题:行业协会处罚权的产生机制、行业协会处罚权制度体系的权力平衡机制、行业协会处罚措施的优化配置与运行机制、行业协会处罚权制度与公权力引导的制度构建,以及行业协会处罚权纠纷的司法审查问题。

第三节　研究方法与结构安排

一、研究方法

本书综合运用了规范法学、法社会学与法经济学的研究方法。

规范法学方法。作为成文法系国家,有关法律现象的分析都应当以对法律文本逻辑理路的正确理解为前提。本书结合我国有限的、与行业协会处罚权相关的成文法律规则,探索对于法律争议问题的正确解释方案。同时,从比较法的角度,梳理两大法系中行业协会处罚权司法纠纷的典型实例,为构建合理的司法审查方案提供比较法之参照。

法社会学方法。作为一种社会组织现象,法社会学的研究路径可以在行业协会处罚权研究中占据重要地位。在基础理论部分,本书以“社会交换理论”这一较为成熟的社会学分析范式为主线,探讨行业协会组织、行业协会处罚权产生的社会学动力机制,为研究的整体框架奠定基础。另外,本书还通过对我国行业协会文本规则的实证分析,以及部分行业协会处罚权运作实际情况的调研,为我国行业协会处罚权制度运作现状、存在的问题与改进方向提供定性的研究素材。

法经济学方法。法经济学的研究进路对于权力产生的动力机制解释虽有不足,但在处罚措施如何满足最优威慑条件、如何构建有效的枉行监督与纠纷解决机制等环节,依然具有不可替代的理论地位。本书在处罚措施威慑力差异与有效配置、枉行监督与纠纷解决机制等环节,综合运用“威慑理论”“有限理性理论”“交易成本理论”等经济学分析方法。

二、结构安排

本书共分为五个部分,探讨行业协会处罚权力的产生、权力配置与运行、纠纷的解决与司法审查问题。第一部分为导论，该部分回顾了国内外有关行业协会处罚权问题研究之现状，阐述本书立足的政策、理论与现实意义，并对本书所涉及的几个关键概念的内涵与外延作出界定。第二部分为权力产生动力机制的分析，以对“契约说”的评介为起点，在阐述交易成本理论对于权力产生机制解释的合理性与不足之后，以社会交换理论为主要分析工具，解释行业协会组织的产生以及处罚权产生的社会动力学基础，并以此为基础勾勒了一个宏观的、有关行业协会处罚权制度体系的权力平衡方案。第三部分以行业协会处罚权规则的文本分析为基础，归纳处罚权在实践中的具体表现形式，以威慑理论为主要研究方法，阐述符合最优威慑目标的行业协会处罚措施配置方案。本部分同时强调了有效的内部监控体系与纠纷解决机制对于处罚权绩效的重要性。第四部分则以协同共治的思路为指导，探讨处罚权内部治理与立法权、行政权之间的衔接配合。第五部分是有关行业协会处罚权纠纷的司法审查内容，笔者构建了一个以行政诉讼为例外、民事诉讼为主体的混合式司法审查模式，并就司法审查内容与范围、程序审查的例外等核心话题一一作了回应，另外，简要回答了处罚权纠纷的替代式争议解决方式与司法审查之间的关系问题。最后，行业协会处罚权与反垄断法规制之间的关系也在本部分中作为司法审查的特殊问题加以论述，内容主要涉及反垄断司法审查的规制原则选择与举证责任分配两个方面。

第一章

社会交换理论视角下行业协会处罚权的生成与平衡机制

本部分是关于行业协会处罚权的基础理论研究，行业协会处罚权的生成机制是本部分的逻辑起点。

总体来看，行业协会处罚权的产生问题并不被学者重视。在我国法学界主流的研究思路中，行业协会处罚权的基础理论分析大多将权力生成假设为一项不言自明的已证事实，进而采取传统的"公私法"坐标体系确定其权力性质、合法性与合理性。处罚权产生机制的研究至少具有两个层面的意义。

一是，这是学术研究完整性的需要。从现有研究来看，似乎处罚权力的生成是一个先验的、无需论证的话题，遑论探讨处罚权力的生成机制对于之后的权力配置、运行与监督诸流程的影响。[①]

二是，处罚权的起源问题是其他相关议题的理论基础。对于处罚权起源的原因分析，其实也是对处罚权存在之合理性问题最好的解答，同时有助于辨识处罚权力的属性；处罚权制度的构建必须注意保持行业协会内部与外部两个权力生态间的平衡，以权力生成机制研究为基础，以社会交换理论为基本方法论，可以推导出符合权力平衡目标的宏观原则。

第一节　行业协会处罚权的表现形式——契约说及其评价

一、契约说理论要义

有关行业协会处罚权的来源，学术界一般认为有三种形式，即契约、法律法规的直接规定以及行政机关的委托，[②]

---

① 黎军认为，“行业组织自主管理的涵义是…… ‘自愿’与‘强制’的统一。通过民主程序制定行规行约是全体成员的自愿选择；而共同遵守则是自愿选择之后的必须执行强制后果。可以说，民主本身就是产生权威的一种机制”（黎军：《试论行业组织管理权力的来源》，载《当代法学》2002 年第 7 期）。这一关于行业协会权力源起的论述在我国现有研究中并不多见。该观点似乎倾向于认为，处罚权旨在以强力保证成员同意其选择的行规行约，平等主体通过自愿选择放弃部分权利，这一契约式的民主程序导致权威的产生。这种观点与后文所述的社会契约论在实质上一致。必须指出的是，权威并不同于权力，权力源于资源分配，权威尤其是制度化的权威产生很可能仅仅由于对一个特定职位的占有。

② 鲁篱：《行业协会经济自治权研究》，重庆：西南政法大学博士学位论文，2002 年。

契约说是最基本的权力来源。[①] 这也是我国学术界对行业协会处罚权权源的主流解释。如果进一步细分的话,契约说包括民事契约说和社会契约说两种不同的解释路径,不但涉及民事契约,还涉及国家生成理论中的政治契约。

民事契约说以民法研究者为代表。就现有资料来看,传统大陆法系国家中唯有德国的民法研究者对于社团罚本质问题有较为深入的研究。尽管在体例上并没有多大不同,但德国学者卡尔·拉伦茨的《德国民法通论》以及梅迪库斯的《德国民法总论》均在社团一章中,以专节论述了社团处罚权的许可和限度问题。从这两本著作中我们可以得知,社团罚的性质在德国民法学界存在较大争议,反对意见者(如弗卢梅)认为,由于《德意志联邦共和国基本法》第九十二条规定了司法权的国家垄断性,因此,不存在独立的社团处罚权,社团依据章程对成员作出的罚款,在他看来属于"依据第 315 条完全服从法院审查的且依第 343 条的规定可由法院降低的违约金",社团除名也不被看作是处罚,"只能认其为因'重大理由'而终止社员关系而被允许"[②]。名誉处罚则完全是不合法的。[③] 这是对行业协会权力属性

---

① 对法规规定及行政机关授权而言,只有当其目的在于赋予行业协会组织以自治地位的情况下,才能称作本研究范畴内的自治权表现形式,如果法规规定或者行政机关授权对于行业协会享有的某项行政权力作出了具体规定,此时行业协会实际上成了代行国家管理职能的机构,该项权力也不能称作本研究范畴内的自治权。

② [德]卡尔·拉伦茨:《德国民法通论》(上册),王晓晔等译,法律出版社 2003 年版,第 229 页。

③ [德]迪特尔·梅迪库斯:《德国民法总论》,邵建东译,法律出版社 2004 年版,第 838 页。

采取最严格契约解释观点所得出的必然结论。该理论与德国民法学界通说多有抵牾。梅迪库斯认为,私法纪律说与民事契约说在本质上都承认处罚权的取得源于成员的同意,因此,二者都与私法自由原则相吻合,均可以被认为是广义契约说的范畴。罚款等制裁措施,即便不能完全视同为违约金,但至少可以类推适用相应的裁判规则。[①]

有学者试图借鉴社会契约论解释行业协会内从权利到权力的演进。该观点认为,市场经济条件下的企业个体处境类似于卢梭所言之"自然状态",行业协会承担着整合分散个体利益的社会功能,其权力来自成员权利的让渡,至于权利如何演化为权力,该学者认为,成员的公意不但是国家权力产生的依据,同样也是组织产生的原动力,公意的目标在于维护成员的公共利益,而这正是社会团体成员的权利转变为权力的依据。[②]

二、契约说的合理性与理论困境

(一) 民事契约说的合理性与局限

我们赞同将行业协会组织内处罚权的规则视为一种契约。这一认识有助于正确理解处罚权的司法审查方式,也为处罚权的反垄断争议处理奠定了基础——具有限制竞争

① [德]迪特尔·梅迪库斯:《德国民法总论》,邵建东译,法律出版社2004年版,第839~840页。

② 陈承堂:《论社会团体权力的生成——以消费者协会与行业协会为例》,载《南京大学学报》(哲学·人文科学·社会科学)2009年第4期。

目的的处罚权条款有可能构成垄断协议。

大陆法系判例中明确将处罚权规则视为契约的较为罕见,但在美国现有司法判例中,对行业协会处罚权规则性质的争议却并不大,通过对几个典型案例判决理由的介绍,我们可以较为清晰看出美国法官对于该问题的基本态度与立场。

1. 处罚权规则的契约性

案例一:Smith v. Kern County Medical Assn.[①]

本案发生于1942年,上诉人是一名职业医师,[②]这是一起因为被行业协会除名引发的纠纷。被上诉人是一家非营利的医师职业协会,其宗旨在于提升医疗医药科技水平,提高医疗执业水平,维护公共卫生。该协会依据章程、行规行约进行治理,在签署或者同意协会规则之前,成员必须具备相应的职业资格。一旦成为该协会会员之后,成员就有获取相应医疗数据、信息、文献的特权,除此之外,会员不享有任何独立的财产性质的权利或者权益。从1931年起直至1938年,该协会逐年作出一系列的决议,如果成员因违反执业医院的道德准则却不在合理时间主动辞职的,将根据协会规则予以制裁。1934年,该协会根据决议制定了新的章程与行为准则,上诉人以及其他会员均在其上签字。

---

① Smith v. Kern County Medical Assn. 19 Cal. 2d 263(1942).

② 根据本书导论有关研究范畴的界定,职业协会并非行业协会,但是正如笔者在后文中所说,职业协会同样存在以处罚措施维持集体行动的问题,在处罚依据上,同样源自章程以及行规行约,由于职业协会与行业协会的章程均由会员签署或同意,二者同属社会自律组织,因此,有关职业协会章程性质的分析,可以适用于行业协会的具体语境。

1935 年，有会员指控上诉人侵犯了组织的规则，其行为符合规则中所指称的“有害于公众以及患者，降低了职业的尊荣感”，应当予以除名。法院认为，“如果该协会的规则以及由其成员同意的协议中，对于不道德行为有所规定并据此规定作出处罚，那么，法院并不适合就此作出否定性判断”，“有充分证据证明，上诉人的不当执业行为违反了协会的规则，而该项规则上诉人予以事前同意”，显然，法院此时已经隐含的将会员签署或者同意的协会规则视为一种“协议”，对于此种协议的内容是否适用司法审查，法官认为，“有关协会制定的章程、道德准则乃至由此引发的纠纷解决，均由会员无可争议地加以解决”，在判决末尾，法官以更为明显的语言将组织规则视为一种契约：“协会与其成员之间的合同关系（Contractual Relation）借由协会规则的表达形式而存在，只要该协会根据这些规则行事，则协会不存在任何违约行为（No Violation of the Contract）。”另外还可以看出，法院对于处罚权规则不作实质审查。

2. 契约的约束对象

案例二：Scott v. Lee[1]

以上案例清楚无误地表明了美国法院将处罚规则视为民事契约的立场，紧随其后的一个问题是，如果此种规则是一种契约，那么契约的当事人是谁？换句话来说，这种契约当然约束协会与会员，但是否同样也约束会员与会员？Scott v.Lee 的判决对此作出了回答。

① Scott v. Lee. 208 Cal. App. 2d 12.（1962）.

本案的基本案情如下：被上诉人是圣马特奥县的一家行业协会的成员，该行业协会主要从事承包管道施工等业务。1955 年，该协会制定了有关“投标保管”的行业规则，在此项规则中，所有试图向总承包商投标的分包商，都需要向指定的投标保管人预先登记，并至少在投标开始前 4 小时，提交密封的标书，在该行规中对于违规行为规定了开除、资格暂停以及罚款等处罚措施。另外，作为加入这个行业协会的前置条件，每个会员都必须前述一份声明，宣称“以我的尊严”保证将遵守协会的各项规则制度，“尽自己所能促进成员关系的友善与和谐”，“让自己的行为符合所有值得尊敬组织成员所希望的标准”。被上诉人在参与一项投标时，由于他人原因无法提前 4 个小时将密封标书交给投标保证人，但是，被上诉人依然将自己的标书提交给总承包商，后者随后也将自己承包的业务分包给了被上诉人。被上诉人已经履行了分包合同。上诉人并非该协会成员，但其所在的行业协会同样在使用圣马特奥行业协会提供的投标保管系统。上诉人向同一总承包商就同一个分包合同提交了标书，且其出价比被上诉人高 5 000 美元。由于未能中标，上诉人向该协会投诉，该协会理事会就此举行了听证并最终认定上诉人属于低水准投标者，且该协会并未给予被上诉人任何惩罚，于是，上诉人提起了诉讼。

上诉人的主要依据在于，有关投标保管制度的该协会规则，构成了一项约束该协会内部成员之间关系的、可执行的合同（意即该规则实质上是每个会员之间两两契约的总成),而上诉人虽不是协会会员,但他是成员之间赔偿的第三方受益人。法院认为,尽管在不少先例①中,法院将协会各种规则认定为合同,但这些判例均声称此类合同约束的是协会与成员之间的关系,实际上,这些判例的真正意图在于,将协会各种规则认定为确定协会组织与成员之间权利与义务的书面文件,这些规则是以组织为一方,其成员为另一方,确定成员资格持续性权利的合同。法院进一步指出,双方合意是合同的必需要素,且需要以一定的形式加以表示,在组织内,成员当然希望其他成员也遵守协会规则,但该意图仅仅是单方面的积极意图而非合意。行业协会规则从外观上否定了某一成员同意与其他成员成立合同关系的可能性。法院还认为,行业协会的各项规则一直在谨慎地注意避免提及任何成员之间交互性义务的存在,成员的义务以组织为对象,违约的救济方式被限制在规则所载明的各项制裁措施中。因此,本案中不存在成员之间的可执行协议,合同关系仅限于成员与组织之间。

至于成员在加入组织前的宣誓,法院认为,这种宣誓是非合同性质的,性质上更加接近"兄弟般的誓言"(Fraternal Oath)而非一般商业协议。法院在此实际上否认了成员宣誓构成"交叉要约"的可能性。②成员就加入协会内容彼此

① 包括 Saline Valley Salt Co. v. White, 177 Cal. 341, 346; Lum v. American Wheel Etc. Co., 165 Cal. 657, 664; Casady v. Modern Metal Etc. Mfg. Co. 188 Cal. App. 2d 728, 732-733 等判例。

② 所谓交叉要约,是指尽管合同双方并不存在直接协商,提出的意思表示尽管相互独立但内容基本一致。参见韩世远:《合同法总论》,法律出版社 2011 年版,第 104~105 页。

一致的意思，表达的是对“道德义务”(Moral Obligation)的确认，因此与商业协议有本质区别。

3. 作为现象描述的民事契约说

从以上两个司法判例的判决要旨可以看出，美国法院对于行规行约(包括章程)的性质认识比较一致，均认为其属于一种民事契约，并且，此种契约仅仅约束组织与成员之间的关系，组织内的成员之间不存在契约关系。行规行约中有关处罚权的规定，被认为是行业协会借以保障该契约得以履行的手段，一旦成员违反相应规则，行业协会可以依照规则中约定的适用条件、适用程序，对成员予以制裁。对于有关处罚权的具体适用，只要不引发反垄断争议，美国法院一般不进行实质审查。另外，在 Scott v.Lee 一案中，法院也对规则的效力范围作出了说明，即规则不构成成员之间的协议，同样也不约束组织与非成员。

当然，若将这一认识适用到我国“登记核准制”的语境中，则存在逻辑上难以克服的矛盾：行业经营者是通过共同协商、签订章程成立协会的，当经营者在章程文本上签字时，章程即告生效，但此时行业协会组织在法律上还并不存在，因为依据我国《社会团体登记管理条例》第十一条的规定，内容完备的章程是登记管理机关准予登记的前提条件，行业协会组织只有在经登记机关审查予以登记后方告成立。也就是说，如果把章程视为合同，在某种情况下可能导致合同先于当事人一方存在的可能。

随着政府限权简政以及对多元中心治理模式的倡导，我国现行的“登记核准制”管理体制的变革应是大势所趋，学术界对此的意见相对统一，即可以采取以备案注册为原则，特定行业强制登记注册的方式取代现行的一刀切管理[①]；从处罚权规则的特点来看，有关处罚权的具体规则通常并不出现在章程中，而集中体现在组织正式成立后制定的各种行规行约里，此时，前述逻辑障碍也就不存在了；在美国，对于行业协会等非营利组织主体资格的取得和监督到底是实行许可制还是准则制，各州做法并不相同[②]，因此，这一逻辑障碍在美国语境中也部分存在，但美国各州法院的法官似乎都未过分纠结于这一问题。

从这一解释思路出发，对于“处罚权规则是否对组织外经营者适用”这一问题就有了较为清晰的解答。组织外经营者并未参与组织规则的商议与拟定过程，因此，在行业协会与组织外经营者之间就不存在因合意而缔结的契约，有关处罚权的规则当然也就不能约束组织外的其他经营者。但是，行业协会可以鼓励非成员企业遵从其组织规则，在此类非成员企业明确同意接受组织规则管辖的前提下，行业协会可以依照相应的处罚条款，秉承会员与非会员一视同仁的非歧视立场，对其枉行施加制裁。

不过，将处罚权规则视为民事契约类似于“法律拟制”，契约说仅仅描述了处罚权的表现形式，并非对权力产生根源的分析。这也决定了该解释路径无法明确回应以下

① 王名:《改革中国民间组织监管体制的建议》，载《中国改革》2005 年第 11 期。

② 刘培峰:《非营利组织管理模式的思考》，载《北京师范大学学报》(社会科学版)2012 年第 2 期。

诘问：一个行业内的企业个体，基于何种动机自愿地缔结让渡权利的契约？在成员企业[①]通过协商创立行业协会的过程中，科层式的行业协会组织尚未成立，因此，这种契约实质上是平等成员个体之间签署的两两契约的综合，这些两两契约形成一种平面式的权利让渡结构，每个契约中都不包括任何权力的要素，那么，行业协会最终拥有的自上而下的自治权力，是如何从这种平面的权利构造中，以从无到有的方式衍生出来的呢？

（二）社会契约论的理论困境

社会契约论的解释存在理论上的“先天不足”。最直接的一个反对理由是，社会契约论中所言之“权利让渡”具有宪政意义，最终因让渡形成的权力应当属于公共权力，而从程序上说，因权利让渡形成的公共权力“只能通过政治程序和法律形式进行，不可能通过协议或者章程约定”[②]。可以看出这一反对意见隐含的预设——但未论证——是行业协会等组织享有的权力不属于“公权力”，所谓协议不能约定权利让渡，预设了该协议属于狭义的“民事契约”，而社会契约论的解释思路在于类比而非严格的逻辑分析。我们认同这种反对意见的结论，但并不认同其论述的过程。

社会契约论的理论之所以不适用于阐释行业协会权力的生成机制，本质原因在于以下三点。

第一，企业的本质决定其无法进入“无知之幕”。为

① 当然还有个体工商户等非企业成员，论证过程与之相同，此后若未加特殊说明均以企业指称成员个体。

② 袁曙宏、苏西刚：《论社团罚》，载《法学研究》2003年第5期。

保证原初状态下缔约的程序公正，罗尔斯提出了著名的“无知之幕”，自然状态下的缔约个体在抽象上是“均质”而平等的：剥离了个体的社会地位、阶级出生、资质、能力、力量等自然禀赋；剥离了价值观念、心理特征与个人偏好；剥离了个体对所处社会经济与政治状况的认知。即便如此，人之所以为人的基本要素依然齐备：作为具有理性的人类，这些个体了解关于社会的一般事实，“理解政治事务和经济理论原则，知道社会组织的基础和人的心理学法则”[①]，这些要素保证了被剥离个体有充分的能力达成符合正义的契约。将这一理论运用到行业协会的难题在于，由于大部分行业协会的成员都是企业，对企业而言，怎么可能通过剥离，形成无知之幕所必须达致的抽象意义上的均质状态？

与自然人相比，企业可供剥离的要素选择面要窄得多。企业组织不具有自然人才拥有的心理认知因素差异以及力量、资质等自然禀赋差异，企业彼此区分的要素主要在于企业规模、盈利水平、生产销售情况等经济因素。更为重要的是，这些要素是企业成为企业的本质要素，无法剥离。在科斯看来，企业的本质以及显著特征在于其作为价格机制的替代物功能。[②] 企业组织的出现在于以更低的交易成本完成那些通过市场交易可以完成的活动，因此，“交易成本决

① ［美］约翰·罗尔斯：《正义论》，何怀宏、何包钢、廖申白译，中国社会科学出版社 1988 年版，第 131~132 页。

② ［美］罗纳德·哈里·科斯：《企业、市场与法律》，盛洪、陈郁译，格致出版社、上海三联书店、上海人民出版社 2010 年版，第 37 页。

定了企业购买、生产和销售什么”,企业的规模也由交易成本确定。[①] 如果要让企业不考虑以上要素(这是进入“无知之幕”的前提条件),就等同于要求企业舍弃对交易成本的理性计算,让企业丧失其存在的基础。

第二,其理论预设不符合行业协会中成员关系的实际面貌。霍布斯在《利维坦》一书中假设了一种人人为战的“自然状态”。在可怕的霍布斯丛林中,由于人性中自私、好斗与毁灭同类的天性,“人们不断处于暴力死亡的恐惧和危险中”[②],如果“没有一个共同权力使大家摄服的时候,人们便处在所谓的战争状态下……每一个人对每个人的战争”[③]。国家的产生在于结束这一人人自危的“自然状态”,每个人都让渡一部分在“自然状态”下享有的权利,“相互订立信约、每人都对它的行为授权,以便使它能按其认为有利于大家的和平与共同防卫的方式运用全体的力量和手段”[④]。且不论这种人性本恶的理论预设是否真实反映人性之复杂,仅就行业协会组织的形成而言,在行业协会的组织形态没有出现以前的“自然状态”中,某行业的企业之间尽管受到优胜劣汰的市场竞争规则的支配,但这些企业个体

① ［美］罗纳德·哈里·科斯:《企业、市场与法律》,盛洪、陈郁译,格致出版社、上海三联书店、上海人民出版社 2010 年版,第 6~7 页。

② ［英］霍布斯:《利维坦》,黎思复、黎庭弼译,商务印书馆 1985 年版,第 95 页。

③ ［英］霍布斯:《利维坦》,黎思复、黎庭弼译,商务印书馆 1985 年版,第 94 页。

④ ［英］霍布斯:《利维坦》,黎思复、黎庭弼译,商务印书馆 1985 年版,第 132 页。

之间依然存在诸多共同利益，竞争与共谋混杂而生，“互益性”既是行业协会的本质属性之一，也是促成组织生成的基本动力，霍布斯丛林本不存在。

第三，至少在卢梭的社会契约观中，理论演绎的最终结论不但不足以解释行业协会的成立，甚至有可能导致“反社团”的后果。[①] 卢梭的社会契约思想可以简要地概括为：“寻找出一种结合的形式，使它能以全部共同的力量来卫护和保障每个结合者的人身和财富，并且由于这一结合而使得每一个与全体相联合的个人又只不过是在服从其本人，并且仍然像以往一样地自由”[②]，“我们每个人都以其自身及其全部的力量共同置于公意的最高指导之下，并且我们在共同体中接纳每一个成员作为全体之不可分割的一部分”[③]。罗素认为，“公意”是卢梭的社会契约论的核心思想，众多个人利益平衡后形成的合力指向，即共同利益，“这个结果即总意志”[④]，“公意永远是公正的，而且永远以公共利益为依归”[⑤]。派别以及小集团所拥有的个别意志却可能对

① 与霍布斯、洛克一样，卢梭也刻画了自己心目中的“自然状态”，他对这一自然状态的描述出现在他的成名作《论社会不平等的起源》中。卢梭特有的浪漫主义笔调，使这种自然状态呈现出田园牧歌式的美好意境，其反文明性及随处可见的对野蛮人的褒扬，让伏尔泰都渴慕四足行走。该自然状态在初始位置与洛克设想的自由平和类似，但之后，由于原始状态的破坏，社会契约演变为自我保全的基本手段，此时又开始向霍布斯靠拢。

② [法]卢梭：《社会契约论》，何兆武译，商务印书馆2003年版，第19页。

③ [法]卢梭：《社会契约论》，何兆武译，商务印书馆2003年版，第20页。

④ [英]罗素：《西方哲学史》(下卷)，马元德译，商务印书馆2003年版，第240页。

⑤ [法]卢梭：《社会契约论》，何兆武译，商务印书馆2003年版，第35页。

公意的形成产生消极影响，因为没有彼此勾结的公民总可以产生公意，小集团与派别的产生则导致“投票者的数目已经不再与人数相等，而只与集团的数目相等了”。所以，“为了很好地表达公意，最重要的就是国家之内不能有派系存在”[①]。罗素不无讥诮地指出，这一理论必然造成的结果就是，“国家要禁止教会（国家教会除外）、政党、工会以及有相同经济利害的人们所组成的其它一切组织”[②]。行文至此，卢梭之社会契约论是否可以用于解释行业协会的生成，答案不言自明。

第二节　行业协会处罚权生成机制分析

一、分析工具——社会交换理论

行业协会组织中成员各方的协商性社会交换，是行业协会处罚权产生的根本原因。所谓社会交换一般是指无法以金钱加以直接测度、无法直接变现、不体现流动性（Liquidity）的资源。

在埃默森看来，社会交换的动态过程大致可以进行如下描述[③]：社会环境中的行动者因为各自占有资源的异质性

① ［法］卢梭:《社会契约论》，何兆武译，商务印书馆 2003 年版，第 36 页。

② ［英］罗素:《西方哲学史》（下卷），马元德译，商务印书馆 2003 年版，第 241 页。

③ R. M. Emerson. Power-Dependence Relations. *American Sociological Review*. 1962（27）:37.

产生了彼此吸引，行动者基于理性原则与互惠原则进行社会交换，当行动者一方亟须对方资源而又难以找到替代物时(要么是替代物不存在，要么是替代物成本过于高昂)，互惠原则不再发挥作用，亟须资源的一方不得不因为依赖而接受另一方的权力支配。

在行业协会中，成员之间、成员与组织之间的社会交换关系与严格的经济交换存在诸多不同。首先，经济交换旨在实现个体外在化(Extrinsic)的报偿与收益，社会交换则以未指明、甚至无法指明的个体义务、信任与信用、内在化与外在化兼备的报偿为目的；[①] 其次，社会交换以参与个体间的信任与价值共识为联结纽带，而经济交换则依赖非人格化的市场与法律规制；最后，社会交换中因为互惠利益交往产生的个体联结不能被看作社会交换行为的副产品，而应当视为社会交换的主要产物，库克因此将社会交换描述为一种长期的社会关系，以区别于市场环境下的“一锤子买卖”(One-Shot Transactions)。[②] 在行业协会这一特殊语境之内，行业协会内部社会关系的形成，源于参与各方对“成本—收益”的主观性分析，以及对资源替代概率的比较。在这一视角下，行业协会处罚权就不能被单纯地视为一种意志的实现——这正是韦伯的观点——应当被镶嵌入行业协会社会交换的动态过程加以

---

① P. M. Blau. *Structural Contexts of Opportunities*. The University of Chicago Press. 1994：91.

② K. Cook. Charting Futures for Sociology：Structure and Action. *Contemporary Sociology*. 2000(29)：687.

理解。

以社会交换的视角分析行业协会处罚权的产生，首先需要分析行业协会组织的产生原因。以往研究往往将行业协会组织的产生与行业协会自治权力的产生不加区分地加以论述。但是，首先，从事件动态演进的逻辑上来说，行业协会处罚权的产生往往伴随行业协会组织而出现，二者产生机理并不完全相同，因此，要动态描摹权力生成机制，首先要说明与阐释行业协会组织产生的过程；其次，不同交换环境下生成的行业协会，其拥有的自治权也有一定差异，如果对此不加以细分，有可能遮蔽对产生这种权力差异原因的思考；最重要的是，行业协会处罚权制度体系的构建必须保证两方面的权力平衡：组织与成员之间，以及组织与国家公权力之间。[①] 正如后文将分析的那样，有关权力平衡的基本原则分析离不开对行业协会产生机制的深入解读。

二、行业协会组织的产生

若要实证地描摹一个自生自发型的行业协会组织从无到有的产生过程，无论是回溯历史还是检视当下都不太现实。从发展历史来看，行业协会公认的前身乃中世纪的基尔特组织，而关于基尔特组织的源起就如同中世纪的城市一般笼罩在历史的迷雾中。最早的理论认为，行会源于

① 严格来说，还包括组织与社会其他参与者之间的权力平衡。

古罗马的公会(Collegia),不过这一理论现在已经很少得到认同,更为广泛的观点有三,一是行会源于日耳曼的酒会等团体,二是"行会的萌芽发于庄园经济的小天地中",第三种意见认为,行会的起源也许需要从教会各类型的社区会社以及兄弟会中探寻。无论何种意见都难以找到充分的实证资料加以证实。[①] 从现实来看,无论是行业协会成员还是外部的观察者,他们对于行业协会草创阶段的琐碎细节大多未曾留意,我们只能从一些资料的片鳞半爪中揣测个中大致脉络。因此,我们不妨在此进行一项思想实验,尝试勾勒这个为人所忽视的组织孕育过程。需要说明的是,这一思想实验的对象是那些自生自发、独立于国家权力直接作用之外的行业协会,至于那些依照国家管理社会要求设立的行业协会,其生成机制如此直白明了以至于没有再次模拟的必要。不过,不同路径生成的行业协会,只要具备了基本的组织形态,其内部的权力与交换关系并无本质差别。

目前,已有不少学者以新制度经济学作为行业协会组织产生的社会动力机制工具,该思维进路具有很强的说服力,但依然存在一定的局限。笔者认为,企业从事的社会交换涉及3个方面:第一,某个行业内企业之间的交换;第二,企业成员与国家组织之间的交换;第三,企业与社会之间的交换。我们将前者称为内部交换,后二者称为外部交换。两种交换关系共同促成了行业协会的

① [美]汤普逊:《中世纪经济社会史》(下册),耿淡如译,商务印书馆1997年版,第435~437页。

产生。[①]

（一）企业间的内部交换——兼论经济学分析的局限

有学者以重复博弈模型分析企业的合作与行业协会的产生。由于市场经济中的同行业企业存在激烈的市场竞争，因此，一个旨在促进相互合作的组织的形成问题，似乎可以抽象为回答霍布斯以降争论不断的“合作难题”——“在什么条件下才能从没有集权的利己主义者中产生合作？”[②]阿克塞尔罗德的计算机竞赛结果表明，一报还一报(Tit for Tat)的合作策略可以从无到有、由小变大自然衍生。其理论蕴涵在于：当企业对于未来的重要性（以未来对现在价值的折扣率 W 表示）的预期满足一定的要求时，合作必然产生[③]，合作的组织形式即行业协会；以合作为交往策略的行业协会形成后，只要成员的内在交往存在重复博弈，并且未来的收益具有足够的重要性，一报还一报的合作策略就是集体稳定的，群体成员不可能比其他策略做得更好，

---

① 需要特别指出的是，此处我们暂时不考虑依照法律规定或国家指令而建立行业协会的情况，本部分关于组织产生机制的论述，仅对于自发式行业协会有解释力。

② ［美］罗伯特·阿克塞尔罗德：《合作的进化》，吴坚忠译，上海人民出版社 2007 年版，第 1 页。

③ 重复囚徒困境中的支付收益(Pay off)分别为：R（合作的报酬），T（背叛的收益），S（笨蛋的收益），P（双方都背叛的收益），其中，$T>R>P>S$ 且 $R>(T+S)/2$。在博弈存在多轮次的情况下，一报还一报者由于总是与相同策略者合作，因此，总收益为 $R/1-W$。当总是背叛者遇到 TFT 时，其收益为 $T+WP/(1-W)$。未来足够重要意味着，$T+WP/(1-W)< R/1-W$，即 $W>(T-R)/(T-P)$。参见［美］罗伯特·阿克塞尔罗德：《合作的进化》，吴坚忠译，上海人民出版社 2007 年版，第 146 页。类似的理论出现在交替合作背叛与一报还一报之间，$W>(T-R)/(R-S)$。W 应该比二者中较大者更大。

行业协会施加的处罚措施可以看作对背叛成员的策略性反映。

这种分析方式过于简单化，没有考虑到同行业企业之间的地位分化，更重要的是，博弈论要求参与者对将要发生的情况有详尽的信息，而行业内企业之间的信息交换必须处理交易成本问题。

相比较而言，交易成本的解释方案更具合理性。毋庸置疑，即便是同行业的企业，在市场环境中依然有合作的广阔空间，其交换的主要资源是与生产经营相关联的信息（包括市场信息以及技术信息等不同类型），例如潜在交易伙伴的地址、可靠性、信用程度、产品质量、融资渠道、交易合同的可执行性等。另外，在从事相关信息交换过程中难免发生损益纠纷，因此，相应的纠纷解决机制就成为这种自愿交换必然的副产品与伴生物。有学者将这种同行业企业合作的空间进行了进一步细分。在信息交换方面，行业协会可以成为一个静态的信息仓库，并且同时提供动态的信息评价以及信息交流的平台，而纠纷解决以及对内惩罚则被划归为协调机制。[①] 可见，通过此类交换，有助于减少企业生产经营中的交易成本：搜寻与信息费用、谈判与决策费用、监督与执行费用。[②] 企业间的内部交换是企业现有资源的流动，主要体现为信息交换。纠纷解决等协调机制是行业

① 余晖：《行业协会组织的制度动力学原理》，载《经济管理》2001 年第 4 期。

② ［美］埃里克·弗鲁博顿、［德］鲁道夫·芮切特：《新制度经济学：一个交易费用分析范式》，姜建强、罗长远译，格致出版社、上海三联书店、上海人民出版社 2012 年版，第 61~62 页。

协会成立后才发生的协会组织功能，在组织成立前，只能说企业的内部交换产生了对协调机制的强烈需求，并不能将之纳入社会交换的范畴。对于行业内企业的内部交换而言，行业协会有助于降低相应的交易成本，交易成本成了组织产生的原动力，但这一认识还不够充分。

首先，内部交换并不必然导致组织化的行业协会出现。埃里克森提出的著名假说认为，当公序（Public Order）缺位甚至不必要的前提下，私序（Private Order）将出场以填补这一空缺，同时促进群体的福利最大化："关系紧密之群体内的成员们开发了并保持了一些规范，其内容在于使成员们在相互之间的日常事务中获取的总体福利得以最大化。"[①] 但是，这一私序的形态是开放式的，既可能高度组织化，也可能是一种分散的、非中心化的多边控制体系。只要能够克服集体行动困境三大基本难题——制度供给、可信承诺、枉行监督[②]，私序的具体表现形式就

---

① ［美］罗伯特·C. 埃里克森：《无需法律的秩序》，苏力译，中国政法大学出版社 2003 年版，第 204 页。

② 制度供给问题，即为什么要制定公共池塘资源自治的规则，这一点似乎被埃里克森忽略了，提供的规则本身即构成一项公共物品，因此，同样存在搭便车的风险，仅仅以福利最大化为导向，并不必然得出制度供给的结果。承诺的可信性问题，由于在自治环境中单个违背规则的个体收益率一般远高于遵守规则，为了避免这种机会主义行为演变成多米诺骨牌效应最终导致自治的崩塌，于是就需要解决监督问题，即对于枉行信息的发现机制以及随之而来的制裁手段。如果监督问题无法解决，那么也就不存在可信的承诺，既然如此，规则的供给从一开始也许就不会出现。三个难题因此并不是孤立存在，而是彼此影响形成一种闭环式系统。参见［美］埃莉诺·奥斯特罗姆：《公共事物的治理之道：集体行动制度的演进》，余逊达、陈旭东译，上海译文出版社 2012 年版，第 50~54 页。

不会是固定的：无论是美国夏斯塔县的山林[①]，还是西班牙韦尔塔的灌溉体系[②]，其中形成的"无需法律的秩序"，最终都通过分散式、非组织化的"多边制裁"体系加以保障。

其次，如果仔细分析前述交易成本的构成，可以发现其中大多数都可以通过市场交易的方式获取。例如，信息收集与技术研发完全可以委托市场第三方中介主体完成；如果认为法院裁判交易成本过高的话，纠纷的解决则可以委托成本更低的独立的仲裁机构居中裁判予以调和；甚至连制裁措施也可以委托独立第三方机构加以监督与执行。美国核电运营协会的自治项目就是将处罚的权力委托独立第三方执行，协会可以将自己对于违规成员的评估意见向核电管理委员会[③]报告，NRC 自行独立调查并最终作出是否关停的指令，报告以两次为限。有学者指出，行业协会提供的信息服务属于具有高度专用性的资产，其使用具有长期性与高频性，信息服务的投入成本很难计价，脱离行业语境其价值将大为贬损；纠纷解决机制则仰赖执行主体对于行业信息的便捷把握以及对相关专业知识的

---

① 参见［美］罗伯特·C. 埃里克森：《无需法律的秩序》，苏力译，中国政法大学出版社 2003 年版，第 17~149 页。

② 参见［美］埃莉诺·奥斯特罗姆：《公共事物的治理之道：集体行动制度的演进》，余逊达、陈旭东译，上海译文出版社 2012 年版，第 82~98 页。

③ 核电管理委员会（Nuclear Regulatory Commission，NRC），是由美国政府依据《能源再组织法》设立的第三方机构。

充分运用，因此，需要专门化的行业组织提供。[①] 但是，这一分析更为合理的结论应该是，以上两种机制将导致一种更为专业化的中介组织出现，以便集中提供相应的俱乐部产品，这种中介组织既可能是一个行使以上功能的行业协会，也可能是独立于行业协会之外的更为专业化的其他社会部门。例如，尽管世界各国体育联盟、协会大多有自己内设的仲裁委员会，但成员对于国际奥林匹克单项体育联合会和部分非奥林匹克国际体育运动联合会作出的仲裁决定，依据国际条约和各自章程，一般都可以向国际体育仲裁院提起上诉。[②] 如果考虑到当前各行业普遍兴起的"业务外包"实践，行业协会提供专业化信息的功能似乎被过分夸大了，企业一方面可以将与行业发展联系紧密的信息服务、企业的业务流程发包给日益成熟的外包企业，此类外包企业可以合理预期一种长期而频繁的特定外包业务，因此，有充分动机进行专用性资产的投资；另一方面，即便是行业协会，也可能将自己分内的职能外包给市场第三方实施。

最后，按照威廉姆森关于交易成本与治理结构选择的论述，选择古典式的合同、集权式的企业科层组织还是二者的混合，需要综合考虑有限理性、投机以及资产专用性。[③] 合

① 陆冰然、谢思全：《行业协会中的横向与纵向联系——基于 TCE 框架的探讨》，载《云南社会科学》2010 年第 1 期。

② 该仲裁院由前国际奥委会主席萨马兰奇提议，于 1984 年建立，属于国际奥委会的下属机构，独立于任何其他体育联盟或协会。

③ ［美］奥利弗·E. 威廉姆森：《资本主义经济制度》，段毅才、王伟译，商务印书馆 2002 年版，第 64 页。

同与企业科层之间的混合形式绝不限于行业协会组织，企业间的联合投资（Joint Venture）、合作协议（Collaboration）等方式也可以达到降低交易成本的目标。根据布劳关于社会交换与群体关系的分析，伴随社会交换的必然后果是成员分化，在行业内部同样也会形成强势的大型企业与其他众多中小企业的阶层划分。大型企业并不依赖于中小企业在信息服务等公共善品方面的投入，相反，中小企业则对大型企业的市场、技术信息存在严重依赖，因此，仅从内部交换出发，可能的结局并不是一个整合各类型企业的行业组织的出现，而是大型企业形成的寡头垄断，以及中小企业结盟的潜在可能。由于大型企业握有该行业占主导地位的技术与市场信息，与政府的社会沟通方面也有其自身独特、不愿意与他人分享的渠道与优势，他们并没有充分的动力参与行业协会的创设，对于大企业而言，采取联合投资、合作协议甚至纵向与横向的兼并，也许是更为节约交易成本的方案。

然而，实证经验却表明，行业协会的成立往往是由某个行业内具有较大影响力的企业积极推动的。例如，温州所有的自发式民间行业协会都是由该行业中的精英企业及其代表发起的。这些企业具有充足的物资资源以及丰富的社会资源，“克服了中小企业的无能为力和普遍存在的‘搭便车’行为”。[①] 从理论上来说，如果某一行业内的企业成员地位、实力分殊明显，则符合奥尔森所谓的关于“中间”集

① 马斌、徐越倩:《民间商会的治理结构与运行机制——以温州民间商会自主治理为个案的研究》，载《理论与改革》2006 年第 1 期。

团的预测，在“中间”集团中，尽管个体成员（一般是集团中具有明显优势的个体）受到的激励不足以让其承担全部成本、不考虑其他人搭便车的后果，“但其成员数量并没有大到成员间彼此注意不到其他人是否在帮助提供集体物品”的程度，此时，集体物品是否出现处于一种悬而未决的状态，如果没有集团的组织与协调，则集体物品供给绝对不会发生。[①]

悬而未决的理论预测最终为事实所化解，行业协会成为一种稳定的、介于市场与科层之间常见的混合治理模式，既然个中原因无法通过企业内部的交换得以圆满解决，那么也许我们应该将目光更多地投向外部交换环节。

（二）企业与国家及社会的外部交换

现有学说对于行业协会产生的动力机制更多的是从内部交换方面加以阐释，但出于降低交易成本的内部交换只是行业协会产生的基础，在没有其他因素介入的情况下，组织尚处于沉睡、待唤醒的状态，而激发这一沉睡的集团的突生变量，存在于企业与国家及社会的交换中。

广义上来说，企业与国家及社会之间的交换包括经济交换：企业向国家缴纳税赋换取国家提供市场秩序与产权保护，企业向社会提供其所需的产品，换取社会的经济回馈。不过，大多数社会交换理论都不将此类经济交换纳入理论分析的范畴，布劳指出，“社会交换与严格的经济交

① ［美］曼瑟尔·奥尔森：《集体行动的逻辑》，陈郁、郭宇峰、李崇新译，格致出版社、上海三联书店、上海人民出版社 2011 年版，第 41 页。

换不同,因为没有明确指明的义务发生在社会交换中”①。有学者进一步指出,社会交换中的社会义务之所以不明确,唯一的原因在于社会交换中缺乏确定的价格机制作为中介。②

目前,我国学者鲜有以社会交换理论分析企业与国家之间的关系的研究,有些研究是这一方面理论探索的有益尝试。③然而,这一富有启发意义的研究范式可能忽略了以下两方面的问题。

第一,企业与国家间的社会交换,必须与企业与社会间的交换结合起来加以把握。企业与国家之间的交换关系,很大程度上将影响企业与社会间的交换,反之亦然,尽管不是必然的。

第二,企业间的内部交换虽然缺乏明确的价格,但作为社会交换主要内容的信息支持,由于主要发生在同一行业企业之间,因此,在该群体内能够形成相对可辨

---

① [美]彼得·M. 布劳:《社会生活中的交换与权力》,李国武译,商务印书馆2008年版,第41页。

② D. A. Baldwin. Power and Social Exchange. The *American Political Science Review*. 1978(72):1234。

③ 袁建军的博士学位论文《应对突发公共事件中政府和企业互动研究》,运用社会交换理论分析了企业与政府之间社会交换的过程及交换的资源内容,由于政府与企业之间资源占有带来的社会吸引,导致二者在信息控制、自由裁量、制度供给和身份认定等四方面开展社会交换。这一思路也体现在金太军与袁建军合著的《政府与企业的交换模式及其演变规律——观察腐败深层机制的微观视角》(载《中国社会科学》2011年第1期)、《政府和企业交换中的一致与分歧》(载《学术月刊》2012年第11期)等系列论文中。

识的测量标准。[①] 而企业的外部交换，由于交换的资源高度弥散化与异质化（例如，企业承担相应的社会责任，换取政府更为灵活的政策支撑），因此，在没有中介物存在的前提下，这种社会交换体系的维系与运转就成了大问题。

1. 行动者交换的资源

如前所述，企业在与国家以及社会进行交换的过程中，彼此拥有的可供交换的资源类型是高度弥散的，很难以列举的方式加以穷尽。在此，我们仅将其中比较重要的交换资源加以论述。

(1) 以企业作为资源提供方

信息。就企业来说，其所拥有的信息至少包括：企业生产流程的信息、产品或者服务质量以及安全度的信息、企业生产是否存在外部性及其程度的信息，以上信息的主要交换对象是社会；对产业发展前景与趋势的预测信息、产业对相关法规与政策的反馈信息，这部分信息交换的主要对象是国家。比较特殊的是，企业生产外部性行为的信息对于国家采取规制手段的方式与程度具有直接的影响。企业所需要的信息则包括消费者对于企业产品或者服务的评价、企业的社会声誉信息，国民经济的总体走势、进出口贸易情况，以及国家产业政策调整与变动的

① 打个比方，假设存在 A 与 B 两家企业，双方都握有具备高度专业性与该领域稀缺性的技术信息，这一信息无法通过市场方式定价，但在两家企业的社会交换中，只要这种社会交换是长期、高频存在的，那么二者就比较容易摸索出一套相对固定的、不以金钱为中介物的测量标准。

信息等。

同企业内部交换的分析类似，企业所需信息基本上可以通过市场化的手段获取，替代机会客观存在，相反，企业自身掌握的诸种信息大部分可以划入私人信息的范畴，国家与社会难以找到相应的替代品。仅就信息的外部交换而言，企业是信息优势一方，其并不依赖于国家与社会，因此，并没有因为权力失衡采取结盟战略的充分动机。

企业社会责任。企业拥有的、信息之外的交换资源大致落在“企业社会责任”的范畴内。不少学者都将企业社会责任与行业企业的集体行动相勾连，例如，有学者指出，行业自律涵盖成员企业之间，以及成员企业与所处环境之间的领域。[①] 有学者则更为直截了当地将行业自律的集体行动归纳为“企业社会责任”的一种表现形式。[②]

有研究将企业社会责任分为经济的（Economic）、法律的（Legal）、伦理的（Ethical），以及慈善的（Philanthropic）四个方面，这四者构成一个企业社会责任的金字塔式结构。按照这个分类标准，保持企业的盈利性与竞争力（经济的社会责任），以及遵守政府法律法规与政策（法律的社会责

① T. R. Wotruba. Industry Self-Regulation: A Review and Extension to a Global Setting. *Journal of Public Policy & Marketing*. International Issues in Law and Public Policy. 1997(1): 38-54.

② I. Maitland. The Limits of Business Self-Regulation. *California Management Review*. 1985(27): 132-147.

任)并不构成一种可供交换的资源,但企业在履行以上两种社会责任过程中产生的正外部性,却可以成为一种可资利用的资源。具有盈利能力与竞争力的企业可以在直接的税收增益之外,为解决社会就业提供帮助,企业的技术革新则有助于增强经济发展与环境保护等社会公益目标之间的潜在张力。伦理的社会责任要求企业行为不但要符合法律的最低要求,更要符合社会道德要求,维系并推进社会道德伦理进步。企业在履行此项社会责任过程中对于社会伦理道德的推动可以体现为两个方面,一是自身的直接参与,二是通过为其他同类企业树立榜样。为社会的教育、医疗、文化艺术等提供资源支持,积极参与旨在提高所在社区生活质量的自愿行动等行为,属于企业的慈善责任。①

(2) 以国家与社会作为资源提供方

国家以及社会能够向企业提供的资源大多属于“商业环境”的范畴。巴伦将企业发展的商业环境(Business Environment)分为内部环境(Internal Environment)与外部环境(External Environment)两大类型,具体类型如图 1-1 所示②:

① A. B. Carroll. The Pyramid of Corporate Social Responsibility: Toward the Moral Management of Organizational Stakeholders. *Business Horizons*. 1991(4): 39-48.

② D. P. Baron. *Business and Its Environment* (6th ed). Pearson Education International. 2009: 5-8.

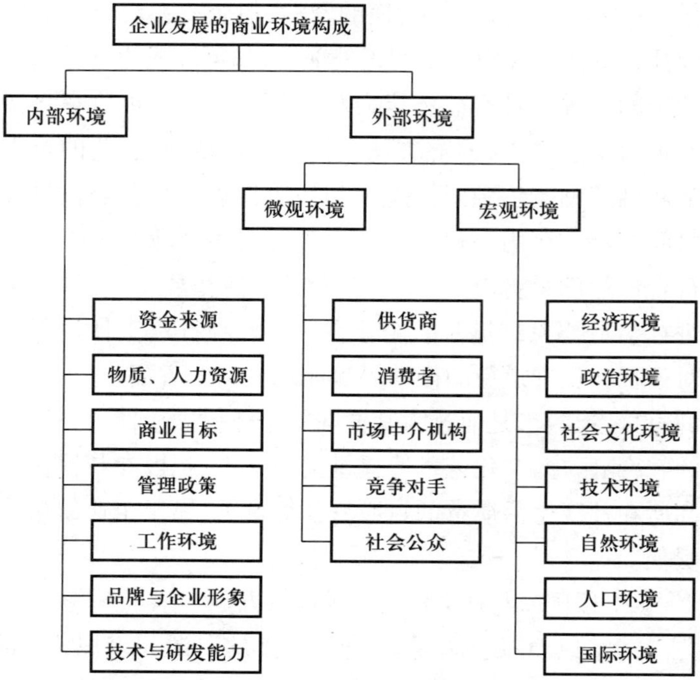

图 1-1　巴伦的商业环境构成

商业环境是指影响企业运转的各种内外部要素。一般来说，内部环境要素可以为企业自身所掌控，但经济整体环境、政治环境、社会文化环境等外部环境，企业就无能为力了。在外部环境概念中，又分为微观环境——那些直接影响企业绩效的操作环境（Operating Environment），以及宏观环境——那些创造机会或者给企业带来危机的因素。就企业与国家以及社会的交换关系而言，交换的客体主要是那些可以为国家以及社会形塑的外部环境，另外，尽管内部环境大多可以被企业自身控制，但外部环境的变迁可能导致内部环境的相应改变——顺遂或者严峻。真正改变企业与国家(社会)之间权力格局的因素恰恰是这些可以交换的商业环境资源，包括经济环境①、政治环境、②社会文化环境等。就经济环境与政治环境而言，尽管社会舆情民情等因素同样具有重要影响力，但处于主导地位的交换行动者依然是国家及其代理人(如地方政府)。真正体现社会的行动者(而非影响者)地位的，是在社会文化环境的交换中。

2. 外部交换与行业协会组织的产生

外部交换对行业协会组织产生的直接推动作用需要从

① 可交换的经济环境主要是指经济政策与经济法规。经济政策由国家制定，并由此在宏观上确定企业与政府之间的关系。对企业来说，经济政策可能是有利的，但也可能是不利的，与货币、预算、进出口、国外投资、产业许可等相关的政策即属于该类型(宏观上甚至包括计划与市场在经济体制中所占的比重)。经济法规则包括公司法、竞争法、证券法等法律规范体系。政策与法规的制定者尽管是国家，但其出台必然要充分考虑社会因素，如消费者与劳动者利益、环境保护等诸多方面。另外一种不容忽视的经济环境则主要包括交通、能源、通信等基础设施建设，区域经济基础设施的存量状况、设施能力、设施的先进程度，直接影响一个区域内包括企业在内的经济主体的绩效水平。参见张玲:《城市基础设施建设与区域经济发展研究》，大连：东北财经大学博士学位论文，2006年。

② 可交换的政治环境包括政府的施政理念、国家的政治稳定度、国防与外交策略、中央与地方的关系、政府的福利措施等。政治环境对于企业发展的重要性体现在如下几个方面：施政理念决定一国总体商业活动的基本面貌，包括从宏观的经济体制选择，到经济部门对民营经济的准入及对外国资本的开放程度等多方面内容；政治体制的稳定性与效率性保证企业可以合理形成对未来经济发展总体环境的相对稳定预期，并据此拟定自身的发展策略；良好的国家形象与稳健的外交政策可以对该国企业的对外贸易产生积极的推动力。

两个方面来分析：第一，企业在从事外部交换过程中因为具有更高的依赖程度，因此需要通过结盟来平衡因依赖带来的权力不平衡；第二，企业从事外部交换中介物的特性，决定了企业个体的组织化。

(1) 依赖与结盟

权力与依赖之间的关联是社会交换理论的一个核心理论洞见，互惠(Reciprocity)产生权力的均衡(Equality)，非互惠的社会交换，尤其是某一行动者陷入“无以为报的”极端境地，将导致关系的失衡以及非对称性权力的产生。[①] 在社会交换关系中，依赖的程度主要取决于替代资源存在的可能性以及取得替代资源成本的大小。[②]

企业与国家以及社会的外部交换关系表现出较为明显的非对称性，单独的企业个体处在这种非对称交换关系中较为弱势的地位。

对于企业来说，其所处的经济环境、政治环境与社会文化环境由国家以及社会形塑，在一个特定的地域范围内，以上环境缺乏替代性资源；对于国家与社会来说则不然，通常来说，某一单一企业是否尽到相应社会责任，对于国家以及社会的总体收益影响微乎其微，企业能够提供的交换资源具有充分的替代性。一项国家产业政策的出台需要以整个

---

① R. M. Emerson. Power-Dependence Relations. *American Sociological Review*. 1962(27):31–41. 埃默森特意指出，均衡并不必然地取消及中和权力，而仅仅意味着权力运作的平衡，就好比天平的平衡并不意味着天平之上没有砝码，行动者依然可以通过自身权力影响对方行动。

② K. S. Cook, J. M. Whitmeyer. Two Approaches to Social Structure: Exchange Theory and Network Analysis. *Annual Review of Sociology*. 1992(18):109–127.

国民经济发展的平衡为出发点，综合考量经济发展、环境保护、劳动就业等多种潜含竞争的因素，与单独企业之间不会发生直接的有关政策方面的互动。相关政策出台后，政策的影响力也将遍及整个相关行业，而不会局限于某个企业甚至某个行业协会。因此，在企业的对外社会交换中，企业也无法通过提供对等的交换资源以提高自身的地位。

这种社会交换中的非对称地位，给予企业采取“结盟”策略的充分动机。然而，由于结盟行动必然面临的组织成本与搭便车难题，这一动机对于协会组织的产生来说，在性质上与节约内部交换的交易成本类似，都只是组织产生的必要条件而非充分条件。需要分析的是，是否存在某些外在诱因，强烈到足以导致这些“待动员”组织中的部分成员，尤其是资源占有较为丰富的成员，即便面临搭便车的问题，也有充分的动力承担相应的组织成本，解决组织成立以及维系所必需的制度供给、监督执行、纠纷解决等问题。

(2) 作为中介的声誉

并非所有的资源都可以进入到外部交换过程中，布劳等人均强调“中介机制”在社会交换过程中的重要作用，换句话说，社会交换的中介物是某一社会互动关系形成的桥梁。

企业本身就是由劳资双方构成的一个社会亚结构，当其与国家以及社会因为资源的相互吸引产生社会交换后，这种交换已经不同于小规模群体内常见的、以互惠规范为基本依据的直接交换，布劳将这种不同社会亚结构之间产生的复杂交换称为间接交换。实际上，在市场交易这种典型的经济交换关系之外,企业与国家以及社会之间"合法"(这个合法既包括正当性 Legitimacy,也包括合法律性 Legality)的交换都应当属于间接交换。直接交换,尤其是企业与国家(特别是其代理人)之间的直接交换,涉及的是另外一个研究领域——"政府俘获"(State Capture)。[①]

间接交换中往往不存在直接的互动,因此,需要某种中介机制对此予以居中调节,布劳认为,"价值共识"满足了这一功能需要,"一个社会中盛行的文化价值和规范是在群体和个体之间形成社会关系的基质"[②]。对于某种价值与规范的共同赞成,构成了间接社会交换的联结物,"支配着复杂社会结构中的社会整合与分化过程以及它们之中的社会组织和再组织的发展"[③]。价值共识这一中介物在社会间接交换中主要从两个方面发挥联结作用:在消极方面,规定禁止性行为的范畴;在积极方面,通过社会信用体系实现资

① 政府俘获一般出现在新兴市场国家的转型过程中,既得利益集团通过非法和私下交易对政府(包括管理机构和司法机构)政策的形成施加影响,赫尔曼等把既得利益集团对政府的此类控制行为冠以"政府俘获"的概念:企业尤其是那些具有垄断地位的特权性企业,通过政治游说特别是经济贿赂的方式,获取政府在对企业的干预以及优惠政策的"特殊照顾"。尽管企业,乃至企业组织形成的行业协会,都有通过社会交换获得规则优势的内在冲动,但是,它们所采取的手段与影响渠道,都不能逾越正当性与合法律性两个基本约束,这一约束条件也为间接交换的分析划定了研究领域。参见乔尔·赫尔曼、马克·施克曼:《转轨国家的政府干预、腐败与政府被控——转型国家中企业与政府交易关系研究》,王新颖编译,载《经济社会体制比较》2002 年第 5 期。

② [美]彼得·M. 布劳:《社会生活中的交换与权力》,李国武译,商务印书馆 2008 年版,第 345 页。

③ [美]彼得·M. 布劳:《社会生活中的交换与权力》,李国武译,商务印书馆 2008 年版,第 347 页。

源提供与资源获取之间的相对平衡。就行业协会组织的形成而言,后一种联结作用更为关键。

以企业提供产品或者服务换取货币做类比,可以更好地理解社会信用在间接交换中的功能。表面看来,企业向消费者提供产品或者服务,同时获取了相应价值的货币,以产品换金钱本身即构成一个交换关系,但实际上,脱离交换功能的货币对于持有人来说没有任何价值,企业获取货币的目的在于利用货币进行二次交换,比如购置新的生产资料,聘用更好的劳动力等(这些资源与企业提供的产品之间一般存在异质性,无法直接交换)。获取货币本身并不是目的,以货币为中介获取异质性的资源才是企业从事交换的动机。博尔丁因此将货币称作"价值仓库"①。

类似的,企业按照符合社会价值共识的规范要求参与社会行动,承担相应的企业社会责任,从而在与政府以及社会的互动中树立自身的社会信用,表明某个企业是一家值得信任的市场经济主体。对于企业来说,这种社会信用主要体现为声誉。需要指出的是,如果从物品属性来分析,声誉本身也是一项重要的"俱乐部物品"。尽管声誉不具有货币一般的流动性与变现能力(Liquidity),但以声誉为载体,企业符合社会价值共识的行为所积累的社会信任同样创造出一个"价值仓库",企业可以在后继的社会交换中,

① [美]博尔丁:《经济分析》(第三版),1955年,第312页,转引自彼得·M. 布劳:《社会生活中的交换与权力》,李国武译,商务印书馆2008年版,第364页。

按照价值仓库"库存"量的多少,交换自己所需的其他异质性资源。

企业社会声誉的建立积沙成塔,能够使企业处于社会交换中的有利地位,但声誉的维护却较为困难,即便是一家具有良好社会声誉的企业,某一破坏社会价值共识的行为就可能将之前价值仓库的积累消耗殆尽。声誉的维护与增值的另一个难题在于,企业的社会声誉受到其所属行业集体声誉的影响,一个行业中某个企业的枉行有可能招致外部环境对该行业同类企业的"集体惩罚"。这种集体惩罚的体现形式是多样化的,最为直接的体现是社会消费者根据行业声誉"用脚投票":三聚氰胺奶粉事件曝光后,多地进口奶粉价格随之大涨,并且这种价格暴涨与原材料成本没有任何关系。"集体惩罚"形式还包括政府对于某一声誉堪忧行业更为严格的规制介入,社会对某行业存在与发展理解度与宽容度的减低带来的企业外部环境的恶化,而这种外部环境的变化最终将影响整个行业大部分企业对内部环境的掌控能力。

集体惩罚产生的原因可以用信息经济学的原理加以解释,对企业行为进行外部监督仰赖于相关信息的披露与甄别,并满足可观测、可验证两项基本要求。如前所述,企业在与外部环境进行相关信息的互动过程中属于信息优势方,这种信息不对称容易诱发企业的机会主义行为。因此,"如果制度规定具有信息优势的人群同时必须对被监督对象的行为承担连带责任",从节约监督的信息成本角度来说就是一项较好的制度安排,而面临连带责任风险的“这部分人群也就获得了监督他人的激励和名义”[①]。由于集体惩罚机制的存在,某一行业中的大型企业即便独善其身也无法挽回其他同行企业有损声誉行为带来的负面影响,大型企业对于行业声誉变化的敏感远超出那些船小好掉头的中小企业,有能力承担组织成本的个体在声誉机制的作用之下就产生了充分的行动动机。

以美国环境行业自治的发展历史为例,可以较好地体现行业协会组织基于外部交换压力,尤其是声誉机制而产生的动力机制。此类行业自治最初发端于化学、核电、造纸等与环境污染紧密相关的风险型行业中。印度博帕尔化学泄漏事件等重大工业事故,让社会与政府认识到生态环境相关行业对于人类生存的潜在风险。在这一背景下,欧美国家社会公众对于相关行业(如核电业、化学工业等)的社会评价跌至冰点。据美国 1990 年的一份抽样调查报告显示,美国化学工业行业群体在社会公众中的接受度仅有 25%——仅高于烟草行业——超过 60% 的社会公众认为整个行业群体对于生态环境来说都是“非常有害的”[②]。美国三里岛核事故发生后,某核电公司的首席执行官在一次同行闭门会议中指出:“三里岛事件……让我们意识到必须在

① 张维迎、邓峰:《信息、激励与连带责任——对中国古代连坐、保甲制度的法和经济学解释》,载《中国社会科学》2003 年第 3 期。

② S. J. Lewis. The Role and Limits of Volunteerism. Paper for International Conference on Corporate Environmental Responsibility. 1991. Tutzing Germany. 转引自 J. V. Rees. *Hostages of Each Other*:*The Transformation of Nuclear Safety Since Three Mile Island*. The University of Chicago Press. 1996:2。

操作、信息交流、培训、管理、态度以及文化等方面做出全方位的重大改变。我第一次认识到，我国任何一座核电站发生的事故都将影响其他企业的声誉。”[①] 一份调查报告则显示，公众不会花功夫甄别行业内单个企业的环保表现，而是根据某些企业的行为对整个行业群体不加区分地作出负面评价。[②] 恶劣的整体声誉严重威胁到行业内所有企业，尤其是大型企业的生存前景，“声誉损害导致公众支持度的下降，企业甚至难以得到社区的允许建设新的厂房设施，同时受到损害的是企业与政府之间的关系，甚至波及高级管理与科技人员的招募”[③]。

出于对行业声誉的维护，以及对更为严厉的政府管制的担忧，美国核电、化学等行业中的大型企业开始积极借助行业协会，开展行业生态环境自律运动，希望能够以此改进生产工艺、减少有害物质排放、降低环境风险，提高社会信任与接受度，保证行业群体的长期生存。三里岛核事故后，美国核电企业遵从委员会的建议，于 1979 年 12 月建立了第一个旨在提高商用核电安全与可靠性水平的行业自律机构——核电运营协会（Institute of Nuclear Power Operations，

---

① J. V. Rees. *Hostages of Each Other*: *The Transformation of Nuclear Safety Since Three Mile Island*. The University of Chicago Press. 1996:2.

② D. Buzelli. Presentation to the MIT Technology. Business and Environment Program. 1991. 转引自 J. V. Rees. *Hostages of Each Other*: *The Transformation of Nuclear Safety Since Three Mile Island*. The University of Chicago Press. 1996:1.

③ N. Gunningham. Environment, Self-Regulation, and the Chemical Industry: Assessing Responsible Care. *Law & Policy*. 1995(17):57–108.

简称“INPO”)。美国化学协会则在杜邦等占市场主导地位的产业巨头推动下,开展了冠以“责任关怀”(Responsible Care)的产业自律计划。

最后一个需要回答的问题是,大型企业的行动决策,必然需要比较潜在声誉损失,以及行业协会成立初期的组织成本,如果最终选择成立行业协会来协调集体行动,那么这种决策对于大型企业来说是否符合理性标准?对于这一问题,精确的量化分析比较显然是不可能的,不过,不少研究表明,行业协会可以被看作极简主义组织的典型代表,所谓极简主义组织(Minimalist Organizations),意味着此类组织的创立与延续对于资源投入(包括有形的物质资源以及无形的制度资源)的要求非常低。[①] 作为一种极简主义的组织,行业协会具有与其组织完备度不相称的持续性与鲁棒性(Robust)[②],自治功能的发挥并不过度依赖高昂的组织成本。奥尔德里奇等在其数篇文献中系统地整理收集了关于行业协会创立、变革乃至消亡的数字比例分布[③],数据表明,行业协会具有与其极简主义不相称的鲁棒性:行业协会创立的

① T. C. Halliday, M. J. Powell, M. W. Granfors. Minimalist Organizations: Vital Events in State Bar Associations, 1870–1930. *American Sociological Review*. 1987(152):456–471.

② 鲁棒性是指系统可以在较为不利局面下存续与发挥功能。

③ 相关文献参见 H. Aldrich, U. H. Staber. Organizing Business Interests: Patterns of Trade Association Foundings, Transformations, and Deaths. In G. R. Carroll (ed.). *Ecological Models of Organizations*. Ballinger. 1988 :111–126 ;H. E. Aldrich, U. H. Staber, C. Zimmer, J. Beggs. Minimalism and Organizational Mortality: Patterns of Disbanding among U. S. Trade Association. In J. V. Singh (ed.). *Organizational Evolution: New Directions*. Sage Publications. 1990:21–52。

经常性费用微乎其微，制度建设水平要求也不高，而且只要有需要，它们就能在相对极低的资金资助水平上存活很长一段时间并发挥相应功能，即便存在成员撤回对协会资源支持的可能性，大部分行业协会也能勉力维持。例如，美国化学协会尽管历经波折，但作为美国化学企业的代表，该协会自 1872 年创立至今依旧充满活力。正是因为行业协会的鲁棒性，当产业内的企业面临集体问题时，他们更倾向于将这些问题提交给现有的行业协会处理（而非创立新的行业协会）。较低的组织成本缓解了发起者对于搭便车行为的忧虑。[①]

三、组织形成后行业协会处罚权的生成

社会交换一般是指“人们被期望从别人那里得到的并且一般来说确实也从别人那里得到了的回报所激励的自愿行动”[②]。如果扬弃韦伯的权力意志论，试图用社会交换的视角解读行业协会处罚权的生成，那么，我们面临的第一个问题就是，行业协会组织与其成员之间交换的是何种资源？

---

① 当然，行业协会的鲁棒性还会产生其他影响：一方面，为行业内集体问题的解决提供了一个稳定可预期的解决框架，而稳定性是秩序形成的必备条件；另一方面，鲁棒性有可能带来路径依赖，当现有的行业协会行为损害部分企业利益时，此部分企业较难通过创建新的竞争性协会解决这一问题，用脚投票的退出机制受到限制。

② ［美］彼得·M. 布劳：《社会生活中的交换与权力》，李国武译，商务印书馆 2008 年版，第 146 页。

(一) 组织环境中交换的资源

行业协会内部涉及权力的社会交换的两种类型包括[①]:其一,经济性质的交换,但这种交换基本上不以货币为媒介:协会成员为集体行动提供资金、人力、技术等多种物质支持,而协会则给予成员信息、声誉、先进技术等方面的回报,并为成员提供交易成本低廉的论坛与场所;其二,政治性质的交换,协会与成员在进行资源的经济交换过程中,也尽可能地就控制交换的规则本身的边界变动与修正进行交换。两种交换往往相互交织在一起,难分彼此。

行业协会组织能够向成员提供的资源可以从其互益性功能中探知。[②]奥尔德里奇等将行业协会旨在实现互益性目标的活动领域划分为四种类型:商业性的(Commercial)、公共性的(Public)、政治性的(Political)以及社会连带性的(Solidaristic)领域。[③]具体而言,组织贸易展览与会议、制定产业产品标准、收集商业情报等行为,被划归为商业性领域;负责整理关于国家规制方面统计信息与数据的,被划归为公共性领域;游说政府机关属于政治性领域;在

---

① 两种类型的社会交换的基本框架,参见[法]埃哈尔·费埃德伯格:《权力与规则——组织行动的动力》,张月等译,上海人民出版社2005年版,第120~122页。

② 行业协会的互益性功能源于行业协会组织的生成机制中,这一点再次说明将组织形成与权力生成的过程加以区分的必要性。

③ U. H. Staber, H. E. Aldrich. Trade Association Stability and Public Policy. In R. Hall, R. Quinn (eds.). *Organizational Theory and Public Policy*. Sage Publications. 1983 :168.

产业内部促成意见一致、分享共同目标属于社会连带性领域。也有美国学者将行业协会的功能划分为市场行为与非市场行为,这一分类的意义在于,行业协会的市场行为一般需要成员企业协调一致的行动,因而在反垄断法的约束下受到严重限制。[①] 从合法律性角度来说,行业协会组织向其成员提供的资源主要体现在非市场外部环境的形塑方面,是企业与其面对的社会公众之间就社会、政治与法律结构安排互动的结果。[②] 尽管行业协会协调一致的市场行为受到反垄断法的严密监控,但行业协会依然可以通过持续的供给非市场力量性质的资源,以提高成员企业的业绩与存活率。例如,美国烟草业协会(Tobacco Institute)一直致力于保护其成员企业免于诉讼赔偿的风险,以及更严重的、政府规制变动给产业带来的危害。[③] 美国尼亚加拉大瀑布附近的旅馆业经营者成功地通过集体努力促使政府颁布了旨在消除威胁其共同利益的法律条例。[④]

---

① A. J. Hillman, M. A. Hitt. Corporate Political Strategy Formulation: A Model of Approach, Participation, and Strategy Decisions. *Academy of Management Review*. 1999(24): 825-842.

② D. P. Baron. The Nonmarket Strategy System. *Sloan Management Review*. 1995(37): 75.

③ R. H. Miles, K. S. Cameron. *Coffin Nails and Corporate Strategies*. Prentice-Hall. 1982: 225.

④ P. Ingram, C. Inman. Institutions, Intergroup Rivalry, and the Evolution of Hotel Populations Around Niagara Falls. *Administrative Science Quarterly*. 1996(41): 629-658.

根据奥斯特罗姆的资源类型学分析，[①] 行业协会为其成员提供的资源中，只有那些具备有形表达形式的一部分落入了公共池塘资源的范畴，而其余大部分更符合俱乐部物品的范畴。

当然，行业协会拥有资源的源泉离不开成员的集体努力，成员参与组织提供公共善品的行动，就构成了成员向组织能够提供的交换资源。成员能够作为交换筹码的资源可以分为两种类型，那些并不依赖于任何一个单独成员的独立行动、最终的公共善品无法细分成员参与份额的称为"集体性资源"（赫克特将之称为共有物品"Joint Goods"，共有物品按照公共性的程度，可以依次划分为纯粹的公共物品、俱乐部物品，与之相反的概念则为私人物品 [②]），前文述及的大部分实例都可划入这一范畴；而有一部分资源，可以清晰地识别出其中成员的直接贡献大小（例如组织所拥有的运作资金很大一部分都源于成员缴纳的会费），本书将这一部分资源称为"个体性资源"。

---

① 按照排他性的难易及竞争性的高低进行排列组合，可以得出四组不同性质的物品：排他性困难同时竞争性低，这就是传统经济学上所谓之纯公共物品；排他性困难但竞争性高，则属于公共池塘资源；排他性容易且竞争性高的，属于私人物品；排他性容易且竞争性低的属于"使用者付费物品"，一般也被称作俱乐部物品。公共池塘资源在非排他性上与纯粹的公共物品类似，但由于此类资源大多属于有条件的可再生资源，因此，过度使用将导致资源负荷的超载，最终导致该资源的崩盘。参见［美］埃莉诺·奥斯特罗姆等著：《规则、博弈与公共池塘资源》，王巧玲、任睿译，陕西人民出版社 2011 年版，第 6 页。

② ［美］乔纳森·H. 特纳：《社会学理论的结构》，邱泽奇、张茂元等译，华夏出版社 2006 年版，第 309 页。

（二）资源依赖与处罚权的生成

之前运用社会交换理论对于组织形成的分析，实际上仅对那些“自发式”行业协会具有效力。本部分是对协会组织成立后，在组织内因为资源依赖产生的权力关系的分析，适用于官办的、半官半民的，以及自发的行业协会组织环境。

提到权力，我们不得不重述韦伯的经典言说：所谓权力，“就是在一种社会关系内部某个行动者将会处在一个能够不顾他人的反对去贯彻自身意志的地位上的概率，不管这种概率的基础是什么”[①]。在韦伯的权力观中，权力是支配意志的反映，因此，权力的行使隐含着权力关系各方之间的冲突，权力的运行，意味着A可以迫使B在违背其自身意愿的情况下从事某种行为或不从事某种行为。但社会交换理论的学者则指出，权力体现的是权力双方之间的交换关系，其中不但有冲突的成分，更有共谋的身影。[②]简而言之，权力在社会交换中产生，具有工具性的维度，“不存在

① ［德］马克斯·韦伯：《经济与社会》（第一卷），阎克文译，上海人民出版社2010年版，第147页。

② 帕森斯将权力视为一种纯粹的交换中介，类似于金钱在经济交换中的作用，而吉登斯则试图综合两种不同的观点。在吉登斯的理论中，资源分为配置性资源和权威性资源，这两种资源成为权力的源泉。资源内嵌于社会体系的再生产过程中，通过情景中的行动者将其纳入生活行为中，由此体现出“支配关系”，行动者及其集体各自的自主性及相互依赖性之间的关系总成，称为“权力体系”。参见［英］安东尼·吉登斯：《民族—国家与暴力》，胡宗泽、赵力涛译，生活·读书·新知三联书店1998年版，第7~10页。

没有关系的权力,不存在没有交换的关系”[①]。

行业协会组织对于其成员的权力产生,可以按照前述“资源—替代资源成本—依赖/权力”的分析思路展开。

首先,行业协会能够向其成员提供丰富的俱乐部物品。例如,在中国棉花协会的章程中,该协会可以为会员提供的资源包括如下几种类型:信息服务,承担集体行动的组织协调成本,协调行业与国家以及社会之间的社会交换等。[②]

其次,尽管行业协会提供的资源源于成员的集体行动,但对于协会来说,单个成员的贡献对于俱乐部物品的最终规模并无太大影响,[③]对于那些消极履行、拒绝履行成员义务的成员,行业协会可以通过施加惩罚乃至开除会籍的方式加以制裁,并引入新的成员加以替代,因此,对于行业协会来说,组织并不依赖于某个成员企业对集体行动的配合。

① [法]埃哈尔·费埃德伯格:《权力与规则——组织行动的动力》,张月等译,上海人民出版社2005年版,第110页。

② 信息服务包括信息、联络、咨询、推广、研究等诸方面,以及为会员提供政策和法律咨询,组织职业培训、经验交流、商品展示和国际合作;承担集体行动的组织协调成本,包括协调会员之间及行业内各环节利益主体之间的关系,以提高棉花生产者、经营者和使用者的综合经济效益,制定并监督执行行规行约,规范企业在市场运行中的行为,杜绝同行业内的恶性竞争,营造有利于该行业整体发展的市场环境;协调行业与国家及社会之间的社会交换,该协会可以代表会员向政府有关部门提出行业发展、产购销政策和立法等方面的建议,在宏观层面维护该行业从业者的政治利益。参见《中国棉花协会章程》,中国棉花信息网,2016年5月19日访问。

③ 这一判断仅从俱乐部物品的生产与各个成员资源投入之间的因果关系分析,暂未考虑搭便车问题。

但对于成员企业而言，尽管行业协会提供的部分资源，例如购买部分信息咨询服务与法律服务，可以通过市场化方式加以解决，但诸如代表行业与立法机关以及政策制定部门之间沟通协调、开展行业自律规范行业内竞争秩序等俱乐部物品，成员企业需要付出很高的成本才能找到相应的替代物。

如果该行业协会是垄断性的，例如在我国曾经普遍存在的同一行政区域内的“一业一会”，以及类似于中国足球协会的全国性行业协会，其成员寻求替代性手段的成本就非常高，甚至没有有效的替代性方案。即便不存在一业一会的约束，由于大多数企业的生产经营都具备地域性的特点，因此，除非在主要经营区域内存在资源提供能力相仿的多个竞争性行业协会，否则，企业改弦易辙的迁移成本依然不低——温州鞋革行业协会的成员企业，不大可能寻求加入福建鞋业行业协会作为替代方案。如此，在组织与成员的社会交换中，成员严重依赖于组织，组织因此对成员产生了权力。

（三）权力与社会交换的再认识

行业协会成员通过向协会组织提供个体性资源，并遵从组织的指挥参与创造集体性资源，换取组织提供相应的俱乐部物品。在这一过程中如何体现权力的因素，或者说，如何从社会交换中辨识权力行为？要回答这一问题必须澄清社会交换与权力之间到底是何种关系。不同的学者对此大致有三种见解。

达尔认为，权力指的是社会亚结构中各种子集关系的集合,在此类子集关系中,某个行动者的行为取决于其他相关行动者。[1] 在达尔看来,权力实现的典型示例即,A 成功地促使 B 从事一项其本不会做的事情,因此,社会交换关系在此成为权力关系的一个子集。帕森斯曾经对达尔的权力观颇多抱怨,认为达尔将权力关系泛化了,其最大问题在于,若如此,则在逻辑上要将权力视为一种导致其他行动者行为改变的操作机制已经不再可能。[2] 这一批评相当中肯,二者的认识差别在如下情境中体现的就格外明显:A 成功地促使 B 从事了一项其本不会做的事情,如果按照达尔的权力观,这一个过程本身即是权力,但如果将权力视为一种中介,则意味着权力不过是 A 成功促使 B 从事一项事情的数种方案中的一种而已。

霍曼斯认识到自己社会交换理论的不足后,在后期理论中通过引入权力的概念对此进行了重大修正,其修正后的观点与达尔恰恰相反——权力关系是社会关系的一个子集。霍曼斯在一个广义的范围下使用权力这一术语,涵盖了积极惩罚(奖励)与消极惩罚(制裁)两种权力类型,交换中获益更少的一方同时也是拥有权力的一方。例如,在 A 与 B 的社会交换中,如果 A 的净收益少于(或者至少 B 认为少于)B 的净收益,并且 B 据此改变其行为做出符合 A

① R. A. Dahl. Power. in D. L. Sills (ed.). *International Encyclopedia of the Social Sciences*. Free Press. 1968(12):407.

② T. Parsons. On the Concept of Political Power. *Proceedings of the American Philosophical Society*. 1963(107):232.

预期的行动，则我们可以观察到 A 对 B 行使了权力。[①]

布劳认为霍曼斯在广义上使用权力术语有一定合理性，但他却明确地将社会交换与权力行使的场景加以区分，二者并不兼容，权力是一种"威慑——以撤销有规律地提供的报酬的形式，或以惩罚的形式，因为事实上前者和后者都构成了一种消极制裁"，是"个人或群体不顾他人反抗，将其意志强加给他人的能力"[②]。布劳与霍曼斯都意识到，纯粹平等的社会交换缺乏权力产生的土壤，只有交换中的不平等性，导致一方因为无以为报而不得不选择遵从另一方的意志，才可能衍生出权力，但布劳明确地把霍曼斯所言之"积极惩罚"排除在权力的范畴之外。如果采纳布劳的理论，那么行业协会对于其成员享有的权力就应该仅限于处罚权。

我们并不赞同布劳对于权力的限定性解释。与其他集团类似，基于成员公共利益成立的行业协会，同样面临公共物品治理的难题，尽管这不是行业协会治理的唯一问题。行业的集体声誉、有益于产业的技术革新、高速而便利的成员间信息交流与共享机制等，都属于行业协会提供的公共物品。由于搭便车的诱惑无处不在，奥尔森断言，"只有一种独立的和'选择性'的激励会驱使潜在集团中的理性个体采取有利于集团的行动"[③]。选择性激励包括积极激励与

① G. C. Homans. *Social Behavior*:*Its Elementary Forms*. rev. ed. Harcourt, Brace & World. 1961 :70–93.

② ［美］彼得·M. 布劳：《社会生活中的交换与权力》，李国武译，商务印书馆 2008 年版，第 178 页。

③ ［美］曼瑟尔·奥尔森：《集体行动的逻辑》，陈郁、郭宇峰、李崇新译，格致出版社、上海三联书店、上海人民出版社 2011 年版，第 41 页。

消极激励两种类型,“既可以通过惩罚那些没有承担集团行动成本的人来进行强制,或者也可以通过奖励那些为集体利益而出力的人来进行诱导”,二者不可偏废。[①] 奥尔森所言之两种选择性激励措施,大致可以对应社会交换理论中的积极惩罚与消极惩罚,如果说行业协会所享有的权力是维系成员集体行动的必需品,那么将该种权力局限于消极的惩罚无异于“自废武功”。

但是,布劳的意见却隐含着一个重要的理论问题。“混合奖惩”“混合激励”几乎是集体行动理论研究的主要共同点之一,问题在于,相关理论并未能回答如下问题:这种混合是否还有比例要求?奖与惩在维系集体行动的作用力方面,是否完全等同或者有所区别?甚至更极端的,只有奖励没有惩罚是否可行?

第三节　行业协会中以处罚权为中心的社会控制体系

可以看出,关于权力与社会交换之间的牵连,最主要的争议点并不在于谁是谁的子集,而在于对积极惩罚与消极惩罚的认识(Positive v. Negative Sanctions),二者分别对应奥尔森所言之积极激励与消极激励,在本书范畴内,前者可以称之为奖励,后者则可以称之为惩罚。这一问题不但在

① [美]曼瑟尔·奥尔森:《集体行动的逻辑》,陈郁、郭宇峰、李崇新译,格致出版社、上海三联书店、上海人民出版社 2011 年版,第 42 页。

理论方面存在争议,在社会实践方面也因为认识的不同导致了对奖惩比例的不同选择。

在理论层面。尽管惩罚对于减少与消除组织内的成员枉行具有理论上的重要意义,但学术界对于惩罚的实际功效却一直存有疑虑,不少学者都将研究聚焦于通过正向激励校正、改变组织成员的行为路径上[①],有学者甚至认为,“没有任何经验数据说明或者暗示,惩罚性的组织措施能够迅速、持久地提高组织效率”[②]。这一观点主要源于社会心理学,所罗门认为,组织内的惩罚是无效的,或者说其有效性仅仅是暂时性的,组织内的惩罚还可能引发不可欲的副作用。[③]即便随后有学者为惩罚性措施对于压制、消减不可欲行为的有效性进行了有力争辩,但其论证的情景大多与组织行为无关。不少学者倾向于认为,惩罚并不是组织管理的最优选项,而且针对惩罚带来的反抗、不满等负面效果的论证如此有力,以至于许多学者在研究中一般都回避这一棘手的问题。[④]

具体到行业协会这一研究对象,前述争议依然存在。部分学者坚持认为,在行业协会自治中,缺乏明确的惩罚与

---

① 参见 J. Komaki, K. D. Barwick, L. R. Scott. A Behavioral Approach to Occupational Safety: Pinpointing and Reinforcing Safe Performance in a Food Manufacturing Plant. *Journal of Applied Psychology*. 1978(63): 434–445.

② J. M. Johnston. Punishment of Human Behavior. *American Psychologist*. 1972(27): 1033–1054.

③ R. L. Solomon. Punishment. *American Psychologist*. 1964(19): 239–253.

④ R. D. Arvey, J. M. Ivancevich. Punishment in Organizations: A Review, Propositions, and Research Suggestions. *Academy of Management Review*. 1980(5): 123–132.

制裁将导致集体行动的失败，其理由源于对集体行动中因为机会主义行为导致的“逆向选择”与“道德风险”[①]。如果一个行业协会无法通过惩罚措施矫正那些对行业协会公共善品生产无益甚至有害的个体企业，劣币驱逐良币的逆向选择就会发生；如果行业协会无法观察成员参与集体行动的实际效果以及对公共善品的贡献大小，则成员企业的“道德风险”就将以阳奉阴违的形式体现：机会主义者在表面上执行行业协会纪律要求，实际上却推卸自身应当承担的集体行动责任。[②]

但是，也有不少学者认为，惩罚措施对于行业自律的作用言过其实，即便在制度化的制裁措施阙如的前提下，行业协会依然可以控制成员企业的行为，维持集体行动的规模。[③]这一论点的理由在于，与行业协会自治相伴的内部制度结构（Institutional Structure），使得成员企业的行为控制可以通过更为非正式的同构压力（Coercive Isomorphism）、非正式规范（Informal Norm）、行为模仿（Mimetic Processes）等方式完成。[④]其中，同构压力是指行业协会成员所处外部环境

① A. Grief. Microtheory and Recent Developments in the Study of Economic Institutions Through Economic History. In D. Kreps, K. Wallis (Eds.). *Advances in Economic Theory and Econometrics*. Cambridge University Press. 1997 (2): 79–113.

② J. T. Scholtz. Cooperation, Deterrence, and the Ecology of Regulation Enforcement. *Law & Society Review*. 1984 (18): 179–224.

③ N. Gunningham. Environment, Self-Regulation, and the Chemical Industry: Assessing Responsible Care. *Law & Policy*. 1995 (17): 57–108.

④ P. J. DiMaggio, W. W. Powell. The Iron Cage Revisited: Institutional Isomorphism and Collective Rationality in Organizational Fields. *American Sociological Review*. 1983 (48): 147–160.

(包括其他组织以及社会文化)的预期带来的正式/非正式压力;非正式规范则是源于专业化(Professionalization),从事某种特定行业的社会个体将在决策与路径选择上呈现出趋同的现象;行为模仿意指从事相同或相类似经济活动的社会个体对于不确定性倾向于采取较为固定的标准化行为反应。同构压力中的内化的羞耻感以及枉行披露,可以部分替代组织惩罚;[①] 行业组织的自治行为有助于在组织内部形成新的规范与价值体系,进而改变成员的个体偏好,使其倾向于采取有利于集体行动的策略;[②] 而且,由于对集体行动有益的策略同时也能够让成员个体获益,行业自治可以通过组织化行动实现"最佳实践"(Best Practice)在成员企业间的迁移,增进成员的彼此学习的聚合效果。[③] 总之,行业协会的自治可以在不采取惩罚措施的前提下,通过其他措施达到协调成员的集体行动的效果。[④]

同构压力与行业协会处罚关系极为紧密,其中的枉行披露实际上是声誉罚的一种表现类型,而成员间监督与舆

① P. R. Milgrom, D. C. North, B. R. Weingast. The Role of Institutions in the Revival of Trade: The Medi-Eval Law Merchant, Private Judges, and the Champagne Fairs. *Economics and Politics*. 1990(2): 1–23.

② A. J. Hoffman. Institutional Evolution and Change: Environmentalism and the U. S. Chemical Industry. *Academy of Management Journal*. 1999(42): 351–371.

③ M. S. Kraatz. Learning by Association? Interorganizational Networks and Adaptation to Environmental Change. *Academy of Management Journal*. 1998(41): 621–643.

④ J. Nash, J. Ehrenfeld. Codes of Environmental Management Practice: Assessing Their Potential as a Tool for Change. *Annual Review of Energy and the Environment*. 1997(22): 487–535.

论压力可以视为处罚权运行的不同阶段。不过，由于精炼成员的最佳实践措施并在其他成员中加以推广等方式，大大降低了其他成员摸索的成本，所以可以视为一种与惩罚完全不同的正向激励。

在实务方面。同样以国外的环境污染行业自治为例。在如下几个基本面上，名号各异的自律项目大体一致——改善与政府以及社会公众的信息交流；提高行业协会对内部成员企业生产安全的监督指导；协同成员开发改善生产工艺、减少危险物排放的新技术。但在对成员企业行为的控制管理方面，各行业协会采取的具体措施却不尽相同，其主要区别在于是否对违规成员采取实际的惩罚。

“天鹅绒手套式”的自治。这种自治方式可以看作一种软性自治。在这一类型的自治项目中，行业协会一般没有实际的枉行制裁措施。例如，责任关怀计划涉及自事前到事后企业生产环境监控的全过程，包括十项基本指导准则与六个方面内容：“生产工艺安全，雇员的健康监督与安全，环境污染的预防，化学事故防备的宣传与应急救援，产品的安全监管，产品的销售运输。”[1] 但是，美国化学协会并没有规定硬性指标，也没有规定成员企业应当通过何种具体措施达致责任关怀计划的目标，更缺乏违反准则后的责任承担制度，以至于其章程中的开除形同虚设。在环境污染的预防方面，责任关怀要求成员企业持续性地致力于减少污染物排放，首要目标是节约资源，其次是资源回收利

① 樊慧敏：《责任关怀行动》，载《上海化工》2002 年第 12 期。

用，再次是污染物无害化处理，但对于未达标成员如何处理却付之阙如。实际上，自该自律指令实施以来，该协会从来没有以开除的手段惩罚过任何一位成员。[①]该行业协会理事会对于成员企业实施责任关怀的日常工作也缺乏实际的控制权。美国纺织业协会开展的"环保卓越项目"自治项目与之类似。

"铁拳式"的自治。相对应的，我们可以将此种自治称为硬性自治。美国化学品销售商协会开展的"责任销售计划"、美国森林与造纸业协会开展的"森林可持续发展倡议"同样制定了纲领性的自治文件，但与美国化学工业协会不同的是，前二者对于成员企业行为目标、方案、实施效果有明确的达标规定，对于未达标企业也都制定了明确的惩罚措施，并且也存在实际的处罚案例。[②]

奖励与惩罚的关系问题，实质上也是回答行业协会处罚权必要性的钥匙，如果通过积极激励即可达到协调集体行动的目标，行业协会处罚权存在的必要性就值得怀疑。要回答这一疑问，需要结合行业协会组织内社会控制体系的构成理论，区分奖惩在维系集体行动中的作用力大小。

① ［美］乔迪·弗里曼：《私人团体、公共职能与新行政法》，晏坤译，载《北大法律评论》2003年第5卷第2辑。

② M. J. Lenox, J. Nash. Industry Self-Regulation and Adverse Selection: A Comparison Across Four Trade Association Programs. *Business Strategy and the Environment*. 2003(12): 343–356.

一、行业协会语境下的社会控制体系构成

在规范分析的范畴内,以传统公私法二元划分为基本标准,就国家对于经济活动的控制体系而言,按照控制主体的不同大致可以分为三个领域:公部门控制、私部门控制以及第三部门控制。我国台湾地区学者林明锵对三种不同控制体系的主要方式与目的做出了如下概括(见表1-1)[①]:

表1-1　不同控制体系及其方式

控制主体	公部门控制	第三部门控制	私部门自治
控制原则	经济监督、经济指导	强制入会、营业许可	私法自治、自由竞争
控制手段	金融服务活动监督、市场秩序管制、行政处分、经济计划许可	维持同业竞争秩序、惩戒会员不法行为或不当行径、约束会员其他竞争行为、补贴会员	向公部门检举不法竞争行为、向第三部门请求行业竞争秩序的校正

需要指出的是,在这一分类体系中,尽管第三部门控制可以视为广义的公部门控制体系,但必须以被法律授予相应权力,成为广义的行政机关为前提。基于行业协会章程以及行规行约所采取的以处罚权为主要体现的自治行为,与公部门采取的行政规制之间有明确的界分。[②]德国法上

① 林明锵:《同业公会与经济自律——评大法官及行政法院相关解释与判决》,载《台北大学法学论丛》2009年第9期。

② Peter Badura. Wirtschaftsverfassung und Wirtschaftsverwaultung, 2. Aufl. 2005, Rdnr. 55. 转引自林明锵:《同业公会与经济自律——评大法官及行政法院相关解释与判决》,载《台北大学法学论丛》2009年第9期。

一般将商会视为依法律授权成立的公法上的社团法人，这与德国较为特殊的“商会—行业协会”管理体制相关。德国商会称为德国工商总会，是82个独立的德国工商会的行政联合机构，根据《德国工商会法》第六条的规定，德国境内企业均依法履行强制入会义务。[①] 但是，在该强制入会的单一商会之下，行业经营者可以加入管制相对宽松的行业协会。

若以法社会学的视角重新审视行业协会中的社会控制，可以更为深刻地体会处罚权在这一社会控制体系中的核心作用。

关系紧密群体为实现福利最大化，需要建立一套相对完备的社会控制体系，包括控制方式、控制者以及控制规则三方面的内容。按照埃里克森的社会控制理论，这一体系涵盖两种制裁（奖赏与惩罚）、五种控制者以及五种规则。[②] 如果将这一分析构架适用到行业协会的语境中，对于控制方式、控制者以及控制规则可以作如下具体化的描述。

① 《德国工商会法》（1956年12月18日），中国社会组织政务服务平台，2016年7月3日访问。

② 具体而言，社会控制体系通过混合运用奖与惩控制成员行为：成员的自我控制（称之为第一方控制），与之签订合约的相对人控制（称为第二方控制），以及与二人协议无涉的非科层制的社会力量、组织乃至国家（称为第三方控制）；相应的控制规则与规则的控制者则包括个人伦理（对应自我制裁）、合约（个人自助）、社会力量发布的规范（替代自助）、组织发布的组织规则（组织执法）以及政府发布的法律（国家执法）。参见［美］罗伯特·C. 埃里克森：《无需法律的秩序》，苏力译，中国政法大学出版社2003年版，第151~159页，尤其是第159页的表格。

行业协会内的社会控制方式，包括奖励与制裁两种类型。行业协会向成员提供俱乐部物品，对为集体行动作出较大贡献的成员施以额外奖励，同时对成员的枉行采取罚款、声誉惩罚、开除等制裁。由科层制行业协会依据组织发布的规则（包括章程、行规行约）实施的控制，是一种第三方控制。在组织执法过程中，组织依赖五种不同性质的规则达到社会控制的目标：界定奖惩触发条件的实体规则（奖惩的适用条件），规定制裁的性质与程度的救济规则（奖惩的类型以及程度），获取并评价信息的程序规则（枉行的监督与信息披露），控制者内在结构的构成规则（如行业协会内的议事规则）①，以及选择控制者的规则（奖惩的争议由组织内部机构、中立第三方，还是国家公权力机关解决）。②

在这一错综复杂的社会控制关系图谱中，有关奖惩的实体性规则是核心与前提，这一类规则决定了何种行为有利于集体应当予以奖励，以及何种行为对集体有危害应当予以制裁。救济规则在于某种行为明确满足奖惩触发条件时，奖惩应当按照何种手段、以何种程度加以

① 这里需要区分构成规则与一般意义上的契约。同行业企业通过前期磋商谈判，最后在一致同意的基础上签署章程，宣告某行业协会成立，一致同意的行为可以被视为契约行为。一般来说，对于行业协会通过的决议，罕有“全体一致通过方告生效”的情形，按照决议事项重要性的大小，不同比例的多数票即可宣告某项决议通过。例如，某协会章程约定，开除会员会籍的决议需要经协会成员投票并达到 2/3 以上的多数票才生效，这一项有关决议生效条件的规定，就不再是契约，而是一种构成规则。

② ［美］罗伯特·C. 埃里克森：《无需法律的秩序》，苏力译，中国政法大学出版社 2003 年版，第 161 页。

执行。[①]

行业协会属于爱特所谓之“义务性群体”(Obligatory Group)的范畴。[②] 义务性群体的团结性取决于两个要素：成员对集体义务顺从(Compliance)的比率，以及这种集体义务范围的延展性(Extensiveness)。因此，团结(Solidarity)的程度可以用如下公式表达：$S=E\times C$[③]，意即团结程度是延展性和顺从比率的乘积。在义务性群体中，成员对群体的依赖不但诱发规则的产生，同时还引发群体对相应规则进行管理的动力，一方面从实体上界定E的具体范畴，另一方面从控制规则上保证顺从的概率。尽管行业协会作为一种义务性群体，具有较好的团结性发展潜力，但要将之落到实处，要想成员顺从集体，就需要群体开发出一套行之有效的“社会控制体系”，在爱特看来，这一社会控制体系控制力是以下两种要素的函数：监控，赏罚。[④] 在这一研究范式内，维持行业协会对组织社会控制力的核心即赏罚。不过，爱特接着写道，如果对集体义务违背的行为可以被监测并且受到及时有效的惩

---

① 救济规则实际上涵盖了有关执行的所有领域，包括对程序规则、构成规则、选择规则的违反或遵守应当予以的奖惩。

② 与之相对应的概念是“补偿性群体”(Compensatory Group)，意指群体成员为市场而不是为自己生产共有物品。参见[美]乔纳森·H. 特纳：《社会学理论的结构》，邱泽奇、张茂元等译，华夏出版社2006年版，第310页。

③ M. Hechter. *Principles of Group Solidarity*. University of California Press. 1987 :48.

④ [美]乔纳森·H. 特纳：《社会学理论的结构》，邱泽奇、张茂元等译，华夏出版社2006年版，第310页。

处，群体内的顺从度就较高。[①] 论者似乎有意忽略了奖励的功能，将惩罚置于“控制—顺从”的中心地位，而监控的目的也是为了满足惩罚发动的及时性与有效性。

两位学者有关社会控制的理论尽管在研究范式上存在显著区别，但在奖惩对于行业协会维系集体行动的功能方面却殊途同归，将与奖惩有关的制度视为组织控制的核心要素，从理论上说明了决定奖惩的权力及其规则是行业协会社会控制体系的基石，不过，两位学者却并未进一步深入比较奖与惩在组织控制力中的作用大小。

二、社会控制体系中处罚权的中心地位

假设行业协会对一个存在违规行为的成员处以 5 000 元的罚款，或者提供价值 5 000 元的奖励以诱使该成员遵守协会纪律，按照奥尔森的理论分析，两种激励的效果是一样的——其激励的净值都是 5 000 元。这样，两种选择性激励在这一理论视角下合二为一，至少在行动后果的外观上不会表现出明显的差别。布劳指出，这一观点忽视了受激励个体面对不同激励时的初始基准线，而这恰恰是惩罚与报酬之间唯一的差别。更重要的是，“一旦报酬变成经常性的，基准线本身就被弄模糊了”[②]。

① M. Hechter. *Principles of Group Solidarity*. University of California Press. 1987 :50.

② ［美］彼得·M. 布劳：《社会生活中的交换与权力》，李国武译，商务印书馆 2008 年版，第 177~178 页。

成员加入行业协会后，从行业协会内部获取诸如技术信息等积极激励将成为常态，积极激励本身成为一种成员的稳定预期与基准线，成员习以为常、安之若素，除非继续增加新的积极激励，否则，积极激励对于维系集体行动的功能将大大削弱。这也符合经济学上的边际效应递减的基本规律：行业协会以其拥有的资源不断向成员提供积极激励以诱导其行为，单位资源的投入所取的效用（即成员的服从）不断递减直至峰值。即便继续新增积极激励，也将受这一规律的制约。

由于经常性的报酬提高了成员对收益预期的基准线，在基准变动的前提下，积极激励要发挥作用，就必须与中断报酬这一强制性的权力相结合。单纯的积极激励，特别是当其经常化以致成为一种基准的时候，产生的仅仅是依赖以及权力行使的可能性与基础，只有当成员因为违规行为被中断报酬时，行业协会的权力才能再次发挥维系集体行动的作用。

可见，如果说权力源于组织的产生，并自始维系组织的存在的话，那么惩罚才是组织中权力运行的核心。布劳将消极制裁作了进一步细分，惩罚或者惩罚的威胁（剥夺进入组织前已有的权利）属于权力的间接来源，而对报酬的扣留（剥夺组织给予的权利）则是权力的直接来源。[①]

一些实证研究证实了这一结论。有美国学者结合美国环境保护局“有毒物质排放目录”（Toxics Release Inventory）[②]

---

① ［美］彼得·M. 布劳：《社会生活中的交换与权力》，李国武译，商务印书馆 2008 年版，第 180 页。

② 美国环境保护局自 1987 年收集的 200 多种可检测年化化工污染物排放指标。

统计分析后发现,缺乏必要惩罚措施的“责任关怀”计划实施的实际绩效其实并不理想,[①] 另有学者在随后一份针对多个行业协会环境行业自治项目的比较分析报告中,以更为充分的数据为基础,分别统计了软性与硬性自治项目实施的实际绩效,其结论再次证实了前述观点:比较而言,拥有有效处罚手段的自治项目显著提高了企业环境污染防治的水平。[②] 里韦拉等则通过对美国滑雪区域联合会的实证研究指出,在既缺乏有力的制裁手段,同时也没有第三方监督存在的前提下,该协会开展的“可持续山坡”(Sustainable Slopes Program)自治计划无力克服机会主义行为。[③]

处罚权的重要性还体现在对组织制度化进程的推动方面。行业协会领导组织层在一种竞争式的多边互动中产生,对于行业协会理事的选举,可以视为互动结果的确认。这一过程可以简单表述为:给其他个体留下深刻印象→暗示可以为其他个体提供较多报酬→获得权力→企业个体的代表进入协会管理层→通过对行业协会的运作增进公共善品的供给→兑现报酬的预期。管理层的形成是一个突发事件,集中体现了权力的分化。权力分化在群体内部会造成

---

① A. A. King, M. J. Lenox. Industry Self-Regulation Without Sanctions: The Chemical Industry's Responsible Care Program. *Academy of Management Journal*. 2000(43):698–716.

② M. J. Lenox, J. Nash. Industry Self-Regulation and Adverse Selection: A Comparison Across Four Trade Association Programs. *Business Strategy and the Environment*. 2003(12):343–356.

③ J. E. Rivera, P. D. Leon. Is Greener Whiter? The Sustainable Slopes Program and Voluntary Environmental Performance of Western Ski Areas. *Policy Studies Journal*. 2004(32):417–437.

潜在的紧张关系，对于那些竞争中失败的企业个体而言，需要行业协会通过整合纽带确保组织不会因为低级别者对于高级别者的不满而瓦解。整合纽带引发了共同价值观以及制度化的需要，并且对公共善品的供给提出了要求。就三者的关系来说，共同价值观由制度化加以提炼与确定，二者共同推进公共善品供给的产出，制度化在其中起到中继者的作用，行业协会处罚制度是制度化的重要一环。所以，从这个角度来说，处罚制度维系共同价值观，并最终推动公共善品的持续供给。另外，三者之间还存在彼此暂时替代的作用，例如，即便公共善品一时欠奉，在共同价值观与制度的支撑下，组织依然可以存在。“群体的团结既取决于对它的目标所作的贡献，也取决于群体成员之间的整合纽带”，群体的整合“促进了关于规范标准的共识的发展及这些共享规范的有效实施……加强了群体的非正式制裁（比如谴责和排斥）对每个个体成员的意义”[①]，换句话来说，凝聚力增加了社会控制的效率。

综上，行业协会组织采用的社会控制，以规定处罚条件的实体性规则为基础；协会组织按照成员枉行的严重程度，分别采用或并用轻重不同的财产罚、声誉罚、资格罚等处罚形态，是这一控制过程的典型体现；三种非实体性规则，包括信息发现与披露规则、行规行约的制定与修改的构成性规则、纠纷解决的选择控规则，尽管并不一定体现为纯粹的处罚权内容，但也应当围绕处罚权力的行使展开。

---

① ［美］彼得·M. 布劳：《社会生活中的交换与权力》，李国武译，商务印书馆 2008 年版，第 103、106 页。

三、行业协会处罚权的比较优势

行业协会处罚权对于行业自治具有重要意义，与传统的“命令—服从”式的公权力规制相比，通过行业协会行使处罚权矫正成员枉行具有特殊的比较优势。

负外部性是环境污染、食品安全危机等事件层出不穷的根本原因，“每当个人或厂商采取的一种行动直接影响到他人，却没有对其有害后果付费，或因其有益后果获得补偿时，就出现了外部性”[①]，企业枉行造成的社会成本在企业成本收益核算范围的体现微乎其微，因此，企业并无充分动力开展自我防控。通过政府与市场两种手段将企业行为的外部性内部化，可以部分解决这一问题。加强政府规制的主要方式不外乎制定更为严格的法规、标准，加大执法力度[②]。市场手段则包括运用交易杠杆迫使企业将枉行的社会成本内部化，如在环境污染领域，各国纷纷采取的排污税[③]、排污许可证交易等模式。世界经济合作与发展组织在 1972 年确认了“庇古税”原理，提出污染者

① ［美］约瑟夫·E. 斯蒂格利茨、卡尔·E. 沃尔什:《经济学》，黄险峰、张帆译，中国人民大学出版社 2010 年版，第 251~252 页。

② 司法权解决此类外部性问题也存在局限。有研究指出，在环境侵权纠纷案件审判中，由于地方政府间的竞次式竞争导致了较为严重的“选择性司法”现象。（参见凌潇:《论环境侵权审判中的选择性司法行为》，载《华中科技大学学报》（社会科学版）2012 年第 5 期；凌潇、严皓:《法官的选择性司法行为——以环境侵权诉讼中的司法鉴定为例》，载《四川理工学院学报》（社会科学版）2012 年第 6 期。）

③ 厉以宁:《西方福利经济学述评》，商务印书馆 1984 年版，第 46 页。

付费原则,世界许多国家据此制定了相应的环境污染税收制度;排污许可证交易制度源起于美国,[①] 由于其具有降低监控成本并实现对环境污染总量控制的目标,因此备受推崇。[②]

不过,前述两种方案都有难以克服的弊端。与企业活动外部性相关的生产信息属于企业的"私人信息",而信息不对称有可能导致政府与市场的双重失灵。政府有效规制的前提有二,一是充足的预算保障,二是信息的准确甄别,信息的完备与否直接受到财政预算的刚性约束。更重要的是,企业私人信息的获知本身就需要高昂的执法成本,而用于公共执法甄别信息的财政经费、人力资源、技术设备等,相对于潜在的监管对象来说永远是稀缺的,[③] 当政府监管部门获取的信息不能满足可观测、可验证两项要求时,不但可能导致规制失效,还可能引发企业的逆向选择——对负外部性漠不关心的企业由于无需承担技术改良的成本,反而会在市场竞争中拥有价格优势。国民经济各部类行业的生产流程与技术等一般专业化程度较高,客观上造成了政府与企业之间的信息不对称,自利的企业可以在事前较为方便地隐匿相关信息规避监管;许多企业的机会主义行为后果有隐蔽性与滞后性的特点,认定机会主义行为与损害后

① 参见吕忠梅:《论环境使用权交易制度》,载《政法论坛》2000年第4期。

② 参见王克稳:《论我国环境管制制度的革新》,载《政治与法律》2006年第6期。

③ S. Steven. Specific Versus General Enforcement of Law. *Journal of Political Economy*. 1991(99):123-132.

果之间的因果关系较为困难，这也加大了对企业机会主义行为事后追责的难度；最后，“执法机构发现违法的动机受其支付结构的影响（特别是，他们是否因发现更多违法而获奖赏）……执法机构可能腐败……并因其存在将明显影响最优执法的理论”[①]。

与之相比，行业自治则具有较大的比较优势。首先，由于声誉机制的影响，行业协会具备自我规制的强烈愿望与动机，政府规制中的代理人风险在此环节表现并不明显。其次，行业协会自治在很大程度上可以解决外部规制面临的信息瓶颈问题[②]。行业协会本为成员公共福利而生，在组织协调的过程中，对成员企业私人信息的了解自然比较便利。作为一种专业化的社会组织，行业协会的组织机构、职能范围与技术知识能力，决定了行业协会的强大的信息识别能力。例如，中国石油和化学工业联合会之下设质量安全环保部、科技部、信息与市场部等部门，职能范围涵盖企业质量管理活动、行业标准化和质量检验体系建设、参与建立行业技术法规体系、组织开展行业科技发展战略和技术政策研究等。许多行业协会还通过论坛、自办刊物、行业调研等多种方式，近距离获取成员企业产品信息。行业协会的信息优势，可以大大降低规制所需的信息成本。再次，作

① ［美］A. 米切尔·波林斯基、斯蒂芬·谢弗：《公共执法的经济学理论》，徐昕、尹彦译，载《南大商学评论》2005 年第 1 期。

② A. Baniak，P. Grajzl. Andrzej. Industry Self-Regulation，Subversion of Justice，and Social Control of Torts. *International Review of Law and Economics*，2008.

为一种典型的紧密型社会组织，行业协会内部成员企业间的交互关系呈现一种“山水有相逢”的“重复博弈状态”，因而其交往的策略也与单次交易下的方法迥然有别。[①] 在行业协会这一关系紧密的互惠体系中，组织对于内部成员枉行的矫正，可以采取从警告与训诫，到罚款、除名等一系列逐次升级的惩戒措施，手段多样且富有弹性，某些规制手段具有外部规制无法取代的独特功能。[②] 埃里克·波斯纳从成本收益角度分析认为，以行业协会为代表的紧密型社会组织的内部惩罚，不但具有更低的处罚成本，而且处罚效果也更优，通过行业协会来防止成员个体的机会主义行为，比通过法律机制更为有效。[③] 最后，行业协会自治有可能达致社会利益与企业利益之间多赢的局面，例如，在美国化工等行业的环境自治计划开展后，参与企业向保险公司投保的保费大幅降低，融资也变得更为容易，[④] 我国有学者在样本统计分析的基础上指出，责任关怀等行业自治项目对我国企业绩效存在显著性正影响。[⑤]

---

① 鲁篱:《行业协会经济自治权研究》，重庆：西南政法大学博士学位论文，2002 年。

② ［美］罗伯特·C. 埃里克森:《无需法律的秩序》，苏力译，中国政法大学出版社 2003 年版，第 223~227 页。

③ ［美］埃里克·C. 波斯纳:《法律与社会规范》，沈明译，中国政法大学出版社 2004 年版，第 97 页。

④ 王林萍、林奇英:《责任关怀的影响及评述》，载《技术经济》2006 年第 11 期。

⑤ 有关数据分析及结论，参见刘易、王民杰:《化工企业责任关怀对企业绩效的影响研究》，载《数理统计与管理》2009 年第 6 期。

四、权利到权力过程中突生变量的辨识

行业协会的成立本来源于企业之间的协议，但是，组织成立后，不但形成了科层制的权力体系，甚至作为权力基础的两两契约也随之消失，成员只对组织承担义务。企业个体的社会交换与行业协会内的组织执法分属微观社会学与宏观社会学两个范畴，其联接通道显然不能通过单纯的行为心理学研究来完成。[①] 就微观结构与宏观结构之间的转变而言，布劳引入了"突生属性"这一概念，"假定社会结构（并且，实际上是所有的由亚单位构成的结构）具有不能

① 霍曼斯的社会交换理论的重要特色在于个体主义的研究进路。在霍曼斯看来，社会结构从个体社会行为的基本形式演化而来，个体对报酬与惩罚的情景性反应行为，构成了社会结构及相应的制度形式的基础。根据库克等人的梳理总结，霍曼斯的理论命题包含五个方面的主要内容，这五个命题均与社会交换的原生动力密切相关。这五个命题分别是：1. 成功命题，带来正面积极效果的结构有再次重复的较大可能性。2. 激励命题，如果一个个体的行为曾经得到报偿，那么该个体就会继续之前得到报偿的行为。3. 价值命题，如果该个体对某种行为的结果的价值作出了正面评价，则该行为再次发生的可能性就会较高。4. 满足剥夺命题，如果某个个体数次因为同一行为得到相同的报偿，则该报偿的主观价值会相应下降。5. 情感命题，那些得到的报偿超过其预期，或者没有得到其预测会发生惩罚的个体，会感到相应的愉悦与行为满足。正如米勒指出的那样，霍曼斯的社会交换理论存在诸多重大缺陷，以至于难以解释超越简单个人关系的群体性社会结构现象。首先，霍曼斯的理论将人类互动化约为纯粹的理性过程，这其实一点都不新鲜，他只是对经济学家理论一次蹩脚的模仿而已；其次，该理论将社会关系置于一种线性的、单向发展的结构中，忽视了社会关系发展中经常出现的跳跃乃至倒退；最后，霍曼斯试图通过个体互动的研究推衍，进而论证更为复杂的社会组织等社会结构形成规律，这种带有明显还原论倾向的论点并不足取。参见 K. Miller. *Communication Theories*: *Perspectives*, *Processes*, *and Contexts*. McGraw Hill. 2005 : 78–79。

根据亚单位的属性来理解的突生属性”[①]，通过对突生属性的辨析，布劳的理论有助于发现微观社会学结构与具有大型集体特征制度之间的关联，并由此辨识出社会交换中产生的权力因素。

在类似于行业协会一类的组织中，从互惠规范为基本原则的社会交换，衍生为以科层制组织为权力运行中枢的社会结构，其中发生的化学反应同样可以用“突生属性”这一重要变量加以论证。比较重要的突生变量包括行业协会内的价值共识、以社会信用代表中介机制以及制度化。

行业协会语境中，上述突生变量客观存在，此类突生变量导致行业协会的组织制度已经具备了独立于互惠规范以外的制度意义。行业协会内部科层式管理机构并非单纯保障互惠规范得以实现的代理执行机构，处罚权的行使也不以互惠规范为依据。以罚款这种常见的处罚形式为例，如果严格执行互惠规则，罚款的数额应当大致与枉行的监督成本相当，但在实践中，行业协会的处罚却并不直接与其监督成本挂钩。例如，在苏格兰足协规定内部处罚规则的“Judicial Panel Protocol”中，对于违规行为有极为细密的处罚梯度，不同性质的枉行对应不同程度的惩罚，分为从轻（Lower End）、适中（Mid Range）、从重（Top End）、顶格处罚（Maximum Sanction）四个序列。根据该协定附件 A 第七条的规定，协会成员应当恪守该协会章程第一、二、六条的约

① ［美］彼得·M. 布劳：《社会生活中的交换与权力》，李国武译，商务印书馆 2008 年版，第 4 页。

定，以及“苏格兰2010反商业贿赂条例”的规定，否则，将按照四个等级序列，分别处以500英镑、1 000英镑、5 000英镑以及10 000英镑外加一年的资格暂停的处罚。[①] 再以集体抵制为例，实际上，某一行业企业对于特定同行企业或者其他交易对手采取的集体抵制恰恰是最不需要代理人的惩罚方式。另外，自发式的集体抵制一般源于信任因素，群体其他人基于信任因素拒绝与某个体进行社会交换活动，而行业协会采取的集体抵制行为，则有可能源于非信任因素，如对行业内部竞争秩序的考虑。至于训诫、声誉处罚、资格减等处罚措施，则更无法通过代理人理论加以解释。

行业协会中的价值共识与社会信用是突生变量的重要体现。社会交换产生了基本的价值共识，在社会信用的推动下形成组织。古尔德纳认为，获得利益与回报是社会交换的基本启动机制，此时尚没有规范、价值、目标、角色期望等其他变量。随着交换频繁发生，普遍性规范开始形成，相应的奖惩制度也随之出现。[②] 如前所述，为了节约内部交换的交易成本，平衡行业企业与国家/社会外部交换中的权力格局，行业内企业具备了结成组织化群体的强烈动机，这一逐渐成形的价值共识成为组织最终成立的前提条件。仅

---

① Scottish Football Association judicial panel protocol. http://www.scottishfa.co.uk/media/7309/scottish-fa-jpp-2020-21-nov-2020.pdf，2021年10月14日访问。

② A. W. Gouldner. The Norm of Reciprocity: A Preliminary Statement. *American Sociological Review*. 1960(25): 161-178.

仅从内部交换分析入手，尚不能充分解决组织的发展程度问题，如果只是出于协调集体成员内部关系的目的，组织的发育形态可能是离散的：既可能出现高度组织化的行业协会形态，也可能演变为类似森林、草场、水源等公共池塘资源治理所采取的非正式多边控制体系。以社会信任为中介的外部交换同样重要，成员企业需要更为正式的集体行动争取对行业整体有利的经济、政治与文化环境，松散的多边控制在外部交换中就显得力所不逮了。价值共识对组织的制度化提出了更高的要求，部分受社会信用中介机制影响更大的企业甘愿承担群体组织化的组织成本，为行业协会组织提供基本的制度的设计、监督乃至执行机制，行业协会应运而生。

制度化是行业协会语境中突生变量的另一种体现。以处罚权为代表的制度化过程可以实现行业协会内异质性价值整合的目标。行业协会内不同主体间存在多种类型的下位价值。行业协会成员一般都是企业等法人组织，对于企业来说，加入行业协会的动机，在于行业协会内部成员之间的交换可以直接转化为经济利益，或者最终转化为经济利益，包括获得行业协会提供的工具性服务，以及得到外部环境的社会赞同(这种社会赞同一般以声誉机制为中介发挥作用)。企业规模决定了不同类型企业加入行业协会的动机并不完全一致，中小企业可能更为看重工具性服务，以及一定程度的社会声誉，大型企业则主要着眼于社会声誉以及对群体的支配力量——服从与权力可以帮助协会中的领导企业带领其余成员达成更为广泛的经济目标甚至政治目标，并使之尽可能符合领导企业的利益。[①]此外，企业的活动最终需要依靠代理人来完成，由于代理人风险的存在，企业代理人对于加入行业协会的动机，并不必然与企业自身利益完全一致。在基本的价值整合共识之下，集体行动需要尽量整合下位价值之间的冲突，科层制的组织应运而生，制度化整合规范的核心即相应的奖惩措施，以使组织最终能够获得独立于个体成员的生命力与行动能力，保持并保证有关企业之间所形成的价值规范、知识、技能的延续[②]。同行业企业之间，因为竞争产生的权力分化导致的内部紧张关系自始存在，对枉行实施监督、实施奖惩权以及最终纠正越轨行为，可以视为这种紧张关系的集中体现，制度化的奖罚机制以合乎公义的方式运行，能够舒缓此种紧张关系导致的破坏性力量，维持合法化与对抗性之间阶段性的平衡关系。

综上，整合价值源于行业协会两种类型的社会交换，以社会信用为中介，并以制度化为保障。以上过程可以看作突生属性影响下行业协会组织对契约的超越：本不存在权力要素的企业间的两两契约，最终形成了立体式的、自上而下的科层制权力行使格局。

---

① 这些企业拥有相对“过剩的资源”，因此，往往也成为行业协会各种资本的直接投资者，以及最后协会产生利润或者遭受损失——均源于投资不确定性——的主要承担者。但至少在形式上，对于权威领导下的集体行动产生的突生于个体行动之外的额外收益（剩余利润），该收益的分配是由科层制的协会组织来行使的。

② ［美］彼得·M. 布劳：《社会生活中的交换与权力》，李国武译，商务印书馆2008年版，第63页。

第四节 行业协会处罚权制度体系的平衡

一、影响权力平衡的诸变量

由于社会交换所生成的行业协会组织，其相应的权力关系图谱也同时体现出内、外两个方面：内部交换方面，由于企业个体依赖于行业协会提供的公共善品，因此成为支配关系的对象；外部交换方面，行业协会依赖于国家与社会提供的资源，因而在互动关系中处于相对依赖地位。两种不同的社会交换地位，使围绕行业协会生成的权力天然地存在两个不同向度的失衡倾向：在内部交换中，行业协会组织拥有的处罚等权力有可能被滥用并损害成员企业的利益，部分强势会员还可能利用行业协会组织治理结构的不完善，把持行业协会处罚权，使组织实际上成为部分成员个体利益的代言人；在外部交换中，行业协会组织需要与国家/社会反复言说并明确处罚等权力的边界，以维持自身存在所必需的基本自治权。在作进一步具体论证之前，有必要阐述权力平衡机制的基本分析框架。

在埃里克森的著作中，有关测度关系社会紧密程度的三个条件——互惠权力的分布、行使权力的容易度以及信息成本的高低——已经触及该话题探讨，而有关权力平衡最富有启发力的论述莫过于埃默森。在埃默森提出的“权力—依赖”理论中，权力受到两个变量的影响：权力的结构以及权力的策略性使用。[①] 埃默森并不太关注社会交换的微观过程，而将论述的侧重点放在权力产生的条件上。埃默森认为，社会交换关系使参与各方产生彼此依赖关系（Mutual Dependence），而权力恰恰隐含在参与各方对对方的依赖关系中，并由此产生“依赖命题”。该命题的要义如下：B 对 A 的依赖强度（Dba）与 A 对 B 拥有资源的强度成正比，与 A 可以从关系外获得替代资源的可能性成反比。A 对 B 的权力大小（Pab）则可以表述为 A 在多大程度上压制 B 的反抗（Resistance）。由于权力源于依赖，因此 Pab=Dba。埃默森的纲要性论述可以从两个方面的理解，如果从拥有权力者一方考虑，则影响权力的变量实质上就是权力产生的条件，而如果从依赖方考察，则可以通过反向分析得出提高依赖方自主性达到权力平衡的一般性条件：如果满足 A、B、C 三项条件，甲对乙将产生权力，并以此权力为媒介达到资源配置的目的，那么相应而言，我们就可以通过对 A、B、C 三项条件的反向分析，推论出 A'、B'、C' 对乙而言能够保证该权力体系平衡的策略，以制衡甲的权力。

依照这一思路，根据资源依赖与权力的紧密联系，得出埃默森理论的四个保持权力平衡的途径：第一，撤回（Withdrawal），B 可以从 A 与 B 之间的关系中撤出，以降低 Pab 与 Dba；第二，拓宽自身权力网络（Extension of Power Network），B 可以试图与 C 等关系外个体建立交换

① M. Zafirovski. Social Exchange Theory Under Scrutiny: A Positive Critique of Its Economic-Behaviorist Formulations. *Electronic Journal of Sociology*. 2005.

关系；第三，B可以与其他同样依赖A的个体结成同盟（Coalition Formation）；第四，B可以赋予A一定的地位与身份（Status）。[①]

在行业协会的具体语境中，因依赖关系处于权力支配地位的一方（如行业协会之于国家、成员之于行业协会）的战略选择其实更为狭小。企业可以通过结盟形成行业协会，以制约外部交换中的资源依赖，但行业协会形成后，无论是组织还是成员，权力平衡的方案就基本局限于对资源需求度的改变方面了：弱势一方可以通过以下四个方案，实现权力的再平衡：降低对方提供资源的价值，寻找这种资源的替代物，提高自身能够向对方提供资源的价值，减少其所提供资源的替代物。[②]

布劳将权力再平衡的战略进一步扩展，将之归纳为以下四种战略选择：提供对方需要的服务为回报以强化交换关系的相互性，从别处获取自身需要的资源，使用强力迫使对方提供服务，适应没有这种服务的状态（没有也行）。布劳的观点大半都是对埃默森理论的重述，比如前两种方案依次对应埃默森纲要式论述中的第三种和第二种权力平衡的途径。布劳的主要贡献主要在于提出了政法制度以及意识形态在维持权力平衡方面的作用。[③]

---

① R. M. Emerson. Power-Dependence Relations. *American Sociological Review*. 1962(27):31–41.

② R. M. Emerson. Social Exchange Theory. *Annual Review of Sociology*. 1976(2):335–362.

③ ［美］彼得·M. 布劳：《社会生活中的交换与权力》，李国武译，商务印书馆2008年版，第180~187页。

两种权力平衡的方案隐含着相应主体至少应当拥有最低限度资源的预设：初始产权的界定直接影响权力是否能最终达致平衡的可能性，但这种资源并不局限于经济资源，还应该包括制度资源；寻找替代资源的各种障碍，限制了平衡战略的实际施展可能性；由于社会交换体现为不可通约的异质性服务交换，因此，以资源供给为出发点的平衡战略，还意味着交换各方对于交换比率的大致认同；与经济交换类似，提供资源一方同样需要负担生产资源的"成本"，该成本转嫁与第三方的可能性大小，同样制约着权力平衡格局。正因为如此，我们借鉴了费埃德伯格关于权力平衡的分析，试图宏观勾勒影响行业协会组织与其成员、与国家、与社会进行社会交换中权力格局的基本要素，这四项变量分别为：最低限度资源尤其是关键资源是否严重短缺、寻找替代资源的各类型障碍是否存在、参与的行动者间接受与掌握的测量技术的效力、交换中成本外部化的可能性大小。[①] 要矫正失衡的权力结构，可以通过改变四项变量加以实现。

第一，是否赋予行业协会语境中各方参与者拥有的最低限度资源，并以此为凭借获取最低限度的自主性。这是权力平衡的基础，最低限度资源的缺失有可能造成权力失衡的不可补救性。

第二，是否存在影响各方参与者寻求替代性机会能力的强制性障碍，以及克服这种障碍可能性的大小。障碍可

① ［法］埃哈尔·费埃德伯格：《权力与规则——组织行动的动力》，张月等译，上海人民出版社 2005 年版，第 126~130 页。

以是构建的，比如政法规则，也可能是基于经济规律而产生的，比如，威廉姆森提出的资产专用性。

第三，在以行业协会为中心的交换中，参与各方之间是否存在相对一致的测量技术与工具。所谓测量技术与工具是指，“既可用于评估每一个行动者对其他行动者的愿望与需要的反应‘质量’，又可用于确立真实的交易伙伴与潜在的交易伙伴之间的类别抑或对应形式”[①]。

第四，在以行业协会为中心的交换中，在协作与交换的集合过程中，行动者可以将本该由自身负担的成本转嫁给外部第三方的可能性。拥有转嫁可能性越高的一方，拥有权力的可能性越高。

埃默森的操作方案中的第三种和第四种权力平衡途径并未出现在上述结论中，但第三种途径在行业协会组织的生成机制研究中得到体现。权力平衡旨在矫正资源的过度依赖，这种过度依赖既可能存在于组织与成员之间，也可能存在于行业协会与国家 / 社会之间，只有深入揭示行业协会产生之机理，才能全面把握权力平衡的应对策略。

二、行业协会处罚权中的语境分析

具体到行业协会处罚权所衍生的权力平衡问题，上述四项变量对于参与交换的双方来说意义并不完全等同，笔者将结合各项变量，分别在内、外部两种交换关系中对诸变

① ［法］埃哈尔·费埃德伯格：《权力与规则——组织行动的动力》，张月等译，上海人民出版社 2005 年版，第 128 页。

量对不同主体的强弱影响,有所侧重的加以论述。

(一)内部交换方面的权力平衡分析

内部交换的参与主体在理论上仅限于行业协会中的个体企业与行业协会组织,其权力平衡应当意指如何规范行业协会处罚权的行使,一方面有效协调集体行动,惩治成员枉行,另一方面避免因行业协会滥用优势地位,损害成员利益。在实践中,内部权力的平衡还应当着重避免成员中的强势企业成员利用行业协会组织,达成个体私利的难题。行业协会一般由行业内具有优势地位的企业发起与推动,因此,行业协会自然较为依赖此类企业的资源。另外,行业协会组织存在的基本功能目标——同行业企业的集体物品供给——本身存在识别难题,所谓的行业“集体问题”在实践中往往是模糊不清的。有学者指出,由于企业对集体目标的识别困难,导致行业内企业实际上依赖社会性线索(Social Cues)作为工具[①],费里尔等进一步指出,行业内企业习惯于跟随该行业领导者(Market Leaders)并假设此类企业采取的行动对于集体问题是必要与必需的。[②]如果行业协会组织内部治理结构、治理机关、议事日程等制度设计不合理,强势会员就有可能将企业的个体利益导入到行业协会对成员的管理过程中,通过处罚权的行使,损害中小企业

① P. J. DiMaggio, W. Powell. The Iron Cage Revisited: Institutional Isomorphism and Collective Rationality in Organizational Fields, *American Sociological Review*. 1983(48): 147-160.

② W. J. Ferrier, K. G. Smith, C. M. Grimm. The Role of Competitive Actions in Market Share Erosion and Industry Dethronement: A Study of Industry Leaders and Challengers. *Academy of Management Journal*. 1999(42): 372-388.

成员的利益。例如，利用在组织治理结构的缺陷操纵有关处罚权等重大事项的决议、监督与执行，并以此控制协会的退出门槛，对同行业企业实施不正当的集体抵制，通过价格固定与市场份额划分限制竞争。[①]

上述四项变量在内部交换中的纲要式分析如下：

1. 最低限度资源要求。这种资源并不局限于经济资源，还包括社会资源以及制度资源。对于协会而言，所谓最低限度的资源要求重在保证组织拥有生产集体物品的基本能力。爱特的分析有助于从理论上大致确定行业协会所能享有的资源的上下限。作为社会组织的行业协会需要成员向其履行一系列的组织义务，这些义务的集合构成了组织开展集体行动的资源基础。按照爱特的分析，资源的上限[②]由成员对组织的依赖程度决定[③]，依赖程度决定了组织可以要求成员履行义务的最大值，成员因依赖所实际履行的义务大小有可能小于这一极值，但不能溢出，否则将给予成员充分的退出动机——放弃组织内的社会交换联系，寻求其他替代机会。资源的下限，则由组织开展的集体行动所需

---

① 王海粟:《行业协会中强势会员的不正当行为》，载《西南政法大学学报》2008 年 2 期。

② 爱特并未直接使用资源，而是以共同体义务（Corporate Obligation）这一术语作为论述的“点”，但是，共同体义务构成了资源的基础，共同体义务与资源成正相关关系，因此，这一替换是合理与可行的。

③ 爱特关于依赖程度的描述与埃默森、布劳等人基本一致，个体对组织的依赖决定于:(1) 缺少由集团外其他组织提供相应资源的替代机会;(2) 缺少有关替代机会的信息;(3) 退出现有集团的成本;(4) 对集团内人际联系的承诺。参见 M. Hechter. *Principles of Group Solidarity*. University of California Press. 1987 :52–53。

要的成本决定，这也是对行业协会组织而言最低限度的资源要求。[①]作为维系成员集体行动的主要内部约束机制，行业协会所能够拥有的处罚权力的大小也相应地存在理论下限，即以满足行业协会要求成员提供相当于集体行动所需成本的义务的程度为标准。对于行业协会成员而言，制度性资源具有更为重要的意义。在行业协会内部治理结构中，应当保证所有成员参与重大处罚事项决策与权力监督的可能，在处罚权的实施过程中，则应当保证基本的程序正义。此外，成员有权对一些基本权利予以保留：处罚制度中不能设定过高额度的罚款、过长期限的资格限制，以及实施违反反垄断规则的集体抵制。由于行业协会在实践中规模大小不一，不同规模的行业协会，在对成员最低限度制度资源保障方面也有所不同。“一个组织越强大，为了吸引作贡献的成员的需要而强加在领导身上的约束越少，而在该领导控制下的剩余越大。”[②]成员利益是行业协会生成的基本目的，行业协会的内部雇员是实现这一目的的手段，但强大的组织倾向于破坏成员与雇员之间的区别，以至于将成员当作雇员来处理，使成员本身成为手段。因此，组织规模越大的行业协会所实施的处罚行为，组织权力滥用的可能性就越高，相应的成员权利保障机制就应该越严格。

2. 替代机会方面。在行业协会的内部交换关系中，由

① M. Hechter. *Principles of Group Solidarity*. University of California Press. 1987 :52–53.

② ［美］彼得·M. 布劳:《社会生活中的交换与权力》，李国武译，商务印书馆 2008 年版，第 299 页。

于存在一定基数的潜在入会者，且行业协会的存续以及资源的获取受单个企业的影响并不大，因此，行业协会组织的替代机会显然较成员更多，替代成本也更低。但对于企业来说情况却正好相反。在“一业一会”的行业协会管理体制下，行业协会组织对行业的自治具有地域性甚至全国性的垄断地位，成员的替代机会被严格限制，有可能导致行业协会与成员间连最低限度的权力均衡都无法形成，弱势成员在内部处罚过程中遭受不公正待遇的可能性也大为增加。因此，处罚权的再平衡就需要树立竞争式的协会格局，允许一业多会，增加行业内企业的选择权，保证企业用脚投票的权利，以实现利用退出机制制约处罚权力不当行使的现实可能性。

3. 相对统一的测量技术与工具。由于社会交换不同于信息充分条件下的“完美市场”交易，并没有一种类似于货币的、为各方接受的客观测量工具或手段，因此，对于彼此交换后绩效的考核与测量，必须在彼此的频繁接触中自发衍生，相关信息的生产与披露机制就成为重要的“次优设备”。协会成员与协会之间存在类似于经济学所言的“委托—代理”关系，在二者权力关系不均衡的前提下，成员与协会之间所享有的信息、获取信息的渠道等并不对等，信息的分布也呈现出不对称与不均衡性。如何控制行业协会处罚权运作的信息生产、发送与鉴别，是均衡处罚权力关系中的又一个核心话题。

4. 成本外部化。该变量限制了处罚权力的上限(基本权利保留)以及权力行使的程序，罚款、资格限制乃至开除等以直接利益剥夺为目的的惩罚手段,在实践中必然体现为“相同性质行为同等处理”。考虑到组织内企业经济地位与实力不均,对于外部市场的控制力强弱不一,以直接利益剥夺为内容的处罚手段对于具有异质性的成员来说,威慑力也不一样,被处罚的成员,尤其是资源丰富的成员有可能顺利将相应的成本转嫁给市场。因此,为达到交换关系的再平衡,以声誉机制整合多种形式处罚的边际威慑力,可以一定程度上限制强势成员成本转嫁的行径。

(二) 外部交换方面的权力平衡分析

外部交换主要涉及行业协会组织与公权力组织之间的权力格局,二者交换的基本内容体现在两个方面:公权力以对一定领域的社会生活介入保持高度克制,换取行业协会协同共治带来的低成本的治理实效;行业协会则可以利用自治权力一方面提高公共善品的生产,获取成员更多的经济与政治支持,另一方面参与公共规则制定,改变规范二者之间交换关系的规则本身。

1. 最低限度资源方面。如前所述,如果仅从公权力组织与行业协会之间的紧张关系分析,那么在资源储备与动员能力方面,公权力属于主动一方,在权力边界上,行业协会组织处于守势,因此,最低限度资源对于行业协会组织更具有意义。这一资源的内容主要是制度性的,即从制度上许可行业协会拥有最低限度的自治权,运用以处罚权为代表的自治权力协调集体行动,为行业协会组织谋取经济与政治资源的可能性。无论是行政权力还是司法权力,对于处罚权力行使的干预都应当受到实体法限制以及程序法限制。

2. 替代机会方面。在与公权力机关之间的权力格局中，行业协会组织几乎没有替代机会，如果刻板理解司法最终解决原则，则司法机关就是处罚权产生纠纷时互动的唯一对象。权力再平衡的方案可以从如下两方面入手：一方面，提高行业协会所提供的资源对于公权力机关的价值，进而加大其替代成本，另一方面，尽可能拓展二者关系中可能存在的替代机会空间。从这一视角分析，“进一步取消锁定式的行政部门归口管理体制，赋予行业协会更多的民间组织属性与自我管理职能，淡化其行政色彩”等有关行业协会改革的理念，就被赋予了更为技术化的色彩，其意义在于，行业协会组织能够一定程度上脱离相应的归口管理部门的行政控制，寻求与不同立法与行政主体间合作共治的可能性与空间，而且，可以提升行业协会对于行业事务管理的实际权能与资源动员能力，提高公权力组织的替代成本。在与司法机关的互动中，司法最终解决原则与替代式争议解决方式之间可以并行不悖，行业协会及其成员，对于纠纷解决的方式与途径可以通过约定的其他争议解决方式（如仲裁）加以解决，在一定条件下，这种约定甚至可以排除司法干预。

3. 统一的测量技术与工具。与组织内交换不同，此时测量的对象基本排除了经济性的资源要素，由此所产生的测量问题就越发显得难以把握。然而，这一条件的主要影响是向后发生的，意即参与各方是否能够在一定程度上，以及在多大程度上消解对未来结果的不确定性。作为两种不同类型的组织,行业协会与国家公权力要达成顺畅的衔接与协调,消除有可能成为交换障碍的不确定性要素,就需要以涉及范围不限于社会交换的游戏规则为中介;两种组织的初始目标并不完全一致,因此,该游戏规则必须超然于二者目标之上,在更广的层面形成组织间的合法性共识;由于权力交换与依赖过程自组织成立时就已经存在,这种规则也不能是简单的对交换事实的呆板反映。可见,相对统一的测量目标可以通过多边参与的规则制定加以实现,此类规则必然涵盖公权力对于行业协会处罚权实施干预的触发条件与后果。

4. 成本外部化。对于公权力机关而言,其垄断了包括刑事制裁在内的大部分公共执法权,因此,在出现执法越界的情况时,所带来的合法性成本完全可以转嫁给社会公众。对于行业协会而言,处罚权等权力的越界不但受到前述组织内交换原则的限制,还有可能引发成员内部冲突,由于协会的行业性、相对封闭性等特征,以上成本很难如同公权力组织一般让社会公众买单,越界行为如果引发社会其他组织与个体的不满与抗拒,其损失(包括声誉的损失、市场的损失、更强的政府干预的可能性等)只能由协会以及其成员自我消化。这一结论的意义在于限制公权力对处罚权运作介入的广度与深度,由于行业协会成本外部化的可能性相对较低,故而公权力的介入也应当保持谨慎而谦抑的态度。

第五节　行业协会处罚权的性质

在基础理论问题研究的末尾,有必要对行业协会处罚权的性质问题做一番回顾,并进行深入分析。尽管这一问题并不是我们关注的重点,但在国内其他相关研究中,权力性质问题却是一个核心话题。我们赞同将行业协会处罚权规则视为一种民事契约,并不意味着对其公私法混合性质的忽视,在充分认识处罚权的本质属性之外,更为迫切的是如何构建合理的司法审查标准。

一、特殊行政行为说

该说以方洁博士为代表。在其博士论文《社团处罚研究》中,方洁认为,“社团处罚是社团公务的具体执行……总体上归属为一种社会行政行为,具有社会化的社会秩序特征,是特殊的行政处罚。”[①] 具体而言,这种观点认为:开放性的社会公务中行政行为的承担主体不再局限于国家行政机关,社会主体承担的社会行政行为也可以进入行政行为研究的视野;社团的自治权力与社团的自治公务相对应,自治公务与传接的行政公务(如委托授权等情形)之间存在一种动态变化的历史状态;社团基于社会公务目的作出的

---

① 方洁:《社团处罚研究》,北京:中国政法大学博士学位论文,2006年。

处罚行为，是针对特定主体与特定事项，因此，属于具体行政行为；社团处罚存在于社团与其成员及其他公务相关人员之间，类似于行政机关与公民、社会组织之间的管理关系。[①]

这一观点的理论渊源可以追溯到王名扬先生的《法国行政法》一书，有研究者甚至指出，王名扬先生的观点是，维持职业部门纪律的活动属于公务活动，因此，行业协会是一种公法主体，由此可以推论，行业协会处罚权也是一种行政权力。[②]但是，根据王名扬的著作，尽管“行政公务的内容极为复杂，无法根据一个标准确定它的范围，可以认为凡不属于其它公务范围内的公务都是行政公务”[③]，但著者也并没有暗示不存在任何鉴别标准。该学者认为，是否享有公法特权，或者某项私人活动必须获得特许而不适用私法规定，是判断公务的基本标准，在实务上，至少在法国行政法院，一般事先假定“行政主体所从事的公共利益的活动原则上属于公务，只在有相反的规定适用私法时，才在适用私法的范围内认为不是公务活动”[④]。可见，构成公务的前提在于主体的公法性质，要么本身是公法主体，要么是需要受公法调整的私法主体行为。因此，要把行业协会处罚权等社团处罚纳入行政处罚的范畴，必须进行递进式的论证：一是在公私法划分标准下论证行业协会的主体性质；二是论

① 方洁：《社团处罚研究》，北京：中国政法大学博士学位论文，2006年。

② 付小飞：《我国行业协会权力研究》，长沙：湖南大学博士学位论文，2009年。

③ 王名扬：《法国行政法》，中国政法大学出版社1988年版，第490页。

④ 王名扬：《法国行政法》，中国政法大学出版社1988年版，第483页。

证行业协会处罚行为是否具有特权性质。在这一理论逻辑里面，自治与公务两个概念本身就是不相容的，该理论无法达致基本的自洽：自治意味着主体的非公法性，而主体非公法性导致这一主体要从事公务行为，必须通过法律法规直接授权或者行政委托，[①] 而通过这两种方式获得的权力，本身就不是行业协会自治权的范畴。

二、私法权力说

相对以上特殊行政行为说，另一种更为普遍的见解认为，行业协会处罚权是私法性质权力。采用私法权力说的学者在具体论述上又有一些细微的差别，从实施目的来说，这种私法权力旨在维持自治组织的内部秩序与纪律，从实施主体来说，行业协会的私法主体性决定其所拥有的自治权的私法性。

私法纪律说。德国学者拉伦茨持这一观点，认为社团罚是一种纪律罚，“是对违反一个有着紧密联系的社会集

① 王名扬:《法国行政法》，中国政法大学出版社 1988 年版，第 524 页。笔者翻阅了王名扬的这本著作，书中未见有与“行业协会自治活动属于行政公务活动”类似的说法，倒是可见诸如“同业公会究竟是私法上的组织或公法上的组织，目前意见还不一致”（第 525 页），“法国行政法院不愿在传统的地域法人和公务法人以外，增加一个新的行政主体，使法律关系更加复杂化。因此有的学者认为同业公会是由法律授予实施公务使命的私人机构”（第 528~529 页）。值得注意的是，此处的同业公会并非行业协会，而是一种强制入会的全国性职业组织，一行一会，承担大量法律法规规定及行政授权的行政管理事务，其公法色彩比以强制入会为例外的行业协会更浓重。即便这样的组织，法国行政法乃至法院的通说均认为它不是公法主体。

团的特定秩序和它对其成员要求的反应”,属于以私法自治为基础的权力,必须以维护社团纪律为限,相关规则必须写入社团章程。[①] 这也是德国民法学界的通说。

私法主体说。部分学者着重从行业协会作为一种社会组织在社会系统中的身份定位为立论的出发点,认为行业协会具有“起源上的自发性、属性上的民间性、管理方式的自律性”[②],不能因为我国行业协会存在官办、半官半民的现状,就否定行业协会的私法主体地位,其所享有的对内管理的权力当然是私法权力。陈晓军博士认为,行业协会拥有的处罚权与行政处罚之间具有本质区别:首先,从处罚对象来看,行业协会的处罚原则上只能针对协会内部成员,而行政处罚则强调处罚对象的不特定性;其次,行政处罚以违反国家法律为前提,而行业协会的处罚则以章程、内部规则甚至行业道德规范为条件,被处罚者的行为很可能并不违反国家法律;最后,行政处罚体现了公法人的性质,而行业协会本身是一种私法主体,其处罚权建立在成员共同同意的基础上。[③]

三、功能主义的定位

对于行业协会处罚权的定性,持特殊行政行为说与私

① [德]卡尔·拉伦茨:《德国民法通论》(上册),王晓晔等译,法律出版社2003年版,第230页。

② 陈晓军:《互益性法人法律制度研究——以商会、行业协会为中心》,法律出版社2007年版,第72页。

③ 陈晓军:《互益性法人法律制度研究——以商会、行业协会为中心》,法律出版社2007年版,第116~117页。

法权力说的学者的共同点在于,其理论依据或者说区分标准,乃是传统大陆法系的“公私法划分”,这一传统上可追溯至罗马法,由乌尔比安首创,并被查士丁尼予以确认:“法律分为两个分支,公法与私法。公法调整罗马政府的行为,私法关涉个人利益。”[①] 公私法划分的历史源远流长,但在具体的区分技术方面则众说纷纭,有主体说、法律关系说、利益说等不同理论。前述两种学术见解,混用了主体说、法律关系说以及利益说的区分标准,按照两条不同的思维线索,得出迥然不同的结论:行业协会公务主体性质——行政公务法律关系——行业协会公共利益而非个体私益——特殊行政权力,或者行业协会私法主体性质——内部基于私权利让渡形成的纪律执行权——行业协会公共利益并非国家公益——私法纪律。针对行业协会处罚权而言,也许最为切题的解释进路是社会说,这一学说认为,规范独立的单一个体之间的法律关系可以称为个人法,以对等为基础,以主体的不拘束为出发点;是将人视为社会团体的一部分加以规范的(该社会团体有可能是更高层面社会团体的构成单位),称为社会法,以上下关系为基础,以主体的拘束为出发点。因此,“私法包含着整个个人法和未编入公法的社会法……所谓公法,却包含国家及在国家之下而经国家认为公团体的社会法。”[②]

---

① M. Freedland, J. Auby. *The Public Law/Private Law Divide: Une entente assez cordiale?* Hart Publishing. 2006 :4.

② [日]美浓部达吉:《公法与私法》,黄冯明译,中国政法大学出版社2003年版,第31页。

公私法的分析结论非黑即白,但是对这一思路的评价却很难以简单的臧否标准加以表达。第一,作为大陆法系传统的核心理念,公私法划分具有理论上的合理性、演进上的历史性,对于确立裁判管辖也具有特别重要的意义。第二,从宏观上来说,随着国家共同体(如欧盟)以及经济全球化的影响,无论英美法系国家还是大陆法系国家,公私法的边界都日渐模糊,呈现出一种"软化的或者说相互渗透的"趋势。[①] 在这一背景下,以这一工具区分的明确性而非渗透性作为出发点,对于行业协会处罚权这种混合型权力来说,是否适用?第三,一个有趣的现象是,我国学者的观点基本上与各自研究方向一致:民商法研究者认为行业协会处罚是一种本质上基于契约的私权力,与行政权力有本质区别;行政法学者则专注于论证该问题属于广义的具体行政行为;经济法学者则强调这是一种不同于民事权利与行政权力的经济自治权。这种客观上表现出来的学科藩篱,与机械照搬公私法理论有很大关系。第四,这一理论囿于传统法学规范分析的视界,其解释更多的是描述性的,充满了模糊性与不确定,并且容易陷入循环论证。以社会说为例,所谓"私法包含着整个个人法和未编入公法的社会法……所谓公法,却包含国家及在国家之下而经国家认为公团体的社会法",那么,哪些社会法是私法?以什么标准界分一种社会法是否编入公法范畴?该学说并不能给出让人满意的回应。

---

① M. Freedland, J. Auby. *The Public Law/Private Law Divide*:*Une entente assez cordiale*? Hart Publishing. 2006 :5.

尽管传统的规范分析方法没有直接借助其他学科的分析工具，但其中隐含着早期“结构功能论”的意蕴，“所有的系统都有一定的需要或是需求，而这些需求是必须得到满足的；一些特定的结构对于这些需求的满足来说又是相当关键并且不可或缺”[①]，无论行业协会维护的利益属于私法利益抑或公法利益，这一功能必然需要相应的结构与子系统加以满足，于是处罚权等自治权力应运而生。在这一思路之下，论证的重点是功能是否得到满足，而系统如何产生问题则被遮蔽。

关于行业协会处罚权性质的公私法划分争议，其根本性的目的在于通过将处罚权在公私法坐标系中加以确定，最终明确由此产生的争议是否应当属于法院管辖，以及相应纠纷应当采取何种诉讼方式。但这一考虑在一定程度上限制了将权力置于更为复杂的社会环境中加以考察的可能性。行业协会的处罚权是在社会交换中因资源依赖产生的权力，尽管体现一种支配关系，但与因为权威性地位产生的权力谱系并不相同，在这一权力关系运行过程中，存在组织—成员，以及组织—国家 / 社会等多重关联，由此产生纠纷的救济，自然应当以维系权力的平衡为宗旨，因此，对此问题如果真要采取“功能主义”进路的话，就应当将先入为主式的“公私法”划分悬置，转而结合不同类型的行业协会是否构成公共管制架构的一部分、是否拥有广泛而垄断的

① ［美］乔纳森·H. 特纳：《社会学理论的结构》，邱泽奇、张茂元等译，华夏出版社 2006 年版，第 33 页。

权力、是否会造成司法资源的浪费[①]等要素，探讨何种司法审查方式更能在功能上满足权力平衡的要求。我们认为，在定纷止争的制度目标外，还应当重视司法审查模式差异对于行业协会自治权发育的潜在影响，结合不同行业的整体公共管理架构加以具体分析，如此方能匹配以恰当的司法审查方案。

① 伏创宇：《论司法介入软法治理争议的可能性——以竞技性体育纠纷为例》，载罗豪才主编：《软法的理论与实践》，北京大学出版社 2010 年版，第 358 页。

第二章

行业协会处罚权的运行

第一节　处罚权规则的现状、问题与成因

处罚权的直观表现即行业协会行使规则制定权颁布的各种规范性文件。一般来说，这种规范性文件体现为三种类型：章程（Articles of Association）、行为准则（Code of Conduct）与道德准则（Code of Ethics）。[①] 三者是“就授权

① 不少行业协会不加区分地使用行为准则和道德准则两个概念。相较而言，道德准则在律师、会计师等职业协会中更为常见。道德准则的作用在于通过对行业道德规范的阐述界定行为的正当性，一般包括三个层面的内容：商业道德、雇员行为道德及职业伦理准则。与行为准则不同，道德准则一般以展示组织认可的基本价值为开端，重在强调组织成员对于利益相关者（Stakeholders）应当尽到的道德义务。道德准则可以是纯粹宣示式的，不附加任何执行保障措施，但不少道德准则也有极为详尽的路线图、实现伦理要求标准的具体操作指示及相应的制裁措施。参见 A. Flores. The Philosophical Basis of Engineering Codes of Ethics. In P. A. Vesilind, A. S. Gunn (eds.). *Engineering Ethics and the Environment*. University Cambridge Press. 1998 : 201–209。

管辖的事务而制定的附属法规的形式”[①]，规定成员的资格、权利与义务，组织的权力与职责及组织解散等事项，从广义上来说都属于广义的章程（Bylaws）[②]的范畴。我国学者一般将行业协会的自治规范划分为章程与行规行约两种类型，同时将道德准则（Code of Ethics）与章程严格区分。[③]有关组织处罚权力的规定，大多见于章程和行为准则中（部分行业协会还制定专门的、集中体现组织处罚权力的“奖惩规定”），大部分道德准则（尤其是我国行业协会制定的道德准则）在内容上以对行业内价值共识、企业社会责任的倡导为主，缺乏必要的保障措施，尤其是处罚权的设置。[④]

---

① 戴维·M. 沃克：《牛津法律大辞典》，李双元等译，法律出版社2003年版，第149页。

② 也有观点认为广义的章程是指协会等组织制定的成文式行为细则，与章程（Articles of Association）有所区别，后者一般来说仅仅载明组织的基本架构。Gerald N. Hill，Kathleen T. Hill，http://legal-dictionary.thefreedictionary.com/Bylaws，2016年6月5日访问。

③ 黎军：《基于法治的自治——行业自治规范的实证研究》，《法商研究》2006年第4期。

④ 例如，《中国洗涤用品工业协会》制定的《中国洗涤用品行业职业道德准则》涵盖爱岗敬业、遵纪守法、诚信经营、环境保护、以人为本等道德价值问题（行业道德与社会道德），但其表述完全是倡议式的——尽管该“准则”第二条规定，协会理事会负责其实施与监督，但由于整个文本对于按照何种程序监督、对于监督发现的枉行应当如何处罚未置一词，因此，此类道德准则对于行业协会协调集体行动的目的来说，更多的是立场的宣示与行为方向的倡导。

一、我国行业协会处罚权的文本分析

据美国社团管理者协会(American Society of Association Executives)的数据,截至2009年,美国共有90 908个行业协会与职业联合会,章程是此类组织成立的一个重要标志与基本条件。在处罚权条款或单行条例方面,据该协会一项数据统计,在接受调查的美国行业协会中,颁布行为准则的有43%,同时,46%的被调查者声称,其所在协会拥有保障行为准则等组织规范得以实施的处罚权规则。①

遗憾的是,目前我国学术界尚缺乏对行业协会规则体系较为全面的实证研究,相关的统计数据自然付之阙如。为管窥我国行业协会组织规则体系的基本面貌,我们随机选取了33家行业协会作为研究对象,② 对其规则文本(包括

---

① T. A. Hemphill. Self-Regulating Industry Behavior: Antitrust Limitations and Trade Association Codes of Conduct, *Journal of Business Ethics*,1992(11):915–920.

② 随机选取的方式是通过百度搜索引擎,键入关键字“中国”“行业协会”,在检索得来结果中依次选取了11家行业协会的官方网站,查询其相应的章程等行为规范;以“省”“行业协会”为关键字,依次选取11家行业协会(同时检索了北京等几个直辖市的行业协会);以“市”“行业协会”为关键字,依次选取11家行业协会。选取的时候,原则上每个表格中,同一行业、同一行政区域内不超过2家。显然,由此检索得来的行业协会依次是全国性的行业协会组织、省一级的行业协会组织及市一级的行业协会组织,不同行政区划性质的行业协会各占调查样本的1/3。这一抽样调查从样本选取的数量来看,也许并不能严格满足统计学意义上的样本的可信度要求,但可以从一个侧面反映我国行业协会组织规则制定的现有态势。以下所引用的章程、行规行约条款,均源于所属行业协会官方网站。

章程、行为准则与道德准则）的体系构成、基本内容以及有关处罚权的种类、监督、执行等内容进行了文本分析。文本分析的具体结果如表 2–1 至表 2–6 所示：

表 2–1 全国性行业协会自治规则体系

序号	名称	章程	行为准则	道德准则	处罚权规范完备度	规则制定主体[①]
1	中国保险行业协会	有	多项	多项	较低	章程经理事会表决通过后报会员代表大会批准。其他准则由理事会与常务理事会制定[②]
2	中国环境保护产业协会	有	有（行业标准）	无	低	章程经理事会表决通过后报会员代表大会批准。其余不详
3	中国演出行业协会	有	无	无	低	同上
4	中国核能行业协会[③]	有	有（行业标准）	无	低	同上
5	中国印制电路行业协会	有	有（行业标准）	无	低	同上

① 所有被调查行业协会的章程制定与修改主体均为会员大会或会员代表大会。

② 该协会有专门的规则制定规范，即《中国保险行业协会行业自律性规则制定规程》。

③ 该协会有专门的《中国核能行业协会科学技术奖励办法》。

续表

序号	名称	章程	行为准则	道德准则	处罚权规范完备度	规则制定主体
6	中国棉纺织行业协会	有	有	无	低	同上
7	中国教育装备行业协会	有	有	有(与行为准则合一)	一般	同上
8	中国拍卖行业协会	有	有(含行业标准)	无	一般	同上
9	中国炼焦行业协会	有	有(行业标准)	无	低	同上
10	中国证券业协会	有	多项	多项	高,有专门的纪律处罚文件[①]、纠纷解决程序,以及纠纷解决机构	章程同上,其余属理事会
11	中国书刊发行业协会	有	无	有	较低	章程经理事会表决通过后报会员代表大会批准。其余不详

① 如《中国证券业协会自律管理措施和纪律处分实施办法》。

表 2-2 全国性行业协会处罚权规范体系

序号	名称	财产罚	声誉罚	资格罚	集体抵制	开除	其他	向公权力部门举报	执行主体	救济途径
1	中国保险行业协会	无	通报批评	无	无	经理事会表决	无	有	自律执行委员会	无
2	中国环境保护产业协会	无	批评	开除者三年内不得申请入会	无	常务理事会表决	劝告	无	常务理事会表决。具体执行主体不详	无
3	中国演出行业协会	无	无	理事会或常务理事会可决定暂停会籍	无	理事会或常务理事会表决	无	无	理事会或常务理事会表决。具体执行主体不详	无
4	中国核能行业协会	无	无	无	无	同上	无	无	组织管理委员会	无

续表

序号	名称	财产罚	声誉罚	资格罚	集体抵制	开除	其他	向公权力部门举报	执行主体	救济途径
5	中国印制电路行业协会	无	无	无	无	同上	无	无	理事会或常务理事会表决。具体执行主体不详	无
6	中国棉纺织行业协会	无	通报、警告、批评	无	无	同上	无	无	同上	无
7	中国教育装备行业协会	经济赔偿，但未明确赔偿对象	除名名单对外公布，其他行为视情节予以警告、业内批评、通报批评	无	无	同上	无	有	同上	有[①]

① 《中国教育装备行业规约》第十八条规定，接到书面处理决定后十日内向协会提出复议的书面申请，由协会常务理事会复议裁定。

续表

序号	名称	财产罚	声誉罚	资格罚	集体抵制	开除	其他	向公权力部门举报	执行主体	救济途径
8	中国拍卖行业协会	无	通报	取消中拍协艺委会[①]委员单位资格、取消中拍协会员单位资格、取消拍卖行业资质等级	对违反自律公约的非成员实施	同上	无	有	自律工作办公室、中拍协艺委会	无
9	中国炼焦行业协会	无	无	无	无	理事会或常务理事会表决	无	无	理事会或常务理事会。具体执行主体不详	无

① 中拍协艺委会，为中国拍卖行业协会文化艺术品拍卖专业委员会的简称，是隶属于中国拍卖行业协会的非常设性机构。

续表

序号	名称	财产罚	声誉罚	资格罚	集体抵制	开除	其他	向公权力部门举报	执行主体	救济途径
10	中国证券业协会	有	较为完备的黑名单制度，对非会员一体适用。行业内通报批评、公开谴责	暂停执业、注销执业证书、暂停或者取消协会授予的业务资格、暂停部分或全部会员权利	无	理事会表决	谈话提醒、警示、责令整改	有	协会执业检查部门、自律监察专业委员会等	较为完备的纠纷解决规则体系①

① 包括《中国证券业协会证券纠纷调解规则》《中国证券业协会证券纠纷调解工作管理办法》《中国证券业协会证券纠纷调解工作管理办法》等。

续表

序号	名称	财产罚	声誉罚	资格罚	集体抵制	开除	其他	向公权力部门举报	执行主体	救济途径
11	中国书刊发行业协会	无	无	无	无	经理事会或常务理事表决	批评教育	有	理事会与常务理事会表决。具体执行主体不详	无

表 2–3　省一级行业协会自治规则体系

序号	名称	章程	行为准则	道德准则	处罚权规范完备度	规则制定主体
1	陕西省软件行业协会	有[①]	有[②]	无	低	不详

① 该协会入会要求明确要求申请入会者认真阅读章程，但在该协会官方网站无法查询到该协会章程。

② 即该协会制定的《陕西软件和信息服务业个人信息保护规范》。

续表

序号	名称	章程	行为准则	道德准则	处罚权规范完备度	规则制定主体
2	广东省特种设备行业协会	有	无	无	低	章程修改经理事会表决通过后报会员(代表)大会审议。其余不详
3	云南省水利工程行业协会	有	无	无	低	章程修改经理事会表决通过后报会员(代表)大会审议。其余不详
4	浙江省建筑业行业协会	有	无	无	低	章程修改经理事会表决通过后报会员(代表)大会审议。其余不详
5	广东省通信行业协会	有	无	无	低	章程修改经理事会表决通过后报会员(代表)大会审议。其余不详
6	河南省服装行业协会	有	无	无	低	章程的修改经理事会表决通过后报会员大会。其余规则由会员代表大会制定
7	上海市汽车行业协会	有	无	有[①]	一般	章程修改经理事会表决通过后报会员大会审议。其余不详

① 《上海市汽车行业协会会员诚信守则》。该道德准则为调查研究中为数不多的(另一个是中国证券业行业协会)拥有基本处罚保障措施的道德规范。

续表

序号	名称	章程	行为准则	道德准则	处罚权规范完备度	规则制定主体
8	四川省电力行业协会	有	多项①	无	低	同上
9	山东省医药行业协会	有	无	无	低	章程的修改经理事会表决通过后报会员大会。其余规则由会员代表大会制定
10	安徽省餐饮行业协会	有	多项②	有③	低	章程修改经理事会表决通过后报会员大会审议。其余不详
11	黑龙江省粮食行业协会	有	多项④	无	低	同上

① 包括《四川省电力行业协会议事规则》《四川省电力行业协会信息工作规则》《四川省电力行业协会企业管理咨询服务办法》等，以及其他一些协会组织科层制工作，如档案管理等方面的文件。

② 包括《安徽省餐饮行业协会厨师专业委员会工作条例》。

③ 关于发布《安徽厨师“八不用”规定》的通知。

④ 《黑龙江省粮食行业协会会员费收缴及管理办法》《黑龙江省粮食行业协会会议制度》，还有一些协会组织科层制管理方面的文件。

表 2-4　省一级(含直辖市)行业协会处罚权规范体系

序号	名称	财产罚	声誉罚	资格罚	集体抵制	开除	其他	向公权力部门举报	执行主体	救济途径
1	陕西省软件行业协会	无	通报	无	无	不详	告诫、枉行记录	有	不详	无
2	广东省特种设备行业协会	无	无	无	无	经会员(代表)大会表决	批评、教育	无	理事会表决。决议执行主体不详	无
3	云南省水利工程行业协会	无	通报批评	暂停行使会员权利	无	无具体决定程序	警告	无	同上	无
4	浙江省建筑业行业协会	无	无	无	无	常务理事会表决	无	无	同上	无
5	广东省通信行业协会	无	无	无	无	经会员大会表决通过	批评、教育	无	执行主体不详	无

续表

序号	名称	财产罚	声誉罚	资格罚	集体抵制	开除	其他	向公权力部门举报	执行主体	救济途径
6	河南省服装行业协会	无	无	无	无	经理事会或常务理事会表决通过	劝告	无	执行主体不详	无
7	上海市汽车行业协会	赔偿损失（对象不明）	行业内部通报、公开曝光除名公示	无	无	理事会2/3以上与会者通过，予以除名并公示	批评教育、责成其赔礼道歉、纠正错误	有	秘书处负责监督、调查，理事会核实和审议	无
8	四川省电力行业协会	无	无	无	无	常务理事会表决	无	无	执行主体不详	无
9	山东省医药行业协会	无	无	无	无	理事会或常务理事会表决	无	无	执行主体不详	无

续表

序号	名称	财产罚	声誉罚	资格罚	集体抵制	开除	其他	向公权力部门举报	执行主体	救济途径
10	安徽省餐饮行业协会	无	无	无	无	理事会决定	无	无	执行主体不详	无
11	黑龙江省粮食行业协会	无	无	无	无	常务理事会表决	无	无	执行主体不详	无

表 2-5 市一级（含县级市）行业协会自治规则体系

序号	名称	章程	行为准则	道德准则	处罚权规范完备度	规则制定主体
1	深圳市医疗器械行业协会	有[①]	无	无	不详	不详

续表

序号	名称	章程	行为准则	道德准则	处罚权规范完备度	规则制定主体
2	昆山市建筑行业协会	无法查询	多项①	有②	较高	不详
3	靖江市建设行业协会	有	有③	有④	较高	章程修改由常务理事会提出，经理事会表决通过后报会员代表大会审议。其余不详
4	广州市咖啡行业协会	有	无	无	低	章程的修改须经理事会表决通过后报会员大会审议。其余规则由会员大会制定

① 《昆山市商品混凝土行业自律公约》《昆山市建筑行业协会建筑门窗专业委员会行业自律公约》。
② 《昆山市建筑行业协会行业行风行规》。
③ 准用《南京预拌混凝土行业自律公约》。
④ 《靖江市建筑业行业自律公约》。

续表

序号	名称	章程	行为准则	道德准则	处罚权规范完备度	规则制定主体
5	东莞市电子行业协会	有	无	无	低	章程修改理事会表决通过后报会员大会(或会员代表大会)审议。其余不详
6	南宁市物业行业管理协会	有	有(草案)[①]	有(与规约合一)	一般	章程修改理事会表决通过后报会员大会审议。其余不详
7	厦门市房地产中介行业协会	有	无	无	低	同上
8	成都市软件行业协会	有	有[②]	无	低	同上
9	武汉市拍卖行业协会	有	无	无	低	同上

① 即《南宁市物业管理行业规约》草案。

② 准用中国软件行业协会系统与软件过程改进分会的《行业自律与发展公约》(2008 年版)。

续表

序号	名称	章程	行为准则	道德准则	处罚权规范完备度	规则制定主体
10	佛山市模具行业协会	有	无	无	低	章程修改经理事会表决通过后报会员大会(或会员代表大会)审议。其余规则由会员大会(或会员代表大会)制定
11	潮州市陶瓷行业协会	有	多项[①]	有[②]	一般	章程修改理事会表决通过后报会员大会审议。其余规则由会员大会制定

① 自律规范包括《潮州市陶瓷行业协会十项管理制度》《潮州市陶瓷行业协会会员大会制度》《潮州市陶瓷行业协会信息披露制度》《潮州市陶瓷行业协会知识产权管理自律公约》《潮州市陶瓷行业协会陶瓷行业诚信经营与廉洁自律公约》,以及活动报批、印章管理、理事会和监事会制度等内部管理规范。

② 即《潮州市陶瓷行业协会服务承诺书》。

表 2-6 市一级(含县级市)行业协会处罚权规范体系

序号	名称	财产罚	声誉罚	资格罚	集体抵制	开除	其他	向公权力部门举报	执行主体	救济途径
1	深圳市医疗器械行业协会	不详	不详	不详	不详	不详	不详	不详	不详	不详
2	昆山市建筑行业协会[①]	有[②],包括罚金来源与流向	行业内批评	暂停会员资格	无	不详	不详	有,并可建议主管部门暂停其生产资格	专业委员会会员单位会议,并邀请政府建设主管部门有关领导参加	无

① 此处仅分析《昆山市商品混凝土行业自律公约》内容。专业委员会是指昆山市建筑行业协会混凝土专业委员会,办公室是指砼自律督察办公室。

② 关于罚金,主要通过预交保证金来保证履行。“为了鼓励举报、凡经查明举报属实,每次将按该案处罚金额的百分之十作为奖励。”“对模范遵守本自律公约的企业和个人……在处罚的金额中提取一定的比例作为奖金。”

续表

序号	名称	财产罚	声誉罚	资格罚	集体抵制	开除	其他	向公权力部门举报	执行主体	救济途径
3	靖江市建设行业协会	无	行业内通报批评	有	有，对成员及非成员均有相应措施	理事会表决	警告[①]	无	不详	无
4	广州市咖啡行业协会	无	无	无	无	会员大会表决	批评、教育	无	无	无
5	东莞市电子行业协会	无	无	无	无	经会员大会（或会员代表大会）表决	批评、教育	无	无	无

① 自律公约第十条规定了递进式的处罚配置：对违反本公约的企业，一次提出警告；两次行业内通报批评；三次开除出本公约组织，并集体给予制裁。

续表

序号	名称	财产罚	声誉罚	资格罚	集体抵制	开除	其他	向公权力部门举报	执行主体	救济途径
6	南宁市物业行业管理协会	无	内部通报、公开曝光	取消行业协会组织的评优参评资格	无	理事会	警告	建议取消主管部门组织的评优参评资格	除名之外，由评判委员会执行	无
7	厦门市房地产中介行业协会	无	诚信档案查询系统[①]	无	无	同上	无	无	理事会决定，自律监察部执行	无

① 该协会网站有诚信档案查询系统，对成员诚信情况以星标加以评定，但该诚信系统中，所有被评定成员均为三星，没有有关成员负面的诚信信息。

续表

序号	名称	财产罚	声誉罚	资格罚	集体抵制	开除	其他	向公权力部门举报	执行主体	救济途径
8	成都市软件行业协会	无	无	限制或暂停参加协会活动	无	同上	无	无	理事会决定，执行机构不详	无
9	武汉市拍卖行业协会	无	无	无	无	同上	无	无	不详	无
10	佛山市模具行业协会	无	无	无	无	会员大会(或会员代表大会)表决	批评、教育	无	除名之外，由理事会决定，执行机构不详	无

续表

序号	名称	财产罚	声誉罚	资格罚	集体抵制	开除	其他	向公权力部门举报	执行主体	救济途径
11	潮州市陶瓷行业协会	无	报纸公报	无	有	理事会提议，会员大会(或会员代表大会)决定	批评、教育、警告	无	不详	无

二、存在的主要问题

（一）自治规则体系方面

首先，各行业协会都有符合基本法定条件的章程。《社会团体登记管理条例》第十一条明确规定，章程草案是申请筹备社会团体时必须向登记管理机关提交的文件之一，因此，被调查的 33 家行业协会大多制定了章程。该条例第十五条进一步规定了章程应当载明的必备条款，我国民政部在 1998 年发布了《社会团体章程示范文本》对此加以细化，故而各行业协会章程都具备与之相符合的基本条款，且在文字表达上，绝大部分行业协会章程与《社会团体章程示范文本》雷同。即便如此，在调查中依然有 3 家行业协会章程无法通过网络查询到。另外，未被列入表格的调查对象"某省安全技术防范行业协会"的网站中没有任何有关章程、行规行约的记载。

其次，章程之外，作为行业协会开展行业自律的行规行约，其制定和普及程度比较低，无论是行为规则还是道德规则，在各个级别的行业协会中均存在重大遗漏的现象。

仅从规范数量来考察，各级别行业协会的表现还算差强人意，全国性的行业协会情况相对较好，市一级次之，省一级的行业协会情况则不甚理想。在全国性的行业协会中有 9 家制定有行为准则（仅中国演出行业协会和中国书刊发行业协会没有），4 家制定有道德规则，其中两种类型规则兼备且有多项的有两家，分别是中国保险行业协会和中国证券业协会，中国演出行业协会除章程外没有检索到任何其他行规行约规范。在省一级行业协会中，仅安徽省餐饮行业协会在章程之外，同时制定了行为准则与道德准则。制定有多项行为准则的行业协会有 3 家，而没有任何行为准则或道德准则的达到了 5 家。在市一级行业协会中，有 5 家行业协会制定有行为准则，4 家制定有道德准则，没有任何行为准则或道德准则的为 6 家，而 4 家行业协会同时制定有行为准则与道德准则。在 33 家样本协会中，没有行为准则或道德准则的为 13 家，所占比例为 39.4%，同时制定有行为准则与道德准则的为 8 家，所占比例 24.2%。一般来说，我国行业协会具有“执行力”而非简单道德宣示的行规行约是“行为准则”，因此行为准则的数量与是否具备体系性是影响一个行业协会自律活动绩效的重要指标。统计结果显示，制定有不少于 2 项行为准则，初步构成具有执行力行为准则规范体系的行业协会有 7 家（全国性 2 家，省一级 3 家，市一级 2 家），占所有行业协会的 21.2%。

（二）处罚权规范体系方面

规则的数量并不能充分反映一个行业协会处罚权规则的完备度，[①] 如果以规则制定主体与程序是否明确、处罚类型的数量的多样性与体系性、执行主体与程序是否明确、有无基本的救济规范为考察标准，对相关样本的规则体系进行更为深入的分析，就可以发现，前述样本协会的处罚权规范完备度不容乐观。数据显示，在章程或其他规则中对

① 实际上，单纯的文本分析也存在“纸面上的制度”与“实际施行的制度”之间的巨大鸿沟，但是，如果连基本的规则都付之阙如，那么自律的实际施行效果就可想而知了。

行规行约等规则（不包括章程）制定主体有明确规定的仅 7 家（全国性 2 家，省一级 2 家，市一级 3 家）；处罚种类多于三项的为 9 家（分别是 4 家、2 家、3 家）；有明确的处罚执行机关的为 8 家（分别是 4 家、1 家、3 家）；有基本救济途径规则的仅 2 家。其中，制定有专门规则制定规范（可以看作行业协会内部规则的“立法法”）的仅中国保险业协会（《中国保险行业协会行业自律性规则制定规程》）；制定有专门纠纷内部解决程序的仅有中国证券业协会；[①] 有 9 家行业协会仅在章程中规定有开除（不含向公权力部门举报）这一基本处罚手段（分别是 3 家、5 家、1 家）；在所有 33 家调查样本协会中，对于规则制定主体（程序）有明确规定、处罚种类具有多样性、有明确的执行机关与程序以及基本救济规则的，仅中国证券业协会一家。我们结合以上指标，对 33 个样本行业协会处罚权规则体系完备度按照低、较低、一般、较高、高五个级别作了一个粗略的评估[②]，结果如表 2–7 所示：

表 2–7　33 个样本行业协会有关处罚权规则的完备度评估结果

评估结果	全国性行业协会	省一级行业协会	市一级行业协会	合计	百分比（%）
低	2	4	2	8	24.1

① 分别是《中国证券业协会证券纠纷调解工作管理办法》《中国证券业协会证券纠纷调解规则》。

② 以规则（不含章程）制定主体与程序是否明确、处罚类型的数量是否具有多样性与体系性（不低于 2 项，且不包括向公权力部门举报）、执行主体与程序是否明确、有无明确的救济途径规范为考察标准，基本满足以上四个标准的为高，有 1 项缺失（含不详，下同）的为较高，2 项缺失为一般，3 项缺失为较低，4 项均不满足的为低。

续表

评估结果	全国性行业协会	省一级行业协会	市一级行业协会	合计	百分比(%)
较低	5	3	3	11	33.3
一般	2	4	6	12	36.4
较高	1	–	–	1	3.1
高	1	–	–	1	3.0

这种情况很有可能是普遍性的。作为民政部评定的5A级行业协会，有关处罚权的规范完善程度依然不容乐观。以中国皮革协会为例，相关文本分析的简要结果如表2–8、表2–9所示：

表2–8　中国皮革协会自治规则体系

名称	章程	行为准则	道德准则	处罚权规范完备度	规则制定主体
中国皮革协会	有	多项[1]	多项[2]	较低	除章程外，其余不详[3]

① 包括《中国皮革行业诚信自律公约》《中国皮革行业自律惩戒制度》《"制革行业环保自律行动小组"工作条例》《中国皮革行业质量检查制度》《中国皮革行业公开检查和处罚信息制度》。

② 包括《中国皮革行业职业道德规范》《中国皮革行业社会责任指南》《中国皮革行业品牌宣言》《关于践行环境保护使用生态皮革的倡议书》。

③ 该协会章程对于行规行约(不包括章程)的制定主体并未作明确规定，会员大会除有权制定、修改章程外，还可以"审议和决定其他重大事宜"，理事会可以制定内部管理制度(并非自律规则等行规行约)，并"决定其他重大事项"。行规行约显然属于重大事宜，这就导致两个口袋条款的再解释问题。

表 2-9　中国皮革协会处罚权规范体系

名称	财产罚	声誉罚	资格罚	集体抵制	开除	其他	向公权力部门举报	执行主体	救济途径
中国皮革协会	无	行业内通报批评、公开通报	无	无	经理事会表决	内部训诫	有	不详[①]	无

实证研究中另一个有意思的现象是，大部分行业协会、特别是市一级的行业协会（这一级别的行业协会中民间自发的占多数），对于会费缴纳问题的规定都非常详尽，有的还针对会费缴纳问题制定了细致的惩罚规则，可见对于我国大部分行业协会而言，维持基本生存的经费在实践中似乎都是个问题。

三、成因的简要分析

除了行业协会的规则意识淡薄、对处罚权制度认识不够充分这些浅显的原因外，造成前述现象的深层次原因其实并不复杂：行业协会资源动员能力的有限性决定了其权力的实际边界。我们曾对四川某民间自发行

① 从《"制革行业环保自律行动小组"工作条例》看，该协会内设的自律行动小组其实更像是一个专家委员会，没有被赋予自律的执行权力。

业协会进行过实地调研，该协会会长在得知有关研究内容后尖锐地指出，本研究对于该协会现阶段的发展并没有太大实际意义，因为该协会的实际情况并不是协会成员处在组织处罚权力的阴影之下，而是协会还需要想方设法吸收会员、扩大规模、维持生存，行业协会根本就没工夫考虑对成员不轨行为实施惩罚，按这位会长的说法是，我要是动不动就惩罚成员企业，那这些企业不都跑了？

这位会长的说法其实也反映了我国行业协会，尤其是民间自发行业协会的生存现状。2011年《无锡市行业协会、商会生存调查报告》显示，该市自2005年开始进行行业协会"三脱钩"的体制改革，截至2011年，该市有104家行业协会组织，成员5 000多家(该市有40 000多家企业，入会率仅12.5%)，其中1/3运行状况较好，1/3运行一般，1/3则名存实亡。在另一份针对温州行业协会的调查报告中，年收入5万以下，实际上处于半瘫痪或勉强维持状态的协会达到了1/3[①]，与无锡的情况基本相仿。无锡与温州是我国民间自发行业协会发展程度较高的地区，这些地区尚且如此，其他行业协会发展程度欠佳地区的情况就可想而知了。

---

① 江华：民政部2008年社会组织理论研究课题项目《社会组织的资金筹集研究：以温州行业协会为例》(研究报告)，中国社会组织政务服务平台，2016年6月8日访问。

对章程、行规行约的文本分析，折射出我国行业协会组织的发展尚处在初级阶段，这与当前我国行业协会对社会资源的控制与动员能力薄弱的现状是相符的。在我国当前的社会治理模式下，政府握有绝对数量的社会资源，行业协会可动员的社会资源更多的是来源于政府权力的让渡而非集体行动中的内部挖潜，在前述针对无锡市行业协会生存状况的调查中，运行情况良好的12个协会，恰恰是因为承接了70多项诸如资质认定、培训等政府职能转移出的工作。官办行业协会因为本身脱胎于政府内部，因此先天拥有诸如证照许可等多项权力资源，在与成员企业的关系中处于强势地位；半官半民的行业协会则依据其主管职能部门的社会资源动员能力出现显著的两极分化；民间自发的行业协会如果没有政府资金、政策支持，没有职能部门的信誉背书，生存与发展就会举步维艰。[①] 资源有限导致成员依赖度的微弱，依赖度的微弱大大降低了行业协会权力行使的空间，而正因为权力有限，行业协会尤其是自发式行业协会更难协调集体行动汇集可供支配的社会资源，由此恶性循环。在三种形态的行业协会(官办、民办、半官半民)中，自治权力发育的空间都非常狭窄，体现在规则体系上，就表现出实证研究所显示的最终结果。

① 李凌:《揭秘行业协会3种生存法则　官办的有权不差钱》,《东方今报》,2014年2月28日。

比较特殊的是中国证券业协会。虽然从表面看该协会的规则体系性与规则完备度都首屈一指，但如果就此推论得出该协会自治能力强就言过其实了。从历史上看，该协会与美国全国证券交易商协会等自治性较高的组织的产生路径刚好相反：虽说美国全国证券交易商协会[National Association of Securities Dealers, "NASD", 美国金融业监管局(Financial Industry Regulatory Authority, "FINRA"]的前身)是根据《1938 年马洛尼法》设立的，但其最初的形态却是政府绝少干预的自治群体，协会权力源于成员的授权，带有浓厚的自治特色[①]，而中国证券业协会的成立则源于政府的发起与设计，成员、资金与初期管理制度均归功于行政部门。[②] 从立法上看，中国证券业协会是根据《中华人民共和国证券法》第八条，依法授权产生的全国性、垄断性行业协会，证券业公司被要求强制性入会。该法第九章第一百七十六条详尽列举了该协会拥有的证券市场管理职能，其对证券市场的监管地位源于国家的授予。在与行政机关的关系上，证监会是监管证券市场的实质主体，行政干预与行业自律的界限并不明晰，自律规则很大程度上"是证监会行政意志的体现，而非交易所

① 黄湘平：《中国证券行业自律组织的发展历程与趋势》，载《中国金融》2010 年第 11 期。

② 鲁篱：《自治如何形成——对证券交易所法律地位的历史比较》，载《现代法学》2004 年第 4 期。

自治、自主的结果"[①]。

相较于20世纪90年代初,当前我国行业协会所处的外部政治经济环境已经有了极大改善,部分行业协会已然具备了履行社会治理功能的基本资源动员能力。另外,随着多元主体治理思维的落实,我国行业协会也将承接更多社会治理职能的重任,外部不利因素的制约并不足以成为消极对待处罚权制度建设的借口。要从根本上改变我国行业协会处罚权力规则体系完备程度不高、"法治化"严重欠缺的现实,就需要解决行业协会资源占有与动员能力薄弱的问题。不过,政府简政放权、提高行业协会在多元治理体系中的权重只是治本的一个方面,另一方面,也需要行业协会提升自身规则建设,使之具备承接政府转移权力的能力。前述定性研究从一个侧面表明,我国行业协会在处罚权制度建设方面尚存在诸多不足,这一问题若不得到根本性改善,将严重影响我国大部分行业协会通过处罚权运行协调集体行动、开展行业自律的实际绩效。在处罚权的内部制度建设方面需要格外重视以下环节:如何实现以有效协调集体行动为目标的处罚权优化配置,以及如何完善以辅助提高处罚措施威慑力为目标的枉行查处机制。

---

① 徐明、卢文道:《从市场竞争到法制基础:证券交易所自律监管研究》,载《华东政法学院学报》2005年第5期。

第二节　处罚权的表现形式

将实践中纷繁多样的惩罚体现形式加以归纳，行业协会的处罚权的具体形态大致包括如下几种：财产罚、资格罚、声誉罚、集体抵制、除名，另外还有以批评教育为代表的申诫罚等其他处罚形式。

一、财产罚

财产罚是行业协会根据其章程或者行规行约，对违反相应规定的成员实施的、以剥夺一定数额财产为手段的制裁措施。财产罚是行业协会处罚中最为常见、历史也最为悠久的形态，其中典型的当属罚款（罚金）。

清代北京药行会馆条规规定，“新开旧有各铺各局，如有不照向章入捐者，即系不入药行，届期馆中祭祀，不得到馆拈香，行店出合同卖物，如私自卖药者，一经查出，罚钱贰拾两，归会馆公费”[①]。根据该条规，如数缴纳药行所需的“捐银”（实质上是行业协会会员的会费）是享受该药行特殊集体物品服务的前提条件，若未按约缴纳则不得成为该行成员，为了限制药行成员与非成员之间的交易，达到“各铺各局皆入我行”的目标，该药行对于那些和非会员私下

① 王日根：《中国会馆史》，中国出版集团东方出版中心 2007 年版，第 222 页。

买卖的成员予以惩处，罚金为 20 两（白银），并充作协会运转经费。在市一级的行业协会行规行约中，以罚款作为重要制裁手段的情形也比较常见。例如，《昆山市商品混凝土行业自律公约》在“行业自律条款和运作方式”一章的第二条规定，商品砼价格由各会员单位会商后公布，市场售价可以在有限范围内下调，如若违反，则对成员企业按照成交量处以比例罚款。该自律公约在“奖罚办法”一章中还规定，对于以次充好、资质出借等行为也将处以一定数额的罚金。①

但是在实践中，财产罚的形式还有诸多变体。有的以预交“违约保证金”的形式实现，有的直接针对有形财产（如扣押财产），甚至还有销毁生产工具这一更为特殊的处罚形态。

1. 预交违约保证金。我国市一级行业协会以预交“履约保证金”“违约保证金”形式达到威慑效果的例子较为常见。例如，《长沙市渣土砂石运输行业行规行约》规定了履约保证金制，会员单位必须按车辆数以每台 800 元的标准在协会存放履约保证金。所有处罚罚金从履约保证金中扣除。② 这一特殊的财产罚实现形式，可以毫无障碍地解释为《中华人民共和国合同法》中的违约金。

---

① 《昆山市商品混凝土行业自律公约》，昆山市建筑行业协会网，2016 年 6 月 16 日访问。

② 《长沙市渣土砂石运输行业行规行约》，长沙市渣土行业协会，2016 年 6 月 16 日访问。

2. 扣押财产等财产罚以有形财产为对象。英国中世纪的布里斯托尔织匠行会的行规规定,假如其会员织造呢绒用线以次充好,那么用作生产资料的次品用线以及相应的纺织机都将被行会销毁。温切斯特织匠行会和漂洗匠行会的规定与前述北京药行的行规类似,“严禁任何织匠和漂洗匠自行将呢绒烘干、染色和到城外去出售呢绒;在城内,他们也只准与本城商人做买卖,而不得与任何外乡人进行交易;一旦发现有人‘为了牟利’而企图到城外去销售呢绒,本城市民皆有权扣押其货物,然后由市政官员将其作为违章没收物进行处理”。[①] 据人民网报道,温州市烟具行业协会是全国首家拟定《维权公约》的民间性组织,该协会对符合条件的产品与厂家予以公开确认并颁发维权证书,对于其他仿冒侵权者则“一经查实,将对侵权产品的模具和专用夹具予以就地销毁,仿冒的产品和专用零配件给予没收”[②]。

美国是行业协会自治高度发达的国家。与我国不同的是,在美国的行业协会采取的惩戒措施中,罚款并非一种常用的处罚手段。实际上,罚款作为一种重要的处罚手段,主要出现在美国的职业性协会、体育协会以及某些特定的

---

① 金志霖:《试比较中英行会的本质特征》,载《史林》2005 年第 2 期。

② 袁亚平:《温州民间协会的启示——探访温州市烟具行业协会》,搜狐网,2004 年 6 月 27 日发布,2016 年 6 月 17 日访问。

行业自律监管组织(Self-Regulatory Organization,SRO[①])中,例如 FINRA。[②] 在此类组织中,罚款适用频率高,且处罚额度往往较大。根据美国金融监管局 2013 年的一份报告,该局在 2012 年共开展了 1 541 项纪律检查行动,累计罚款额超过 6 800 万美元,收缴不当得利 3 400 万美元。[③] 从处罚个案来看,2014 年 6 月该局对美林银行处以 800 万美元

① SRO 是指拥有对某一行业或职业群体一定程度规制权力的组织。这种规制权力既可以是对政府规制行为的一种补充,也可以存在于政府监督与规制完全空白的领域。需要说明的是,SRO 所享有的规制权力并不必然来自政府授权。最为典型的 SRO 即 FINRA。FINRA 成立于 2007 年,由纽约证券交易所(New York Stock Exchange)中有关会员监管、规则执行与纠纷仲裁机构,与 NASD 合并而来。这一合并得到美国证券交易委员会(United States Securities and Exchange Commission,SEC)的批准。FINRA 主要负责监管股票、企业债券、证券期货与期权的交易。所有从事证券交易的公司,只要不受其他 SRO 的监管(如美国市政证券决策委员会,Municipal Securities Rulemaking Board,MSRB),都必须成为其成员。FINRA 负责个人与公司的市场准入,制定市场行为管理规则,监督市场从业者的交易行为,并对不遵守联邦证券法律法规以及 FINRA 制定规则的行为予以惩罚,这一惩罚的权力得到了 SEC 的批准。可以看出,FINRA 的自律监管主要是政府监管的一项自然延伸,与政府规制间的关系是协调一致的。另一种类型的 SRO,如美国房地产经纪人协会(The National Association of Realtors,NAR)则有所不同,这一自律组织旨在填补政府公权力监管的空白,NAR 制定有关多重上市服务以及经纪人的从业方面的规则,并保证其实施。另一个例子是美国医学会(American Medical Association),该协会同样负责政府监管空白处的自律自查,为医药行业有关伦理、利益冲突、资格认定以及相应的纪律处罚制定自律规则。

② 造成这一现象的原因,主要是因为通常意义上的行业协会采取罚款行为规制成员行动,严重受制于《谢尔曼法》,而体育联盟、职业协会、证券、保险等特殊行业则可以享受反垄断法豁免的优待。此处仅列举现象,后文对此还将作进一步分析。

③ 王宗凯、阳建:《美国金融监管局报告称去年美证券业自律监管成效显著》,金融界网,2013 年 1 月 10 日发布,2016 年 6 月 18 日访问。

的罚款，用于偿还众多退休账户和慈善账户向“共同基金”投资中的过高收费[①]；据美国哥伦比亚广播公司报道，2012年，美国全国大学生体育协会（National Collegiate Athletic Association，“NCAA”）因桑达斯基丑闻事件对宾夕法尼亚州立大学处以600万美元的高额罚款；2014年4月，美国篮球职业联盟（National Basketball Association，“NBA”）对多纳德—斯特林种族歧视言论进行处罚，并最终开出了250万美元的高额罚单。[②]

二、资格罚

资格罚是指行业协会采取的，以限制成员获得协会集体物品服务的可能性，或者暂停、取消成员从事特定行业所需资质认证的惩罚措施。资格罚又可以细分为两种类型：成员资格暂停或减等与行业准入资质暂停或取消。行业协会成员需要相应的成员资格，才能够进入与协会组织间的社会交换关系并获取相应的集体物品，组织提供的集体物品一般来说难以计价，成员在组织中获得社会认同、尊重等报酬更无法以金钱加以计量，因此，对获取渠道资格的限制虽然可能最终导致经济上的损失，但与直接的财产上的损失相比，这种制裁的效果与施力点都更为间接。

① 和讯网，2016年6月17日访问。

② 《NBA联盟正式处罚斯特林终身禁赛并罚款250万美元》，央视网，2014年4月30日发布，2016年6月18日访问。

1. 成员资格暂停或减等。通常以行业协会暂停会员资格较为常见，一般这种制裁措施被行业协会纳入章程的“会员资格”一章。美国不少行业协会在其章程(Bylaws)中都规定，若会员无故迟延交付会费超过一定期限的，将被暂停会员资格。《云南省水利工程行业协会章程》第十二条规定，“会员如有违反法律法规和本章程的行为，经理事会或者常务理事会表决通过，给予下列处分……暂停行使会员权利……”[①]。部分行业协会对于资格的惩处形式更为多样。根据《中国足球协会纪律准则及处罚办法》第十二至第十四条的规定，中国足球协会可以行使的资格暂停或减等惩罚措施包括取消比赛资格、降级、减少转会名额、暂停引进外籍球员等，[②]再如，中国拍卖行业协会制定的《中国文物艺术品拍卖企业自律公约》第二十一条规定，“公约成员违反本公约的，经查证属实，由公约执行机构视不同程度分别采取通报、取消公约成员资格、取消中拍协艺委会委员[③]单位资格、取消中拍协会员(包括理事、常务理事、副会长)单位资格、取消拍卖行业资质等级……等方式予以处理”。[④]在这一实

① 《云南省水利工程行业协会章程》，http://www.ynslxh.com/contents/59/180.html，2016 年 6 月 18 日访问。

② 这种处罚权力有法律的明确授权，即《中华人民共和国体育法》第四十九条的规定，在竞技体育中从事弄虚作假等违反纪律和体育规则的行为，由体育社会团体按照章程规定给予处罚。

③ “中拍协艺委会”属于该公约的执行机构，取消其委员单位资格与取消理事、常务理事、副会长单位资格相同。

④ 《中国文物艺术品拍卖企业自律公约》，中国经济网，2016 年 6 月 18 日访问。

例中，除通报（声誉罚），取消公约成员资格（除名）外，资格惩罚措施均针对不同类型的组织地位，此类资格罚并没有影响被处罚者作为普通会员在组织中享有的权利，仅仅是将其组织地位“减等”，使之丧失在组织自律事务中的话语权以及对自治权的控制。至于“取消拍卖行业资质等级”，则属于行业准入资质的暂停或取消。

2. 行业准入资质暂停或取消。对有准入资质要求的行业，通常由行业协会负责组织相应的资质认证、审核以及对资质的自律处分，这种类型的资格罚实质上直接来源于行业协会自治权中的“许可批准权”，即行业协会“允许企业享有在某行业或某产品上从事某种活动之资格的权利。”[①] 需要指出的是，如果行业协会享有的许可批准权源于政府许可审批权力的下放，即便此项权力同样具有协调成员集体行动的功能，在权源上却很可能属于由公权力授权型的处罚，即“根据法律、法规授权，社团在授权范围内设置惩罚性规定”[②]。例如，根据《中国证券业协会自律管理措施和纪律处分实施办法》第三章的规定，中国证券业协会可以对违规成员施以暂停执业、注销执业证书、暂停或者取消协会授予的业务资格、暂停部分会员权利等资格惩戒措施，其中暂停执业、注销执业证书、暂停或者取消协会授予的业务资格即属于针对行业准入资质的“资格罚”。《2012—2013 中国男子篮球职业联赛纪律处罚规定》第

---

① 鲁篱：《行业协会经济自治权研究》，重庆：西南政法大学博士学位论文，2002 年。

② 方洁：《社团罚则的设定与边界》，载《法学》2005 年第 1 期。

五十三条规定，对于与观众或参赛队成员间发生摩擦，使用不文明语言，或发生肢体冲突的裁判人员，情节恶劣的，中国篮协将取消其该赛季工作资格、停赛1~5年，直至撤销技术等级称号。[①]

3. 特殊的资格罚实现形式。根据《南宁市物业管理行业规约》第三十五条规定，行业协会有权“取消由行业协会组织的各项评优的参评资格”[②]。结合该公约第三十六条的规定，对严格遵守规约的物业服务企业及从业人员，行业协会以内部表彰、公开表彰、出具资信良好的证明、优先推选参加行业评优、优先推选参加物业管理招投标等积极激励方式作出回应。可见，这种资格罚并非对现有会员资格或者资质的限制，而在于剥夺成员本可以获得却因为处罚无法获得的积极激励。

三、声誉罚

所谓声誉罚，是指行业协会通过在一定范围内发布有关成员枉行的信息，进而导致该成员面临在一定社会交换领域中声誉贬损风险的制裁措施。正如本书第一部分的分析，声誉罚旨在消解枉行成员被其他交换对手信任的可能性，因此从制裁效果来看，声誉罚与其他处罚措施相比具

① 《2012—2013中国男子篮球职业联赛纪律处罚规定》，搜狐网，2016年6月19日访问。

② 《关于第二次征求〈南宁市物业管理行业规约〉修改意见和建议的通知》，南宁市物业管理行业协会网，2016年6月19日访问。

有间接性的特征，声誉罚本身并不导致成员经济利益的损失或者获得俱乐部产品可能性的限制。在信息“生产—发送—传播—反馈”机制健全的前提下，成员（通常为企业）的“组织化特征能够使其……对于自身的未来赋予更高价值，对合作带来的长期利益进行全面的考量”[①]，由于声誉引发的消费者用脚投票（声誉机制还可能导致该企业同行业、其他行业乃至与社会、政府关系的外部环境恶化）等实际后果，决定了企业的长期收入流，以此为规制杠杆，声誉罚可以产生强大的威慑效果。

如果说其他处罚措施可以彼此之间比较清晰地加以区分适用，那么声誉罚的效果就具有“渗透式”的特征，以至于在多数情况下很难与其他处罚措施相分割。例如，成员 A 因为某轻微的违规行为被行业协会施以训诫的处罚，表面上看来，成员 A 遭受的处罚仅限于训诫本身，然而，正如最佳刑罚理论中所言，由于制度化的处罚手段本身的“耻辱”效应（Stigma Effect），[②] 即便是未特别附加明确的声誉处罚，都将向一定范围的受众传达某枉行者在多大程度上不值得信任的信息。在社会学家对于耻辱效应的分类标准中，行业协会枉行成员遭受的这种弥散化信息制裁类似于“人格特质的

---

① 吴元元：《信息基础、声誉机制与执法优化——食品安全治理的新视野》，载《中国社会科学》2012 年第 6 期。

② 参见[美]理查德·A. 波斯纳：《法律的经济分析》（上），蒋兆康译，中国大百科全书出版社 1997 年版，第 227 页；[美]大卫·D. 弗里德曼：《经济学语境下的法律规则》，杨欣欣译，法律出版社 2004 年版，第 279~280 页。

偏离”[1]，任何形式的行业协会处罚，都会使一定范围的受众将被处罚者与某些不可预知的行为特质联系起来，受众将根据这一信息勾连对其行为作出相应预期，并最终将这种暂时性的预期转化为规范化的期待。戈夫曼认为，有关耻辱效应可以被划分为两个阶段，以有关耻辱的信息是否为受众所感知为界限，分为“可以不被相信”以及“已经不被相信”[2]。根据这一标准，行业协会其他制裁措施给成员带来的弥散化声誉制裁将受到如下几种因素的影响：被处罚事件的可隐藏程度，即何种范围内的观察者可以获知处罚信息；信息标志的演进，即随着时间推移，这种信息的标志是否会发生增强或者衰减；信息内容的破坏性，即这一信息将在多大程度上阻碍受众与被处罚者的社会交换。[3]

按照声誉罚所涉信息传播的范围来划分，声誉罚可以形成公开型与封闭型两极，在封闭型的一极，行业协会对于枉行成员相关信息的发布仅限于行业协会组织内部，[4] 而

---

① 另外两种是外部形象原因导致的耻辱，以及“种族式耻辱”。参见 C. Campbell，H. Deacon. Unraveling the Contexts of Stigma：From Internalisation to Resistance to Change. *Journal of Community & Applied Social Psychology*. 2006(16)：411-417。

② E. Goffman. Stigma：Notes on the Management of Spoiled Identity.Simon & Schuster Inc., 1986:18-22.

③ E. E. Jones，A. Farina，A. H. Hastorf，H. Markus，D. T. Miller，R. A. Scott. *Social Stigma*：*The Psychology of Marked Relationships*. Freeman. 1984：24-79.

④ 当然，理论上来说尚有信息发布局限于组织成员之一部分的可能性，但是，就笔者所掌握的材料而言，此类型的声誉罚在实践中似乎并不存在。由于成员枉行是对组织的冒犯与挑战，如同刑事犯罪一般，侵犯的并不仅仅是直接的受害方，还包括旨在实现协调集体行动目标的组织秩序，如此，相应的枉行信息至少应当由所有参与集体行动的组织成员所分享。笔者认为，这应当是为什么不存在局部信息发布实践的根本原因。

在公开型的一极,信息将成为全社会可以获取的公有信息。一般来说,行业协会在设置声誉罚的时候,大多会按照成员枉行的严重性,决定信息发布的范围。在实践中,业内批评属于封闭型一极,在协会的报纸、刊物、网站上公布除名名单属于公开型一极,理由在于,只要组织通过其自办纸质媒体以及网络,将相关信息予以发布,社会公众即获得了解该信息的现实可能性,信息公开的对象因此就超越了组织成员,演变为不特定的社会公众。

如果不加留意,很容易将声誉罚的发布范围理解为仅仅存在“封闭—公开”的两极,但因为行业协会可以决定相关信息发布的内容,因此,如果加入信息披露的质与量的维度予以考量,声誉罚可以呈现出两极之间的“光谱式”分布。例如,根据中国证券业协会制定的《证券从业人员诚信信息管理暂行办法》第十三条的规定,[①] 该协会对证券从业人员的诚信信息,依照查询主体的不同实行分级管理与查询制度,中国证监会对于该协会从业人员的诚信信息库拥有查询的完全权限,国家司法机关、与中国签订监管合作备忘录的境外证券监管机构等,只能通过证监会或者该协会查询特定人员的信息,同时,该协会在其网站定期公布受到处罚处分的证券从业人员名单,但相关具体信息内容并不对社会公众开放。

声誉罚的一种特殊变体是我国金融等行业常见的“黑名单”制度。严格意义上来说,属于行业协会声誉罚的“黑

① 《证券从业人员诚信信息管理暂行办法》,中企集成网,2016 年 6 月 19 日访问。

名单”制度，只能由协会组织对组织内成员实施，即将违反行规行约的成员信息整理入库，定期更新，并在一定范围内予以发布，达到限制组织成员从事社会交换能力的目标。

民政部《关于开展行业协会行业自律与诚信创建活动的通知》(民函〔2013〕111号)中提出，行业协会应当“加强会员诚信管理，将会员的执业、纳税、守法、财务管理、社会公众评价等信息列入会员数据库，将违反诚信的会员列入‘黑名单’，依据协会章程予以惩戒”[①]。至少在民政部这个通知中，“黑名单”制度依然局限于组织内部成员。各地民政部门在制定具体实施方案时，也并未明确突破民政部该通知的基本范围，例如，重庆市永川区发布的《关于行业协会开展行业自律与诚信创建活动的通知》，要求“结合行业特点，探索建立社会评价、失信惩戒和‘黑名单’等行业信用管理制度，研究制定行业职业道德准则，规范从业人员的职业行为，增强各类市场主体的诚信和守法意识”[②]。但在实践中，行业协会却存在建立“黑名单”与失信惩戒制度加诸组织之外的社会个体的冲动。

针对非成员的黑名单等信息规制方案，并不属于行业协会处罚权的行使范围。信息提供本属行业协会的基本职能，行业协会收集、分析、发布的行业信息是行业协会提供的俱

① 《北京市民政局转发民政部关于开展行业协会行业自律与诚信创建活动的通知》，北京市民政局网，2016年6月19日访问。

② 《关于开展行业协会行业自律与诚信创建活动的通知》，中国水利电力物资流通协会网，2016年6月19日访问。

乐部物品的重要组成部分。余晖认为,行业协会可以从充当市场交易信息库、充任信誉评价中介与投诉甄别中介、提供行业发展预测等个性化信息服务三方面[①]发挥信息生产与提供的功能,因此,行业协会设立黑名单,将与协会成员交易中存在不当行为的交易对手信息予以记录,并在协会成员中共享,与其说是处罚权的实现形式,不如说是行业协会发挥信息汇聚功能的体现,只要不涉及商业秘密,成员有权通过行业协会的组织形态实现相关信息的共享与互联。

四、集体抵制

集体抵制(Boycott)又可以称为联合抵制,也有国家的反垄断法将之称为“排他性协议”(Exclusionary Provisions)。在澳大利亚《竞争法》(Competition and Consumer Act 2010)第四章4D中,集体抵制被定义为:两个及其以上具有竞争关系的经营者,以协议、默契等形式,旨在防止或者限制(1)特定种类或个体的经营者,以及(2)满足特定条件或环境的此类经营者,从协议各方或某方获取产品或者服务,或者向协议各方或某方提供产品或者服务的能力的行为。集体抵制分为两种类型,即横向集体抵制与纵向集体抵制。澳大利亚的前述法律定义的行为类型为横向集体,这种集体抵制行为所涉及的各方,均属于行业水平方向上存在竞争关系的经营者。而纵向集体抵制“是指处于产业链上下游之

① 余晖等:《行业协会及其在中国的发展:理论与案例》,经济管理出版社2002年版,第11~12页。

间具有垂直关系的经营者之间实行的联合抵制”[①]。

集体抵制经常发生在行业协会与组织外其他经营者的交易中。作为组织成员的信息集散中心，行业协会的职能即在于实时告知其成员与行业发展环境相关的重要信息。但是，在承担信息生产与传播装置的功能的同时，行业协会向其成员发布的信息可能会影响成员具体的商业决策。例如，行业协会就某一特定供应商产品质量问题向成员做出的陈述，有可能导致其成员断绝与该供应商之间的经济往来。另外，行业协会作为协调集体行动的组织化形态，有可能主动召集其成员对某些市场主体采取拒绝交易等制裁措施。由于存在天然的排除竞争倾向，集体抵制历来为各国反垄断法严格限制。就行业协会而言，前述行业协会以履行信息功能为由向其成员提供的建议是否切实执行，通常并不在法院审理反垄断案件的考量因素中。然而，即便是横向集体抵制，各国法院对于是否适用本身违法原则依然存在差异。在德国，并非所有的由行业协会发起的拒绝与其他经营者交易的行为，都必然导致对反垄断法的违反。德国法院一直试图为行业协会发起的集体抵制行为在反垄断认定上厘定相对清晰的界限。一般来说，行业协会需要证明其行为拥有充分而正当的理由。德国杜塞尔多夫高级地区法院曾以判决形式，明确德国商标协会以及德国联邦零售业协会发起的集体抵制行动是正当的。

作为行业协会处罚措施的集体抵制，其内涵要比反垄

① 李剑:《论联合抵制交易的违法性判断标准》,载《当代法学》2009 年第 3 期。

断法意义上的集体抵制更为狭窄。由于处罚权原则上仅存在于组织与成员关系中，而同行业成员自然属于水平方向上的竞争者，因此，行业协会处罚权语境下的集体抵制，意指由行业协会发起或者推动，由组织内成员对同属该组织的其他成员采取的拒绝或者限制交易的制裁措施。问题在于，由于行业协会组织成员之间本身就处于水平竞争的地位，该成员与组织以及其他成员之间的交换主要是社会交换而非纯粹的经济交换，因此，由协会发起或建议集体抵制以实现交易断绝，其威慑力极为有限。也许是这个原因，实践中发生的行业协会对其成员的集体抵制行动往往体现为“除名”或者较长时间的会员资格暂停。例如，在美国联邦最高法院审理的 Northwest Wholesale Stationers，Inc.v.Pacific Stationery & Printing Co. 一案中，[1] 原审被告太平洋西北地区的批发采购合作社，是一个由数个零售商会员构成的行业协会，其会员零售商均从事办公用品销售。非会员零售商可以与会员相同的价格从原告处购买货源。原审被告每年以一定百分比的形式向其会员分配年度利润，因此实际上，会员是以比非会员更低的价格购买相关货物。原审被告将原审原告开除出其组织，并且没有作出任何解释、通知与听证。原审原告将此案诉至联邦地区法院，声称该没有任何程序性保护的除名措施构成了集体抵制，该集体抵制限制了原审原告参与市场竞争的能力，应当被认定为本身违法。在即决判决动议程序中，该地区法院拒绝适用本身

① Northwest Wholesale Stationers，Inc. v. Pacific Stationery & Printing Co. 472 U. S. 284（1985）.

违法原则,而以合理原则予以裁判。各方证据并不能证明反竞争后果的存在,该法院在即决判决中支持了原审被告的主张。联邦上诉法院推翻了这一判决,认为尽管《罗宾逊—帕特曼法案》(Robinson-Patman Act)第四条清楚地表达了对争议案件中除名手段引发的价格歧视的许可,并且实际上给予行业协会以自律相应范围的自主权力,但是,鉴于原审被告没有为除名措施提供任何程序上的保障,因此,对原审原告除名的行为不再受到《罗宾逊—帕特曼法案》第四条的保护,此种集体抵制行为应适用本身违法原则,违反了《谢尔曼法》第一条。

五、除名

除名,或曰开除,是指行业协会以组织决议的形式,将枉行成员驱逐出组织,永久性取消其享受俱乐部物品权利的惩罚形式,有时也被称为取消会籍。理论上来说,除名意味着被除名者断绝了通过组织参与社会交换的可能性,因此,除名应该是所有可能采取的处罚措施中最为严厉的一种。

通过前文文本分析可以看出,除名是我国行业协会中唯一一项普遍存在的处罚措施。与财产罚、声誉罚、资格罚等处罚措施不同的是,有关除名的规定都出现在被调查行业协会章程有关会员权利义务部分。此外,尽管我国行业协会有关处罚权规则较为简单,但关于除名的规则却基本具备适用条件、决议机构等基本规则要件。

例如,东莞市电子行业协会“章程”第十五条规定,会员如有严重违反章程的行为,经会员大会(或会员代表大会)表决通过,予以除名。佛山市模具行业协会“章程”第十五条也有同样的规定:会员……如有严重违反本章程的行为,经会员大会(或会员代表大会)表决通过,予以除名。我国行业协会制定章程时一般都要求较为严格地参照民政部或者各地制定的章程示范文本,因此,这种行文上的吻合并不奇怪。前述两家行业协会均来自广东,早在2008年,广东省民政厅即印发了《广东省行业协会章程示范文本》,并要求辖区内各市民政局认真贯彻执行,按照该章程范本指导辖区内行业协会进行章程修订。如果追根溯源的话,有关除名的章程示范文本均脱胎于民政部1998年制定的《社会团体章程示范文本》,该示范文本第十三条规定,“会员如有严重违反本章程的行为,经理事会或常务理事会表决通过,予以除名”[①]。将民政部与广东省的地方性示范文本加以比对,发现二者最大的区别在于除名的决定机构,在民政部的示范文本中,除名由理事会或者常务理事会决定,而在广东省的地方性示范文本中,该项权力则属于会员大会或者会员代表大会。在实践中,我国行业协会做法并不统一,有的将除名的决议权交由理事会或常务理事会,有的则将其交予会员大会或会员代表大会。

与之相对的是,无论是《意大利民法典》,还是《日本一

① 《社会团体章程示范文本》,中国社会组织政务服务平台,2016年6月22日访问。

般社团法人及一般财团法人法》,均明确将除名的权力归诸会员大会。我国台湾地区螺丝贸易协会“章程”第十条中规定,会员(会员代表)违反法令、章程或不遵守会员大会决议时,得经理事会决议,予以警告或停权处分,危害团体情节重大者,得经会员大会决议予以除名。部分国家在立法方面,尽管并未将所有处罚措施的实施权力赋予会员大会,但依然将会员大会明确界定为实施除名惩罚的最终决议机构。爱沙尼亚《1966年非营利社团法》第十六条规定,理事会可以根据组织章程规定的条件和程序,决定是否开除社团成员。但是,开除决定的最终决定权由会员大会享有,对于理事会的开除决定,相关会员可以向会员大会申请宣告开除无效。① 保加利亚《非营利法人法》第二十二条规定与之类似,决定会员开除的决议可以由管理委员会或社团的其他部门作出,但此时,相关会员有权向会员大会上诉。② 在由陈金罗、金锦萍等人起草的《中国非营利组织法专家建议稿》中,在体例上同样将除名纳入会员权利与义务一章,即建议稿第三十四条:“根据章程规定的条件和程序,理事会可以决定将会员开除出社团。章程规定由会员大会决定开除会员的除外。”③

① 陈金罗、金锦萍、刘培峰等:《中国非营利组织法专家建议稿》,社会科学文献出版社2013年版,第129页。

② 金锦萍等译:《外国非营利组织法译汇》(二),社会科学文献出版社2010年版,第118页。

③ 陈金罗、金锦萍、刘培峰等:《中国非营利组织法专家建议稿》,社会科学文献出版社2013年版,第128页。

六、其他

行业协会处罚权的表现形式符合经济学家哈耶克所言之自生自发的秩序，正因如此，前述分类仅能将实践中千差万别的具体处罚措施部分归类，但却无法穷尽现有以及未来可能出现的所有处罚形态。在财产罚、声誉罚、资格罚、集体抵制与开除之外，从目前行业协会处罚实践中尚可分辨的其他处罚措施还包括批评教育、警告、向公权力部门举报等。警告、训诫等虽然可以被称为申诫罚，但由于其实施程序的非正式化，我们在此并未将之列为一种正式的组织惩罚形态。

行业协会对成员枉行施加的惩罚往往呈现阶梯性特征。以美国奥兰多房地产行业协会为例，该协会规定，对于成员发布不当广告等行为予以罚款的处罚，如果罚款未能按时支付，该协会理事会有权在确认了拖欠罚款事实的前提下，对其施以资格暂停的处罚，如果迟延支付罚款超过了一个月，理事会有权决定终止该会员在组织内的资格。

第三节　处罚措施的合理设置

处罚措施的合理设置可以借用威慑理论加以分析。“只要对经济学家研究市场的基本分析工具稍加反思，就表明更宽泛地运用经济学是可能的”,因为“他们的工具就是这样一个假定,即人们都是自己满足度的理性最大化者”[①]。威慑理论建立在以下四个假设之上:(1) 被观察的个体是充分知情的最大化效用的追求者;(2) 法律对于枉行的界定是清晰无误的;(3) 法律惩罚为个体遵从提供了主要激励;(4) 执法机关在特定资源条件的约束下,能够最优化地侦查并处罚枉行。[②]行业协会成员绝大部分都为企业,相比刑事惩罚所面对的主要客体——自然人而言,企业具有更纯粹的效用最大化追求,也拥有更强大的信息获取资本;行规行约即便在文本上不如法律精确,但基于相同行业从事同类型生产的“地方性知识”,成员与组织对于规则文本模糊与不明之处所共有的“无言之知”,更有利于清楚界定枉行边界;组织内的惩罚措施为成员遵从提供了主要激励;行业协会组织在执法中,由于信息的优势与惩罚手段更具针对性,再加上权力俘获与寻租的可能性远小于公权力机关,因此对会员行为的监督和对枉行进行执法的最优化可能性更高。从这四个方面分析不难看出,以威慑理论分析行业协会处罚权问题是可行的,并且符合该理论的基本预设条件。

---

① [美]理查德·A. 波斯纳:《正义 / 司法的经济学》,苏力译,中国政法大学出版社 2002 年版,第 1 页。

② J. T. Scholz. Enforcement Policy and Corporate Misconduct: The Changing Perspective of Deterrence Theory. *Law and Contemporary Problems*. 1997(60): 253–268.

一、不同处罚措施的威慑力及其组合

（一）不同处罚措施的威慑力效应分析

行业协会的处罚权一般体现为财产罚、声誉罚、资格罚以及开除等，也包括警告与训诫等其他形式，以上处罚形态按照威慑力大小，大致可以做如下递进式的排列，这一阶梯式的排列并不一定完全精确，不同的处罚措施在不同语境下威慑力位阶有可能不同。

警告与训诫属于威慑力最小的处罚措施。警告与训诫并不涉及对成员财产的直接剥夺，或者限制成员获得行业协会提供的俱乐部物品的渠道，如果对相关信息公示范围加以限制，如限于行业内部，甚至仅限处罚执行机关与被处罚者之间的话，则此类处罚也不造成对该成员行业声誉或者社会声誉的减损。实践中，警告与训诫通常适用于后果极其轻微的初次违规行为，其目的并不在于造成被处罚者各种社会交换利益的损失，而在于一方面向枉行成员，以及组织内其他成员传达“枉行已经得以发现”的信息，以保证有关组织规则承诺的可信度，另一方面，也预示着如果枉行成员不及时对违规行为加以纠正，行业协会将对其动用其他直接影响其社会交换关系利益的制裁手段。在处罚威慑力的阶梯体系中，此类处罚手段构成了最初的制裁门槛。可以看出，此种制裁措施对于异质性的成员的威慑力并无明显区别。

一般来说，财产罚（以罚款为主）的威慑力比警告与训诚强。与声誉罚、资格罚直至除名等制裁手段相比,罚款仅仅涉及对成员一定财产的剥夺,而声誉罚导致的声誉损失,资格罚、除名等导致的行业准入以及对行业协会俱乐部物品的获取限制,对成员造成的社会交换损失难以计价,甚至无法计价。因此,从威慑力上来说,针对具有高度替代性[①]的财产处罚给枉行成员造成的损失,往往小于针对替代性有限或者不具备替代性的资源制裁。当然,正如前文所述,如果某行业协会将财产罚额度设定过高,一旦实施将严重影响组织内成员,尤其是中小经营者成员的生产经营,这一制裁措施的威慑力就将随着成员实际拥有的资源动员能力而发生变化。在某些 SRO 组织以及特殊行业协会(以体育协会为代表)中,处罚额度的阶梯设置不但繁密,而且最高额度很可能远远超出一般行业协会中所设定的财产罚范围,例如,美国四大球体育协会对枉行成员处罚的最高额度有可能达到数百万美元,而一般性质的行业协会的财产罚额度往往不高,如 NAR 对于枉行成员的罚款额度最高不超过 5 000 美元。罚款额度高得令人咋舌的财产处罚措施毕竟只是很小的一部分,从整体上来评价,罚款的威慑力效果依然可以处于较低的阶梯水平,并且,在成员异质性较为明显的行业协会中,罚款的威慑力对于不同规模的成员也会

---

① 在当下各国行业协会的处罚实践中,直接针对生产工具的没收形式的财产罚已经非常罕见,一来其执行成本较罚款更高,二来大部分的生产工具可以通过市场较为方便地置换。不过,对于某些特定行为,例如仿冒知名产品造假的生产模具,适用直接没收甚至销毁的手段依然具有立竿见影的效果,但这并不在于通过制裁达到威慑潜在枉行的目的,而在于通过剥夺继续实施枉行的能力达到预防的效果。

有所差异。

声誉罚是一种威慑力效果较难准确界定的制裁措施。声誉罚一般分为组织内声誉处罚与对外的声誉处罚，其实施目的在于通过处罚所承载的信息，影响相应的信息受众的策略选择。其实施形式有可能是单独适用，也可能作为其他处罚措施的附带行为。[①] 对于前者而言，尽管声誉罚在理论上可以引发该行业组织内的"同行压力"，但由于行业协会内成员本身就属于市场竞争中的参与者，竞争对手如果不通过如对外披露信息、向公权力部门举报等手段将相应信息"外部化"，单纯的"同行压力"在威慑力效果方面仅仅称得上是"聊胜于无"。组织内声誉处罚的威慑力的主要施力点并非企业与企业之间的社会交换，而在于企业经理人、高级管理人的声誉机制。对于此类高级经营人才来说，行业内的声誉意味着相应的社会认同与信任，企业毕竟由高级经理人、代理人决定经营决策，对内的声誉罚将直接影响其在行业内的美誉度，在行业转换成本很高的前提下[②]，对内的声誉处罚可以有效地威慑他们，从而间接达到控制组织成员的目的。与之相比，对外的声誉处罚的威慑力则较为直接地指向成员企业，从消费者、产业链上下游的经营者、提供融资等服务的金融机构，到中介组织乃至政府

①　甚至由于耻辱效应，即便没有附加任何形式的声誉制裁，罚款等制裁措施本身就可在枉行者身上烙下耻辱的标记，这种标记带来的负面声誉影响甚至有可能超出处罚本身。

②　理论上来说，在该行业投入的资源越多，取得相应社会资本的回报也会相应更高，其机会成本也随之增高，在该行业内投入的各项资源成本，如该从业者的沉没成本，一般来说，高级职位者的高于低级别从业者的。

机关等，均可以根据声誉罚所蕴涵的信息采取理性应对，被处罚者可能遭受的损失不但难以金钱计价，而且规模也很难控制，因此，声誉罚可以起到较好的威慑效果。

通常来说，由于大企业更依赖声誉机制从事社会交换，中小企业则在一定程度上可以隐藏在声誉机制的“涂刷效应”①(brush effect)中，对外的声誉处罚的威慑力对大型企业、明星企业来说相应也更强。声誉处罚的具体威慑效果，随处罚蕴涵信息的实际内容以及受众对信息的解码能力而呈现出较高的弹性，一般性的枉行信息披露有可能仅仅对企业造成可挽回的声誉瑕疵，而对于类似“三聚氰胺”一类的重大产品安全信息，相应的声誉处罚有可能断送某成员企业的行业生命。

严格意义来说，除名属于资格罚中最为严厉的一种，此处一并论述。资格罚旨在限制或者切断组织成员参与组织内社会交换的渠道，以影响其获得俱乐部物品的能力，某些有行业准入门槛的行业协会，资格罚中还包括对从业能力的限制或者禁绝。对前者而言，资格罚的威慑力取决于两个变量：成员对于俱乐部物品的需求刚性，以及组织能够提供的俱乐部物品的质量与数量。除极个别在行业内拥有明

---

①　意指社会公众由于信息不充分而采取的反制措施，当一个行业出现有损社会公众利益的经营行为时，社会公众会将相应的声誉不良标签不加区分地涂刷到整个行业经营者身上，由于某行业中的大型企业往往具有较高的知名度，社会公众选择此类企业作为涂刷对象具有更低的信息成本，因此，此类企业更容易成为涂刷效应的受害者。J. V. Rees. *Hostages of Each Other*: *The Transformation of Nuclear Safety since Three Mile Island*. The University of Chicago Press. 1996 ; 17–23.

显资源动用能力优势的成员外，资格罚是最为严厉的制裁措施。除名的威慑力亦然。正因为如此，对于资格罚特别是除名，大陆法系民法典或者社团特别法中往往会就程序等问题予以明确规定，这种立法规格在其他处罚措施中并不常见。

（二）分级制裁体系的构建

作为一种紧密型社会组织，行业协会对于其成员的私人信息有相较于其他主体更为充分的认识。由于行业协会的专业性与行业性，组织对其所施加的制裁过当而造成的潜在伤害也有更强的预测与评估能力，因此，“采用从仅课征微不足道的罚金一直到开除这样的分级惩罚，也许比向一个初犯者课征大量罚金要远为有效”[①]。按威慑力的大小分级的、阶梯式的适用处罚手段，至少有以下几种合理性的解释。

首先，分级制裁可以节约执法成本。出于程序正义的考虑，威慑力越强的制裁手段，越应当配置以更为细致的程序保障，警告这一惩罚措施，通过信函或者口头形式即可传达，由于不会直接给成员带来经济利益损害以及声誉的重大损失，其执行程序自然可以尽可能简化。与之相比，处于另一极的除名则在程序上有更为严格的要求，不少国家立法以及“示范法规”中，作出除名决定均须遵守较为严格的告知、听证乃至复议程序。程序的细密化自然带来了惩罚执行成本的增加，在可以以较低成本达到遏制枉行的情况

① ［美］埃莉诺·奥斯特罗姆：《公共事物的治理之道：集体行动制度的演进》，余逊达、陈旭东译，上海译文出版社 2012 年版，第 118 页。

下，不加区分地适用较重的制裁手段将增加无谓的组织执法成本。

分级制裁是满足处罚边际威慑力规律的必然结果。边际威慑力是指“一种使潜在违法者以较轻的违法活动替代较重的违法活动的激励”[①]。斯蒂格勒认为，潜在枉行者在决定是否实施枉行时，不但涉及决定做与不做，还涉及对做到什么程度的决策，由于未被威慑的枉行者有可能提高其枉行的恶劣程度，因此，预期的最优惩罚应该使更严重的罪行与不那么严重的罪行之间有明显差别。[②] 进一步来说，在多种可供选择的越轨行为存在的前提下，潜在的枉行者会根据不同行为的后果选择不同的策略性行为，例如，如果章程或者行规行约加大了对某一枉行的惩处，则潜在枉行者有可能选择从事与之相关联的另一种替代枉行。[③] 阶梯式的处罚可以向成员有力地展示不同枉行所导致的组织反映烈度，避免因为过重的惩处而扭曲制裁手段应有的激励效果。

分级制裁可以减少处罚给组织联结纽带带来的负面冲击。处罚权的动用意味着成员对组织内公认规则的违背，是行业协会这一社会亚群体中的社会冲突的集中表现，处罚的实施不仅需要及时矫正枉行，也需要考虑这一社会冲突过程对于价值联结纽带的损伤。过罚相当的直觉感知是

① 吴元元：《信息基础、声誉机制与执法优化——食品安全治理的新视野》，载《中国社会科学》2012 年第 6 期。

② G. J. Stigler. The Optimum Enforcement of Laws. *Journal of Political Economy*. 1970(78):526–536.

③ N. K. Katyal. Deterrence's Difficulty. *Michigan Law Review*. 1997(95): 2385–2476.

一种超越各个亚群体特殊价值之外的普遍价值，符合这一社会普遍价值的阶梯式的执法，可以在具有不同特殊价值的主体之间建立更高层面的整合纽带。另外，枉行不同的主观恶性、是否累犯等情节，可以表明该枉行者对于组织内特殊价值的背离程度，对背离度高的，应当施以严厉的惩处直至将其开除，对于初次、非蓄意的违规行为，实施者有可能并不反对组织内基本的特殊价值，以较为轻微的惩罚即可及时矫正价值认识偏差。通过阶梯式的执法，有助于行业协会准确清除组织内影响群体整合的“异己分子”，维护组织团结。

在具体执行过程中，除了考虑处罚的阶梯性、递进性之外，还需要注意多种处罚措施的搭配使用，以矫正单项处罚措施对于不同成员、在不同语境下产生的威慑力偏误。例如，同样的罚款对于不同规模成员的威慑力有较大不同，这一问题也不同程度地存在于资格罚、集体抵制等处罚措施中。

要解决这一问题有两种方案。一是按照企业资源动员与占有情况分级实行制裁，由此导致的结果将是同一种行为出现不同的处罚措施，第二种方案，是将财产罚、资格罚、集体抵制等制裁措施，[①]按照成员中占较大比例的中小企业标准设置具体处罚基准，并以声誉罚以及除名等措施，矫正大型企业对于前述制裁威慑力不敏感的问题。我们认为，第二种方案更有合理性，理由不仅因为按照成员性质分门

① 之所以不包括除名，是因为除名实施即意味着成员退出组织，非此即彼，不像财产罚等可以设置不同的处罚基准。

别类确定处罚标准缺乏可操作性，还在于“同罪不同罚”的实际后果难以获得普遍性价值支撑，如此处理有可能破坏行业协会基于行业特殊价值产生的社会整合纽带，甚至从根本上瓦解行业协会组织的凝聚力。

具体而言，声誉罚的有关信息披露应当充分而具体。行业协会可以通过自办刊物、官方网站或者其他媒介渠道，向不特定的社会公众披露有关处罚的相关信息，除涉及商业秘密的情况外，对于涉及行业整体性利益，特别是有可能涉及社会公共利益的成员枉行的处罚，应该尽可能准确地向受众传达相对完整的、有关处罚事实依据以及规则依据等信息。另外，信息披露需要考虑信息的解码成本。声誉罚所承载的事实与规则信息有可能充斥着行业协会所属行业的专业术语，除专业行政监督机关以及专业人士外，专业术语有可能构成阻隔行业协会与外部环境信息交流的技术性障碍，因此，在信息披露过程中，必须保证“信用信息能够以较低的解码成本被普通消费者所理解，为声誉机制的信息获得提供应有的认知保障”①。

在具体制度设计方面，可以从如下几个方面入手。

首先，前述行规行约的实证研究已揭示，我国不少行业协会的处罚措施配置较为单一，除在章程中规定除名外，无法形成一种以最轻的警告与劝诫，逐渐升级至开除会籍的威慑力阶梯。在组织规则中明确拟定形式多样的处罚权措施，成为我国行业协会处罚权制度建设的当务之急，在除名

① 吴元元：《信息基础、声誉机制与执法优化——食品安全治理的新视野》，载《中国社会科学》2012 年第 6 期。

之外，至少应当涵盖警告与训诫—罚款——定时间的资格暂停等基本的制裁方式。

其次，在具体内容方面，除中国证券业协会、昆山市建筑行业协会等少数行业协会，绝大部分行业协会只是泛泛地列举了多种处罚措施，缺乏对不同程度枉行配置宽严不同的制裁措施的细致规定，在实际的处罚权执行过程中很难达到有效的边际威慑效果。行业协会中的成员枉行，大致可以归纳为如下几种基本表现方式：因为故意违反制定法对行业带来负面影响的违法行为；违反行业协会制定的行业标准；因生产经营活动给消费者或其他社会公众造成较重大损失的行为；在向行业协会进行信息披露时造假的行为；未按照组织规定履行金钱义务（最典型的是拒绝或者迟延缴纳会费与年费）；故意破坏行业协会本身社会声誉的行为；其他与组织利益、目标相违背的个体行为。不同的行业协会可以根据各自行业的专业性特点等特殊语境，自行评估相应枉行的严重程度，并配以拥有足够威慑力的一种或几种处罚措施。同时，需要在制度设计中体现处罚的递进式特征，对于初次、较轻微的违规行为可以以警告、训诫与批评教育为主，对再犯者可以施加一定金额的罚款，对屡教不改者再考虑暂停会员权利直至开除出组织。简而言之，具体处罚的严厉程度可以交由组织内的执法机关裁量，但需要充分考虑已经发生的枉行本身的严重程度以及枉行者的过往行为记录。对于蓄意的违规行为，处罚可以更为严厉，其理由主要在于，蓄意的枉行往往谋划已久，旨在实现较大的枉行收益，因此造成的损害也可能更大，主观上存在恶意的枉行者也更有可能隐匿、销毁相关的信息，由此增加枉行的查处成本。①

NAR 的一个处罚案例较好地体现了以上处罚配置的思想。在这一案例中，成员 A 在业务广告中没有公开其协会成员的身份，从而违反了该协会行为准则第十二条的规定。该协会听证委员会通过审查确认，该成员的行为是一时疏忽而非蓄意为之，因此，该协会听证委员会最终对其施以书面训诫的处罚措施。两个月之后，该成员再次违反同一规定，听证委员会通过查询协会的处罚档案获知此次行为是 A 对同一规则的再次违反，鉴于两次违规行为间隔短，该委员会对 A 施以 250 美元（该协会最高罚款额为 5 000 美元，且不考虑是否存在数个违规行为以及行为的主观恶性、结果的严重性等）的罚款，并且要求其参加为期一天的行为准则学习项目。三个月后，A 故伎重演，通过查询处罚档案，该听证委员会最终对该成员处以 1 000 美元的罚款。

最后，行业协会在处罚中应当提倡利益相关者积极参与。声誉罚作为一种比较独特的制裁措施，可以连接组织内外交换环境，因此尤其需要注意在信息披露工作中与其他利益相关者之间积极互动。这种互动主要体现在增加信息传递的有效性上，有效的信息传递可以实现枉行者与利益相关者之间有关损害赔偿的协商谈判，在具体操作方案上甚至可以考虑将部分枉行信息定点式地传送至直接的利

① ［美］斯蒂文·沙维尔：《法律的经济分析》，柯庆华译，中国政法大学出版社 2009 年版，第 147 页。

益相关方。当然，在必要的前提下，行业协会还应当将有关处罚信息披露给相关行政机关。利益相关者考量的另一个作用在于，制度化的利益相关方的参与与支持、处罚的正当程序要求、行业协会对处罚行为的合法性自我审查三者协同，有助于保证处罚结果更好地经受潜在的反垄断审查。

二、处罚的严厉程度

（一）行业协会处罚严厉程度应受到的限制

将威慑理论运用于分析行业协会处罚形态，旨在分析不同处罚类型的威慑效果、处罚的严厉性边界，[①] 以及如何实现最优化的处罚措施搭配。在分析不同处罚措施的威慑力差异与处罚措施的组合之后，还必须划定行业协会处罚的严厉程度边界。

贝克尔认为，理性个体面临要么选择枉行并获取相应收益（即便面临被查处并受到惩罚的风险），要么遵纪守法（意味着无法获得枉行收益但并没有其他风险）的赌博，从事枉行的预期成本是被查处概率（以 p 表示），以及将要面临的惩罚严厉程度（以 f 表示）的函数。[②] 更具体来说，个体面临三种潜在结果并由之导致三种不同的效用类型：放弃枉行的效用，以 Unc 表示；选择实施枉行并且未被查获的

① 本部分的分析暂未考虑反垄断法对于权力边界的影响。

② G. S. Becker. Crime and Punishment: An Economic Approach. *Journal of Political Economy*. 1968(76): 169–217.

效用，以 Uc1 表示；选择实施枉行并被查获、惩处的效用，以 Uc2 表示。只有在满足如下公式的前提下，该个体才会选择实施枉行：

$$(1-p)Uc1 + pUc2 > Unc$$

处罚严厉程度 f 是外生变量，Uc2 是其函数，f 受到罚金的多少、资格减等时间的长短、由于惩罚带来的社会名誉损害等因素的影响。[①] 波斯纳有关最优刑罚的公式则更为简单，如果将枉行者设想为一个理性计算的个体，则机会成本、查获概率、惩罚的严厉性，以及其他相关变量成为诱导该个体进行理性计算的激励因素。如果将最佳处罚定义为 D，以 L 表示受害者在被查获案件中遭受的实际损害，以 p 表示该枉行的查获概率（显然，p 不大于 1），则 D=L/p 时，D 是最佳处罚配置。根据以上思路，行业协会处罚措施的最优配置取决于如下因素：选择枉行的前提是枉行的损益计算结果必须超过查获的可能性与可能遭受惩罚之间的乘积；p 值越大则枉行发生的可能性越低；f 值越大则枉行发生的可能性越低。

不同学者对于最佳威慑配置的认识的共同点在于，处罚措施的严厉程度和枉行的发现概率，二者都直接影响最优威慑效果。而处罚程度的静态规制与枉行查处的动态监

① 贝克尔原文中，影响 f 的变量包括刑期的长短、刑罚执行的具体场所以及由此带来社会耻辱，所有这些都因地制宜，在人群中体现出一定的异质性。此处笔者已经替换为行业协会处罚语境下的分析。参见 G. S. Becker. Crime and Punishment: An Economic Approach. *Journal of Political Economy*. 1968(76): 169–217。

督亦不可偏废，因此，不能片面理解处罚严厉程度与处罚威慑效果的关系。如果将这一理论思想运用于行业协会处罚程度的边界分析，行业协会处罚的严厉程度应当受到如下一些要素的限制。

第一个限制是制定法的边界。与国家公权力机关相比，行业协会对于枉行的查处具有更低的执法成本，其原因主要是行业协会对枉行信息的获取以及甄别成本较低。因此，在假设制定法满足最佳威慑的前提下，[①] 如果国家制定法对于枉行规定有明确的制裁，则无论何种形式的行业协会处罚，在严厉程度上都不应当超过制定法的规定。例如，对于某种枉行如果行政法规规定了 5 000 元的罚款，则行业协会对该行为的财产罚总额一般不能超过 5 000 元，无论是采取预交保证金还是直接罚款的形式。此外，国家公权力机关的处罚与行业协会的组织内处罚可以并用（是否存在扣除关系的分析见后文），在假设制定法同样满足最优威慑的前提下，行业协会对此施以过重的处罚本身并无效率可言。因此，在这种情况下，在施以一定程度处罚的同时，向公权力机关告发是一种更为有效率的合作执法模式，这也满足了由信息优势一方行使监督权以节约交易成本的目标。

---

① 这种假定并非必然成立，而是在该语境下，这一假定不能被质疑。由行业协会，而非国家机关制定行业内的治理规则，理论上来说更有效率，因为行业协会的信息优势与专业结构，决定了它制定的规则更具有针对性，也更追求效率。制定法处罚配置的优化，应当在立法环节广泛征求行业协会等利益相关者的诉求，从行业协会已有规则的试错经验中提炼最佳的处罚设置。但是，一旦国家法律生效，它对处罚的配置即不容置疑。

在国家法对于某种类型的枉行没有作出相应的惩罚规定时，原则上来说，对于成员施加处罚的严厉程度应该由行业协会自由裁量。

第二个限制是损失计算的准确性。实际造成损失的评估是确定最优惩罚程度的重要变量，若成员枉行产生的损害局限于行业内甚至行业协会组织内，那么由行业协会进行相应的损失评估当然更符合信息经济学原理，即来自同一行业、较为紧密的日常关系以及更多的共有知识。这既是行业协会的优势，也是其确定威慑措施严厉性的边界。一旦某成员枉行损害了行业外的社会公众，行业协会的信息优势将大为受限甚至荡然无存。在这种情况下，行业协会在选择处罚措施时应当尽量避免有可能造成重大处罚错误的手段，可以看出，在损失具有明显的外部性时，与采取高额罚款或者较长时间的资格罚相比，向社会公众发布与成员枉行有关的真实信息（声誉罚）是一种更为有效率的处罚选择。采取声誉罚之所以更优，理由在于，行业协会发布的信息具备更高的性价比，而声誉罚承载的信息的价值则取决于信息的受众，组织外个体获取信息、评估损害之后施加惩罚的威慑力，强于行业协会内处罚的威慑力。更低的信息成本与更强的威慑效应在此实现了统一。

损失计算的准确性分析还可运用于如下问题：为何部分行业协会对某些实际伤害并不大的行为采取极为严苛的惩罚措施。例如，美国职业篮球联盟对斯特林的种族歧视言论行为给予高额罚款以及终身禁入的处罚；英格兰足球总会于 2013 年对利物浦球员苏亚雷斯的咬人事件作出禁赛10场的处罚(英超一个赛季也不过38场比赛);同样是苏亚雷斯,因为在巴西世界杯比赛上咬人,被国际足联处以巨额罚款,并禁止在四个月内从事一切与足球相关的活动。枉行受损方为组织内成员或者行业协会乃至该行业整体(主要是行业协会以及行业整体的社会声誉)时,行业协会对此进行损害评估拥有更大的信息优势,但在某些情况下,由此评估得出的损害结果可能迥异于同种行为在行业外发生所产生的后果。以上三个处罚可谓非常严厉,如果将行业环境与声誉从评估因素中剥离,以上行为在情节与后果上都不算严重,之所以招致严罚,在于此类行为严重影响了行业的整体声誉,有可能导致行业的外部交换环境恶化。

第三个限制是不同性质企业对于惩罚威慑的敏感度不同。以罚款为例,根据波斯纳的公式,假设某种枉行的查处概率为40%,并且以2 000元的罚款即可充分震慑,那么如果枉行者是风险中立的,在处罚配置上即可转向4 000元的罚款,对应20%的查处概率,以节省相应的执法成本。这一过程可以不断重复,极端来说,可以极高的罚款对应极低的查处概率,以最大化降低执法负荷。弗里德曼指出这一思维进路的谬误:这一处罚组合没有考虑枉行者实际的支付能力,过高的罚金有可能让其无力承担,“随着罚金的增加,我们会被迫转向越来越没有效率的惩罚,并不断增加惩罚的成本”[1]。显然,随着罚款金额的增加,最早感到无力

---

① [美]大卫·D. 弗里德曼:《经济学语境下的法律规则》,杨欣欣译,法律出版社2004年版,第272页。

承担的将是组织中的中小企业。与资格减等和集体抵制等处罚措施类似，由于组织中的大型企业本身拥有更强的资源动员能力，与其说此类企业希望从中获取更多有价值的俱乐部产品，不如说此类企业更担心众多中小型企业搭便车造成行业整体外部环境的恶化，此类企业在与组织的交互关系中处于弱依赖的地位，与中小成员相比，即便是面对相同程度的俱乐部产品的质与量的减少，或者同行业企业拒绝交易的可能，强势成员企业对于威慑的耐受度显然更高。这也意味着对于大型企业而言，声誉罚是一种更为有效的制裁措施，对于中小型企业而言，适当增加罚金数额更容易实现最优威慑的目的。

对于罚款还可以作进一步分析。学术界有关具体威慑措施的讨论基本上都集中于罚金（或损害赔偿金，在威慑理论中，二者并无本质区别）。由于罚金的征收成本低甚至可以忽略不计，所以这种威慑方式被看作值得鼓励、应当经常性使用的较优选择。但对于行业协会而言，罚款的威慑效果分析结果可能和针对公权力执法的分析结果相反。波斯纳等人认为罚金是一种相比于自由刑更为有效率的惩罚方式，其论证建立在“自由刑具有较高的执法成本”的基础之上。弗里德曼认为，为了拘禁罪犯，国家需要建立监狱、配置狱警并承担其生活成本，而罪犯本人在监禁期间能够提供的社会贡献又极为有限，执法成本较高。罚金则不同，其不仅为国家增加了岁入，而且具有比监禁更低的社会成本，尽管罪犯支付的成本有所差异（等同于其罚金金额），但整体社会净成本（即惩罚给枉行者带来的成本，以及惩罚为他人带来的收益）却均为零，因为其“所失去的……都由国家得到”[①]。波斯纳认为，由于罚金金额的增加是无成本的（假设征收成本为零），因此，通过提高罚金金额可以降低为提高查获率而投入的社会成本，从效用最大化的最终结果来看，如果不考虑受处罚者的风险偏好类型、边际威慑力以及实际偿付能力等因素，罚金是一种首选的刑罚方式。[②]

但是，行业协会在财产罚之外的其他惩罚措施，执法成本同样不高。声誉罚是行业协会就已有信息的发布，所需决定的无非是发布的范围以及内容；资格罚无非是暂时中止某会员获得集体物品或者从事某项事业的能力，尽管对被处罚者而言成本高昂，但行业协会执行起来却并不困难，除名同理。在这种情况下，过高罚款引发的实际偿付能力问题，特别是边际威慑力问题就随之凸显，这也决定了对行业协会而言，罚款在威慑手段配置上并不具有如公权力执法一般的优越地位。

假设行业协会对于枉行的查获概率恒定为 90%，以 F 表示应支付罚款额，以 L 表示行业协会因为成员枉行遭受的损失，则 L= F × 90% 的情况下，威慑效果最优。但是，成员枉行给行业协会带来的实际损失往往无法估量，声誉的损失即为适例。这种计算困难不仅仅体现为对 L 计价的困难，更体现为由于此种损失很难找到替代物，故而 L 值可

① ［美］大卫·D. 弗里德曼：《经济学语境下的法律规则》，杨欣欣译，法律出版社 2004 年版，第 271 页。

② ［美］理查德·A. 波斯纳：《法律的经济分析》（上），蒋兆康译，中国大百科全书出版社 1997 年版，第 295~297 页。

能会相当高昂。如果以罚款作为一种主要制裁手段,在表现形式上必然代价不菲。但在实践中,除个别得到国家明确授权的SRO组织外,大部分行业协会罚款数额都不高。例如,美国《康涅狄格州法令汇编》(Connecticut General Statutes,2012年修订)有关非营利社团一章规定(Section 33-1057),社团对于成员可以施以罚款或其他处罚,但此类罚款或者处罚不能超过会员的年会费(Annual Dues)或者入会费(Initiation Fee)。同样,美国西弗吉尼亚州《非营利法人法令》(West Virginia Nonprofit Corporation Act 2005)规定,罚款或者处罚不能超过会员的年会费或者入会费。有法律明确授权的自律组织所施加的惩罚则不受此限制。在其他处罚手段执法成本较低,且罚款面临难以克服的缺陷的前提下,行业协会在设置罚款作为必要威慑手段的时候,无需作出过高数额的罚则规定,而应该更多地将之视为处罚阶梯中较初级的处罚形态。

第四个限制是不同行业协会组织的特殊性,这一特殊性体现在组织本身的规模,及组织内成员异质性程度两方面。

首先是规模差异。“一个体制如果以自愿的信息流动和自我执行的均衡为基础,它对于小群体或联系紧密的群体很有作用。大群体则需要更正式的信息传播和执行制度。”[①] 栗树和认为,关系型治理群体随着成员的增加导致彼

① [美]阿维纳什·迪克西特:《法律缺失与经济学:可供选择的经济治理方式》,郑江淮等译,中国人民大学出版社2007年版,第70页。

此之间信息交流的障碍,治理成本也随之增大。[①] 作为一种典型的关系型治理组织,行业协会组织的规模对于处罚权的设置也有影响。对于规模较小的协会而言,处罚作为一种克服集体行动搭便车的保障手段,其有效性并不来自其严厉性,而来自确定性,因为,对枉行的"强制执行增强了人们对他们不是受骗者的信心",据奥斯特罗姆的观察,在有效的公共池塘资源治理制度设计实例中,最初的制裁都"轻得令人吃惊"[②]。对枉行的查处以及随后的惩罚,目的在于满足向所有成员提供"可信承诺",在监督信息以及查处信息可以便利流转的紧密型组织中,除了屡教不改者之外,大部分的成员枉行都可以通过不那么严厉的制裁措施加以矫正。

其次是组织内成员异质性程度差异。资源动员能力较强的成员与资源动员能力较弱的成员相比,对于组织的依赖程度差异较大。若以经济学的术语加以表述的话,组织提供的资源是供给,成员对资源的需要就是需求,而成员对组织的服从程度,则可类比为价格(这是以"无以为报"为前提的,如果成员能够提供其他资源以回馈协会的供给,则无需以付出服从作为代价)。服从程度主要取决于两个要素:一是组织的供给弹性,即扩大产出的容易程度,供给增

---

① S. Li. The Benefits and Costs of Relation-based Governance: An Explanation of the East Asian Miracle and Crisis. *Review of International Economics*, 2000, Social Science Research Network, Working Paper.

② [美]埃莉诺·奥斯特罗姆:《公共事物的治理之道:集体行动制度的演进》,余逊达、陈旭东译,上海译文出版社 2012 年版,第 113、114 页。

大的情况下,边际成本提高越少,供给就越富于弹性,反之则缺乏弹性。二是成员的需求弹性,对资源需求度高甚至必不可少、可用替代物匮乏或者成本过高,都将导致需求缺乏弹性,经济学的表述为,"边际效用随着消费的增加下降得越快,边际替代率下降得也越快",对这个商品的需求就越缺乏弹性。[①]行业协会能够提供给成员的资源由两部分构成:各成员分别投入形成的"资源池",以及协会组织集体性行动所产生的集体行动增值收益。在一定的时空、环境下,行业协会的供给是缺乏弹性的,理由在于,供给弹性的决定因素是替代物的成本以及增加产量需要追加的资源投入,行业协会供给缺乏替代物的原因主要是因为在市场上寻找相应替代物的成本高昂。在此前提下,影响价格(即服从)的因素,主要取决于需求的弹性。弹性越大,价格越低,弹性越小,价格越高。如前所述,对于行业协会的俱乐部物品而言,较小成员的需求缺乏弹性。协会规模越大,加入的成员越多,在供给没有弹性的情况下,对于公共善品需求的增加,会提高较小成员所应该支付价格,由于较小成员支付的价格主要形式是服从,因此,协会内部成员地位分化也会越严重。[②]这一结论的一个推论是:规模较大的行业协会,成员间异质性一般会较高,因此,在协会规模与成员异质性两种因素的作用下,协会对于中小成员的权力在实

---

① [美]彼得·M. 布劳:《社会生活中的交换与权力》,李国武译,商务印书馆2008年版,第254页。

② H. A. Simon. A Formal Theory of Interaction in Social Groups. *American Sociological Review*. 1952(17):202–212.

然层面就更大，相应的，这种权力的主要体现——内部处罚——如果有的话，力度会显得更大，频率也会更高，相反，在规模较小、成员异质性程度不高的协会内部，处罚力度一般不应该太大，频率也不应该太高。

第五个限制是行业协会处罚的执行成本。尽管执行成本低廉是行业协会处罚的优势所在，但任何组织化执法都需要耗费一定的执法成本，因此，在具有其他成本更低的替代措施的情况下，应尽量避免行业协会在执行成本方面的无效率投入。根据前文分析，在一个以中小型企业为主体的地区性、自发式行业协会中，罚款是一种较为有效的威慑手段，但在实践中，其他一些非正式化的制裁措施其实已经基本能够满足威慑目的。

历史上出现过的一些颇有特色的处罚手段即为适例。以《湖南长沙京刀店行条规》中规定的“罚戏敬神”为例，“一本处司务不为不多，外来客师公取行钱二百文赠行，店家亦不得留请，如违罚戏一台敬神。……一店家与司务，无论谁辞，惟二笔账目俱要清楚，方可另做生理，如违罚戏一台敬神”[①]。在该条规中，“罚戏一台敬神”的处罚方式出现了两次，与罚款并列成为一种常态的内部制裁措施。乍一看，这种处罚属于财产罚中的罚款，然而，从该条规条文中分析来看，只有相对轻微的枉行才能适用此种处罚措施，关于罚款另有专门条款予以规定。行业协会施行的罚款，其所得款项要么进入行业协会自由活动经费，要么部分奖

① 曲彦斌:《行会史》，上海文艺出版社 1999 年版，第 184 页。

励或者补偿枉行揭发者，要么赔偿因枉行受有损失的利益相关方，在本例中，违反条规者并不需要向协会缴纳相应罚金，也无需对利益相关方进行经济补偿，而是聘请戏班子，以向神灵祭祀的形式承担相应的责罚。类似情况目前在我国温州的地方行业协会中也大量存在，例如，温州合成革商会中违反组织会议规定的，需要“自掏腰包请其他成员吃饭”[①]。这种制裁手段不必动用正式的查处与纠纷解决机制，直接降低了处罚的执行成本，而且，此类制裁几乎不会带来社会冲突：尽管聘请戏班需要付出经济代价，但最终的效果却体现为唱戏这种成员娱乐的形式，被处罚者不必承担正式处罚带来的耻辱效应，同时还参与了娱乐活动效用的分享，寓教于乐中促进了成员间的交流与整合，带来的社会收益远大于违规者的私人成本。可见，在关系型治理特点较为明显的行业协会中，可以考虑采取处罚成本更低的非正式制裁措施，而在关系型治理特点不那么明显的行业协会中，正式的组织执法具有不可取代的作用。

（二）行业协会处罚权与公权力制裁的关系

还有一个值得探讨的问题，在于行业协会的处罚权与国家公权力制裁之间的关系。二者当然并行不悖，但在具体执行中，假设某成员枉行造成的社会成本损失是 1 000 元，在行业协会对其实施价值 400 元处罚的前提下，国家公权力的惩罚是否应当扣除已被行业协会处罚部分（结果即 600 元的处罚），抑或可以并罚（即 1 400 元）？为使问

① 陈剩勇、马斌：《温州民间商会：一个制度分析学的视角》，载《浙江大学学报》（人文社会科学版）2003 年第 3 期。

题相对简化，我们假设该枉行在性质上属于某成员对某社会个体的违约，公权力机关是指确定违约责任承担大小的法院。[①]

对于这一问题可能会有三种不同的思考路径。

第一种，根据最优威慑理论，假定相关信息是充分的，那么当枉行者为自身枉行承担的责罚总价值，等于其枉行造成的社会成本损失的情况下，我们认为此时的处罚处于最优状态。如行业协会对枉行成员施以 400 元价值的处罚，国家公权力机关对其施以的处罚价值就应当是 1 000–400=600 元。换句话说，国家公权力机关在实施制裁的时候，应当扣除行业协会已经处罚的部分，否则就是过度威慑(Overdeterrence)。

第二种，同样根据最优威慑理论，如果枉行造成的损失包括社会成本损失 1 000 元，以及枉行成员遭受处罚导致的损失 400 元，那么，枉行导致的总体损失不是前面认为的 600 元，而是二者之和 1 400 元——国家公权力机关在实施制裁的时候，不应扣除行业协会已经处罚的部分，而应当直接根据社会成本损失决定处罚金额，那么枉行者承担的总处罚额度应当为 1 400 元。

第三种思路则体现了“充分赔偿”的理念，遭受损失者应当根据具体损失的大小得到充分的赔偿。假如在一起枉行中社会遭受价值 1 000 元的损失，那么，即便行业协会

① 有关是否应当扣除及如何扣除问题其实远比这种假设状态复杂，因为这必然涉及不同性质处罚之间、不同主体相同处罚之间、不同主体不同处罚之间的“兑换比率”如何确定问题。

对枉行者施以价值400元的处罚，公权力机关在决定自身处罚强度时依然不应考虑行业协会的处罚行为，而是根据1 000元的社会成本决定处罚额度。质言之，公权力机关实施的制裁无需扣除行业协会的处罚。

我们认为第一种思路更具有合理性。首先，第二种思路存在的最大问题是将成员因组织惩罚导致的损失视为社会成本，实际上，这种损失是一种私人成本，不应当计算入社会成本中。进一步来说，在绝大多数情况下，组织的惩罚不但不会导致社会成本损失，还能带来一定的社会收益：如前所述，行业协会的所有处罚措施都具有弥散化的声誉处罚效果，有关不同种类处罚的信息，可以给不同范围的受众传递被处罚者在多大程度上不值得被信任的信息，这一信息可以节约社会公众的信息成本，因此应当视为一种收益。

对于第三种思路，公权力的处罚与行业协会执行的处罚，为潜在枉行者提供了不同的制度激励。由于此处假设为一种违约，那么就违约责任而言，充分赔偿原则固然可以向枉行者提供激励，但是这一制度忽视了被侵害者激励问题。既然被侵害者无论如何都会得到充分的赔偿，那么他对于违约行为发生与否的态度就是中立的，也就不会有充分的激励来积极采取事前（Ex Ante）预防措施，即便这种积极的事前预防有可能是有效率的。[①] 行业协会处罚权为代表的非法律制裁，应当同时为潜在枉行者以及被侵害者提

① 至于合同法中有关非违约方预防损失继续扩大的义务，与这一论述并不矛盾——在此时，违约已经发生，也就谈不上对违约行为的事前预防了。

供激励。按照第一种思路,由于总的处罚价值等于其造成的社会成本损失,因此,对于枉行者而言可以达到最优威慑的效果;对于被侵害者而言,由于其可以预期当枉行发生后,自身遭受的损失不能得到充分的补偿,被侵害者对于枉行是否发生就不再持有漠不关心的中立态度,转而积极采取措施预防枉行发生。[①]

综上,行业协会内部处罚措施的严厉程度一般应当低于制定法对相同或相类似行为制裁规定的程度,由行业协会按照该行为对组织内成员以及组织本身所造成的损害结果来衡量。考虑到不同资源动员能力的成员对于具体处罚的敏感程度不同,以中小成员为基准确定基本制裁严厉程度,并辅以声誉机制矫正边际威慑力是一种较理想的方案。组织规模较大、成员异质性程度高的协会,与组织规模较小、成员异质性程度低的协会,在处罚设置上也应有所不同,由于后者更接近关系型治理模式,因此,不宜设置过高的处罚。此外,行业协会处罚也需要考虑执法成本问题。行业协会施加的处罚措施,与国家公权力机关施加的处罚措施存在一定的替代与扣除关系,在行业协会已经对某一行为施以一定处罚的前提下,公权力机关应当适当减少自身权限范围内的处罚力度,反之亦然。

---

① R. D. Cooter, A. Porat. Should Courts Deduct Non-Legal Sanctions from Damages? *Journal of Legal Studies*. 2001 (30): 401–422.

三、有关处罚权“构成要件”理论难以构建的理由

所谓不同处罚措施的适用条件，是指针对具体的枉行类型，采取具有针对性的处罚措施。遗憾的是，威慑理论对此并没有给出具体可行的方案，对于政策的选择，威慑理论仅仅建议：有效率的惩罚措施是在多种处罚与查获概率的组合中，“选择那种使得刑罚成本和逮捕成本的总和最小的一种”①。

笔者也曾试图构建一种类似于“构成要件”的理论，具体分析不同惩罚的威慑差异，并根据不同的威慑目标，大致确定与枉行类型对应的处罚措施。但这一理论也许从一开始就是不可行的。理由在于：

第一，尽管存在“财产型犯罪一般会适用罚金”，以及“公司的信用权遭受损害，既无精神上痛苦之可言，亦无请求慰抚金的余地”② 等论述，但从法律思维的特点来看，无论是刑罚之于犯罪行为，还是侵权责任之于侵权行为，有关“构成要件”的理论以及立法都是针对“行为”而非责任承担形式的分析。

第二，与行政处罚相比较，目前，我国各地行政部门纷纷开展“行政自由裁量基准”设计工作，目的是为了限制行

① ［美］大卫·D. 弗里德曼：《经济学语境下的法律规则》，杨欣欣译，法律出版社 2004 年版，第 272 页。

② 王泽鉴：《侵权行为法》（第一册），中国政法大学出版社 2001 年版，第 126 页。

政自由裁量权的不当运用(人情案、权力寻租等),避免执法随意性(同案不同罚),保证行政处罚的阳光化、合法化、规范化。

但无论是在理论界还是实务界,对于行政自由裁量基准设计工作都存在很多争议。比较有代表性的反对意见是,这项工作可能导致“过分”与“不及”的两极化。所谓过分,是说规则的过分细化会扼杀行政权力灵活、快速应对变化的重要功能,“在最终意义上违背自由裁量存在的意义和目的”;所谓不及,则是指如果规则设定得不够细化,则自由裁量的空间仍然存在,“裁量基准的设计无法穷尽现实多样性这一基本事实,通过基准来控制人的裁量也可能只是一厢情愿”[①]。关保英的反对意见则更为直接,他认为,“行政自由裁量基准的命题本身就是一个伪命题……既基于其理论上的不可证立性,又基于其在行政法治实践中的反法治进步性”[②]。对裁量基准的设计,国外行政法一般通过程序性控制加以解决。例如《联邦德国行政程序法》第四十条规定,“行政机关被授权依其裁量行为时,裁量活动须符合授权目的,且应遵守法定的裁量界线”[③],其中就没有设定具体的裁量基准。与行政机关行使行政处罚权相比,

---

① 王锡锌:《自由裁量权基准:技术的创新还是误用》,载《法学研究》2008年第5期。

② 关保英:《行政自由裁量基准质疑》,载《法律科学》(西北政法大学学报)2013年第3期。

③ 应松年主编:《外国行政程序法汇编》,中国法制出版社2004年版,第97页。

行业协会的处罚权理应有更大的自由裁量空间。[①]既然细化不同处罚类型适用条件的自由裁量基准在实践中存在上述难以克服的困境，那么，为行业协会设计不同枉行应当适用的处罚措施，也许在根本上就是缘木求鱼。

从威慑效果来分析，除名应当是行业协会能够行使的最为严厉的处罚措施。[②]既然如此，对于除名就更有必要规定严格的适用条件。但是从《意大利民法典》《日本一般社团法人及一般财团法人法》等法律文本来看，相关的适用条件都是"严重危害团体"或"正当事由"，并规定了会员大会同意标准。如果要跳出具体的行业协会语境，抽象出处罚措施对应的适用条件，在立法与理论上也存在重大障碍。

美国法院对此也持相应的立场，在 Otto v.Journeymen Tailors' Protective & Benevolent Union of S.F. 一案中[③]，被上诉人是一家非营利性行业协会，上诉人被其开除出组

① 理由很多，例如行业协会行使此项权力出现权力俘获的情况不如行政机关明显，代理人道德风险更低；由于信息与技术能力问题，行政机关在处罚时更容易犯错；行业协会处罚权的影响范围（对被处罚者及组织乃至整个社会）有限；对行政处罚自由裁量权的控制源于对国家机关的不信任，而行业协会得以存在的前提即成员之间及成员与组织间的信任关系，等等。

② 当然，这个结论并不必然成立。某些情况下，资格罚乃至过高的财产罚也有可能达到类似的威慑效果，例如，NCAA 可以对成员学校处以禁止参加体育竞赛一年以上的处罚。这一处罚属于资格罚，但同时被业界称作"死刑"（Death Penalty），被认为是该组织可能给予其会员最严厉的处罚，在历史上，这一处罚形式只使用过 5 次。

③ Otto v. Journeymen Tailors' Protective & Benevolent Union of S. F. 75 Cal. 308，314（1942）.

织。在审理中,法院认为,行业协会开除其成员的权力必须基于以下两项基础,也只有基于此,开除才能获得法院支持:第一,成员违反了某项行业协会规则,而该项规则是业已经过协会成员签署或者同意的,并且此规则中明确规定了相应的制裁措施;第二,成员的枉行明确地侵害了组织的基本目标,而且如果这种行为得以持续甚至许可,将摧毁行业协会存在的基本目标,或者使该协会陷入臭名昭著的境地。尽管一个行业协会的基本目标可以通过章程等加以明确,但何种行为会从根本上阻碍甚至摧毁这一目标,何种行为将导致行业协会陷入不光彩不名誉的处境,这种处境糟糕到什么程度,什么程度才能称为臭名昭著,等等,都只能由法院结合案情,通过公平合理的行使自由裁量权加以裁断。本案中,主审法官最终认为,开除的基础并不令人信服,因此,法院随即签署强制令(Writ of Mandamus),要求该协会恢复被开除者的成员身份。

第四节　处罚权力的运行

一、最优威慑效果的刚性约束

运用威慑理论分析的结论是,行业协会有关处罚的内部规则可以有效防止成员枉行引发的社会风险。然而,即便符合威慑理论构想的理想型处罚权配置架构,依然有可能难以满足这一基本目标。

威慑理论下的行业协会处罚权效力分析，基于如下几个基本假设：(1) 作为组织成员的企业是一个效用最大化的理性个体，并且拥有完全充分的信息；(2) 组织规则明白无误地定义了枉行及其后果；(3) 组织处罚的存在是成员遵守组织规则的首要激励；(4) 组织的执法部门可以在现有执法资源前提下最优化地查处并制裁枉行。自从西蒙提出有限理性的论点后，以上假设在有限理性的视野中都存在问题：(1) 马奇指出，作为组织的决策是其内部利益各方讨价还价的权变式结果，并非基于充分信息、以效用最大化为目标的理性选择过程；[①] (2) 行业协会有关处罚权在枉行构成要件、处罚适用条件的规定上大多不如制定法清楚明确；(3) 有实证研究证明，相比于枉行的查处概率而言，处罚的严厉程度对于企业的安全生产水平几乎没有影响；[②] (4) 尽管行业协会对于成员枉行拥有更为充分的信息获取与甄别能力，但执法成本的客观存在使得实现最优执法的理想状态依然困难。

如果将有关处罚权规则制定以及处罚措施的配置定性为对行业协会处罚权的静态分析，那么有关枉行的查处、纠纷的内部解决机制就可划归为权力的动态分析范畴。动与

---

① 周雪光：《组织社会学十讲》，社会科学文献出版社 2003 年版，第 167 页。

② J. T. Scholz, W. B. Gray. OSHA Enforcement and Workplace Injuries: A Behavioral Approach to Risk Assessment. *Journal of Risk and Uncertainty*. 1990(3): 283.

静结合的意义在于,枉行的查处以及纠纷的内部解决制度,可以有效地修正由于信息不充分、注意力有限等原因导致的选择过程对理性要求的偏离;相关的程序建设是保障成员权利免遭组织侵害的基本手段;枉行查处特别是就个案进行的纠纷解决过程,有助于行业协会与成员在信息交流中进一步厘清组织规则的具体含义与边界,解决规则不明确的问题。

二、枉行监督与查处机制的建立

(一) 行业协会的内部巡查机制

在格雷等人的研究中,枉行的及时查处的确具备预期的威慑效果,然而,处罚的严厉程度却并不与之具备相关性。关于这一违反威慑理论的现象,二位学者认为,以施加处罚为目的的检查过程,迫使被监督者的经理人将注意力聚焦于那些"如果没有检查就可能被忽视的风险点"上,从而提高企业的生产安全水平。[①] 质言之,并非严厉的惩罚后果导致枉行的减少,而是检查过程使得企业经理人意识到潜在风险可能带来的损失,阻止了管理上的疏忽等不当行为。

这一分析思路完全遵循了有限理性的基本思维:行业协会内的成员企业毕竟是由其经理人决策、管理的,事务繁

① J. T. Scholz, W. B. Gray. OSHA Enforcement and Workplace Injuries: A Behavioral Approach to Risk Assessment. *Journal of Risk and Uncertainty*. 1990(3): 286.

忙的经理人没有足够的时间、能力、专业知识以及必要的信息，来根据行业协会的处罚权规则决定最大化的行为路径。最终的结果很可能是在可得的有限选择中，挑选那些“让人满意”的路径。于是，当企业经理人的注意力转向那些他们认为亟待解决的事项时，其余经营领域的风险就有可能因为这种注意力的分配而被忽视。由于代理人风险的存在，对于企业的处罚所带来的注意力分配效应，远不如现场检查来得直接。借用福柯的观点来说，监视本身即构成一种强大的遵从压力，而“纪律的实施必须有一种借助监视而实行强制的机制”[①]，在“层级监视—规范化裁决—检查”的三部曲中，行业协会的巡查强度必须足以确保监视的持续性效果，直至使得持续性的监视即便是“断断续续的”，也不影响监视的实际功效。[②]

尽管这一观点的有效性仅限于成员基于疏忽大意、过于自信等非故意原因产生风险的行为（主要体现在生产安全、环境风险、产品质量等环节），但依然提醒我们应当重视建立有效的行业协会巡查制度。[③] 这种巡查可以是定期的，也可以是根据行业内外部环境变化改为不定期的；检查人员尽管在理论上可以引入广泛的利益相关者，但由于生产经营的专业性特征，拥有相应的专业技能的人员才是巡查的适格人

---

① ［法］米歇尔·福柯：《规训与惩罚》，刘北成、杨远婴译，生活·读书·新知三联书店 2007 年版，第 194 页。

② ［法］米歇尔·福柯：《规训与惩罚》，刘北成、杨远婴译，生活·读书·新知三联书店 2007 年版，第 226 页。

③ 毋庸置疑的是，巡查也能提高枉行的发现概率，即便从有限理性的角度分析，枉行发现概率的提升依然具有提高威慑力的显著效果。

选；巡查虽然需要与恰当的处罚后果相关联，但既然巡查的目的兼有枉行发现与注意力分配的作用，行业协会就应当将之与案例汇编以及风险点提示结合起来。在社会生产中我们常常可以观察到，重大行业安全事故（包括对社会公众造成健康风险以及对环境造成的污染风险）发生后，该行业的安全生产水平会有相应的提高，其原因就在于重大事故提示了经理人以往所忽视的技术与制度漏洞，从而成功地将其有限的注意力转移到相关领域。基于同样的理由，枉行的查处首先应当在行业协会内建立与处罚相关的案例档案，并对涉及安全生产等重大事项及时归纳整理，将相关信息及时下发给各成员企业的高级经理人等人员。通过对这种案例的整理，行业协会可以超越单个企业的狭隘视野，站在行业发展的高度充分审视企业行为与外部环境之间的风险联结，归纳、而非演绎地得出自身行业需要集中精力解决的重大风险问题。个案分析与重要风险点提示相结合的方式，一方面可以更为准确地指明企业应当重点注意的优先事项，另一方面也可以节约企业独自摸索的信息成本。

巡查者本身的注意力是有限的，因此，确定巡查对象也要有主次之分。如果经理人的漫不经心是各种企业发生越轨行为的重要原因，那么，那些具有更高风险发生倾向的企业成员，由于具有更显冗余的监督与责任激励，反而可能保持较高的风险防范水平，甚至出现过度投资的现象，巡查的重点其实应当聚焦于那些在责任保险有所欠缺、声誉机制微弱的企业成员身上。

建立行业协会内部的枉行巡查制度，其意义并不局限于保证组织内成员生产经营活动的合法合规，以及避免生产安全事故。从社会治理的宏观视角来看，行业协会内部巡查与行政机关的行政监督、消费者等社会个体的集团诉讼、保险企业监督等第三方监督一道，为诸如食品安全、环境污染等重大社会风险提供了一种“制度冗余”。参与这一冗余式制度的任何一方，都可以发展出与自身能力相匹配的专业能力以及信息获取能力与甄别能力，这些能力有可能重叠，但更可能互补，也许其中任一项制度安排都不足以完全避免企业生产风险，但冗余的多道制度防线可以大大降低风险的发生概率。[①]

（二）枉行的举报与奖励制度

行业协会组织以及其成员对于枉行防范的注意力都是有限的，这为行业协会建立举报与奖励机制[②]提供了现实的合理性。

在奥斯特罗姆看来，自治团体参与人的内部监督与举报，嵌套在规则制定与处罚实施等制度设计中，举报人同时也是规则的制定者、遵守者与执行者，举报人可以因为举报

---

① 有关制度冗余在组织环境中的运用，参见 M. Landau. Redundancy, Rationality, and the Problem of Duplication and Overlap. *Public Administration Review*. 1969(29):346。

② 与巡查相似，举报与奖励同样可以直接提高枉行的发现概率，从而达到提高威慑力的效果。有关举报的威慑力分析，参见吴元元:《公共执法中的私人力量——悬赏举报制度的法律经济学重述》，载《法学》2013 年第 9 期。该文主要从减轻公权力执法负荷、提高公权力信息获取能力的视角分析问题。笔者认为，这一思路同样适用于行业协会的语境分析，因为尽管与公权力规制相比，行业协会拥有更高的信息获取能力以及更低的执法成本，但毕竟其优势也有一定的限度，举报制度同样可以成为其补充与“权力之翼”。

行为获得一定的奖励，以作为对其监督成本的补偿。[①] 由于信息与专业能力优势，特别是竞争者之间竞争关系的驱动，同行业的企业之间的监督与举报有可能是一种比行业协会组织监督更为有效的枉行发现措施。

相比于社会公众、国家公权力机关，乃至行业协会组织本身，同一行业从事相同产品或者服务生产的经营者，对于生产经营中可能采取的机会主义行为拥有最为直接的信息，以及对信息进行充分解码的专业技术能力。

对其他成员可能采取的不轨行为，同行业企业只需“以己度人”便可了解其中大概；行业协会是一种竞争者组成的互益性组织，成员之间在市场经济条件下同样存在激烈的竞争，如果能够通过发现对方枉行进而达到“合法”打击竞争对手的目的，即便没有直接的监督成本补偿，举报者因此而获取的市场收益也足以提供其积极参与监督的充分激励；举报以及由此引发的对枉行的精准打击，为那些愿意履行组织义务、保障组织规则“可信性”的会员提供了渠道；对于行业协会的内部治理而言，举报制度可以营造一种“无处不在的观看 / 被观看的微观机制，是一种公开又隐蔽的权力物理学”[②]。我国部分行业协会在实践中已经开始实施类似方案，例如，昆山市建筑行业协会的《昆山市商品混凝土行业自律公约》中规定，“为了鼓励举报、凡经查明举

---

① ［美］埃莉诺·奥斯特罗姆：《公共事物的治理之道：集体行动制度的演进》，余逊达、陈旭东译，上海译文出版社 2012 年版，第 116~117 页。

② 吴元元：《公共执法中的私人力量——悬赏举报制度的法律经济学重述》，载《法学》2013 年第 9 期。

报属实，每次将按该案处罚金额的百分之十作为奖励”。同时，该协会对模范遵守自律公约的企业和个人，每年组织评选，并在处罚的金额中提取一定的比例作为奖金。[①]

① 《昆山市商品混凝土行业自律公约》，昆山市建筑行业协会网，2016年8月15日访问。

第三章

行业协会处罚权运行的外部引导

依据威慑理论合理配置的处罚权，在内部运作过程中依然需要接受外部权力的制约，这种外部权力主要体现为立法、行政与司法三种国家公权力。现有研究一般较为重视处罚权力与国家公权力的冲突，例如司法机关对处罚权的合法性审查，以及行政机关对处罚权引发的反垄断争议发起的反垄断调查，但忽视了公权力通过外部引导实现与处罚权之间协同共治的可能性。

第一节　协同共治与外部引导

对于行业协会处罚权制度体系的建设而言，国家公权力的引导其实具有非常重要的作用。康晓光等人指出，对于具有不同组织集体行动能力、提供不同公共物品的社会组织，政府从资格确认、业务活动的介入与管控、内部治理结构的控制、资源的控制，以及日常活动的控制等几个方面，采取的是一种典型的分类社会控制方略。对于行业协会而言，我国政府基本上采取的是鼓励成立的态度，在资源方面给予一定的支持，赋予其内部治理较大自治权，并且一般不直接介入日常自治活动。[①] 在我国行业协会普遍发展程度不高这一客观外部条件约束下，自我规制的实现不应当片面强调行业协会与国家控制之间的分立、甚至对抗，基于这个原因，不少学者提出，法团主义的“组织—国家”理论有可能更符合我国行业协会未来发展方向。[②]

根据施米特的观点，作为一个利益代表系统的法团主义，是一个特指的观念、模式或制度安排类型，它的作用，是将公民社会中的组织化利益联合到国家的决策结构中。[③] 尽管法团主义观点认为，社会组织团体之间是一种非竞争的关系，均为协同国家参与社会治理而生，成立数量上受到限制，并且在各自领域内拥有垄断性的代表地位。[④] 不过，

① 康晓光、韩恒:《分类控制：当前中国大陆国家与社会关系研究》，载《社会学研究》2005 年第 6 期。

② 参见顾昕、王旭:《从国家主义到法团主义——中国市场转型过程中国家与专业团体关系的演变》，载《社会学研究》2005 年第 2 期；范明林:《非政府组织与政府的互动关系———基于法团主义和市民社会视角的比较个案研究》，载《社会学研究》2010 年第 3 期；王侃:《“法团主义”视角下政府、社会协作关系的构建与运作——基于宁波北仑“区域和谐共建理事会”制度的研究》，载《浙江学刊》2010 年第 1 期；康晓光:《权力的转移：转型时期中国权力格局的变迁》，浙江人民出版社 1999 年版，第 182~218 页，等等。法团主义可以被看作我国学者关于行业协会等社会组织与国家间“合理”关系的主流观点。

③ 张静:《法团主义》，中国社会科学出版社 1998 年版，第 24 页。

④ 张静:《法团主义》，中国社会科学出版社 1998 年版，第 24~25 页。

数量有限且不存在竞争关系的行业协会将严重限制甚至消除组织成员的替代选择机会，诱发行业协会成员过度依赖行业协会组织，进而导致处罚权力运作的失衡。因此，吸收法团主义的合理内核，以“协同共治”的定位处理行业协会等社会组织与国家权力之间的互动关系，可能更符合行业协会参与社会治理过程中的权力平衡目标。

自我规制一般被定义为“一种规制路径，即行业协会等产业组织制定规制行业企业行为的规则与标准，并予以施行的情形”[①]。自我规制以枉行的监督与制裁为后盾，以明确指定的规则体系为前提。广义上来说，自我规制分为三个层次，企业个体自我规制（Firm Self-Regulation）、行业内自我规制（Industry Self-Regulation），以及跨行业自我规制（Business Self-Regulation）。[②]三种不同类型的自我规制所面临的成本与收益比较如表 3-1 所示。

表 3-1　三种自我规制比较

规制主体	企业个体自我规制	行业内自我规制	跨行业自我规制
开展与执行成本	建立时间快、制定规则等成本低	以行业内的协同组织（如行业协会）的存在以及相应的行为规则为前提	行为标准达成跨行业共识需要耗费较高的谈判成本

① A. K. Gupta, L. J. Lad. Industry Self-Regulation: An Economic, Organizational, and Political Analysis, *Academy of Management Review*. 1983(8): 416–425.

② T. R. Wotruba. Industry Self-Regulation: A Review and Extension to a Global Setting. *Journal of Public Policy & Marketing*. 1997(1): 38–54.

续表

规制主体	企业个体自我规制	行业内自我规制	跨行业自我规制
潜在风险	存在搭便车问题	(1) 有可能使参与个体企业丧失独立性；(2) 搭便车难题，除非有相应制度保证成员企业对集体目标的顺从；(3) 有可能违反竞争规则	基于跨行业的行为标准共识制定的规则，可能导致对不同行业具体产业环境的不适应性
独有收益	规则与实施内容由个体企业控制，因此在保持市场竞争性方面最有优势	(1) 在效率上，是政府直接规制的最有效替代；(2) 在风险上，减少政府强行介入的负面效果	(1) 不易受到反竞争动机的影响；(2) 更有可能基于公共利益对成员行为施加影响

毫无疑问，在三种自我规制中，以行业协会自律为主要代表的行业内自我规制具有明显的比较优势，但是，其同样存在两个亟须解决的问题：从外部关系看，是自律与市场自由竞争之间的矛盾；从内部关系看，则是如何克服搭便车的集体行动难题，克服搭便车难题采取的处罚制裁措施，有可能进一步加剧自律与竞争秩序之间的紧张关系。因此，如果把企业个体自我规制、行业内自我规制、跨行业自我规制以及国家规制作为四个“理想类型”（韦伯意义上的）的话，

混合式的协同共治是一种更为有效率的治理模式。有学者指出,以行业内自我规制与国家规制之间的混合协同而言,这种“规制的光谱学”包括纯粹的自律(例如美国电影协会的分级与审查制度),自律与政府提供技术性信息的协同(如自愿性产品标准治理与美国国家标准局),自律与政府对欺诈等不当行为的监控的协同(如美国的证券业自治与美国证券交易委员会),自律与自主性的、拥有规则制定权的政府部门之间的协同(如美国联邦贸易委员会与美国广告业自律①)。②

公权力与行业协会的共治可以从以下几个方面改进行业内自我规制的绩效:首先,外在的公权力监督与制裁本身,可以协助行业协会组织遏制自律行动中的搭便车;其次,政府主导的公权力规制如同达摩克利斯之剑一般,给予行业协会开展自律行动充分的动力,这种公权力介入的方式过于严格甚至不恰当的可能性越高,自律行动的可能性也就越大;③ 最后,公权力机关通过立法、行政手段对行业协会自律性规则予以引导,可以减少行业协会组织制定规则的交易成本,通过划定处罚权规则的合理边界,缓和行业自

---

① 此类自律主体为广告业自律委员会(Advertising Self-Regulatory Council,“ASRC”)。

② D. A. Garvin. Can Industry Self-Regulation Work? *California Management Review*. 1983(25):37–52.

③ S. Cowan. Alternative Approaches to Regulation:An Economic Analysis of Light-Handed Regulation. Paper Presented to Australian Competition and Consumer Commission Regulatory Conference. Surfers Paradise. 2007. July.

律与市场自由竞争原则之间的潜在矛盾。[①]

第二节 “共治”中的立法引导

作为一种较为典型的紧密型社会组织,由行业协会自身(而非国家)主导其内部的处罚权规则的制定当然更有效率。行业协会成员间的重复博弈,使其在共同商议规则时不会过分计较短期利益的得失;对于制定规则所需要的信息,协会成员在进入谈判时所拥有的信息“前见”也更充分,在拥有广泛共有知识的前提下,行业协会掌握内部规则制定权具有更低的谈判成本。基于信息的优势,行业协会制定的处罚权规则更契合行业发展的内在规律,反映成员关系的真实面貌,成员遵从相应规则设计的可能性也更高;在考虑以处罚权遏制成员搭便车行为的时候,行业协会更能合理地设计具备针对性的监督措施与惩罚手段,以上优势决定了行业协会制定的规则更具备可实施性与可操作性。

但是,作为一种自治规范,处罚权规则体系的设计同样需要满足基本的正当化条件。如果从自治规则与国家立法的关系入手,这一正当化要求体现在对于规则制定

① T. Von der Heidt, M. B. Charles, R. Ryan, B. Hughes. Managing Environmental Regulations for the 21st Century: Challenges and Opportunities in an Australian Industry Context. Australian and New Zealand Academy of Management (ANZAM) Conference. Auckland. New Zealand. 2008. 12.

有基本程序性规则，换句话说，行业协会在章程之外，对于处罚权的规则制定也应当有一套满足最低要求的“立法规则”。

首先，是规则制定与修改的主体问题。从前文文本的实证分析中可以发现，我国绝大部分行业协会对于章程的制定与修改权的归属都有比较明确的规定：章程的制定权由会员或会员代表大会享有，章程的修订一般由理事会（有的是常务理事会）决议后，报会员或会员代表大会审决。不过，这也许并不能归功于行业协会组织的规则意识，而是源于《社会团体登记管理条例》的强制性规定。该条例第十四条明确规定社会团体章程必须载明的事项中，章程的修改程序位列其中，而章程草案又是社会团体发起人必须向登记管理机关提交并由其审查的文件（参见该条例第十一条）。[①] 此外，为了指导行业协会在创立过程中拟定符合要求的章程，民政部民间组织管理局于 1998 年 11 月推出了一份《社会团体章程示范文本》，在该示范文本的第十四条中，制定与修改章程的权力由会员或会员代表大会享有。[②] 通过文本分析发现，各行业协会的章程与该示范文本符合度都很高，一般来说只是在示范文本的留白段落，出于行业的特殊性而有较大差别。可当问题涉及行规行约时，规则制定与修改主体不明确的问题就非常突出。行业

① 《社会团体登记管理条例》，中华人民共和国民政部，2018 年 5 月 17 日访问。

② 其他的章程示范文本还包括《基金会章程示范文本》《民办非企业单位（个体、合伙、法人）章程示范文本》。

协会在制定章程的时候,并未明确将规则制定权这一重要权力纳入内部治理结构的权力分配体系中。规则主体不明确的现状一方面提示我们,正确的立法与行政引导对于我国行业协会改革发展来说相当重要,另一方面也凸显我国行业协会自身的制度生产能力较为有限。

其次,是规则制定程序问题。相较于规则制定权归属而言,规则制定程序在实证分析中,问题更为严重,在 33 家被调查的行业协会中,仅中国保险行业协会制定有专门的规则制定规范(《中国保险行业协会行业自律性规则制定规程》),其他规则建设水平较高的行业协会(如中国证券业协会)在此部分也同样语焉不详。

最后,在处罚权行使的基本程序规则方面,只有中国证券业协会与中国教育装备行业协会就此有简略的规定,《中国教育装备行业规约》第十八条规定,接到书面处理决定后十日内向协会提出复议的书面申请,由协会常务理事会复议裁定。其他各级行业协会在此部分均告阙如。

尽管有关处罚权的规则对于行业自治来说非常关键,但作为一种“极简主义”组织形态,不是所有级别的行业协会都应当拟定一套严格的、模拟《中华人民共和国立法法》规定的规则制定程序法,并对权力的行使程序作过于详尽的规定。但一种满足最低限度要求的规则,至少需要满足以下几个基本要点。

首先,有关除名的处罚规则的原则性规定应当载入章程,相应的制定主体应当是会员大会。除名意味着协会成员断绝了获得组织俱乐部产品的可能性，在我国行业协会垄断型特征明显的现状下，除名对于协会成员来说更显得利益攸关。不少国家均以立法的形式对于除名的决议主体以及适用条件作出强制性规定，行业协会章程进而准用相应立法。《意大利民法典》第 24 条第三项规定，“在有重大事由的情况下，开除社团成员的决定应由社团大会作出”[①]。会员大会是行业协会的最高权力机关，既然有关开除的决议必须由会员大会作出，那么作出除名决议的规则依据，当然不能由权力位阶更低的其他内部治理机构来制定。《广州市行业协会规范化治理指引》（试行）第十六条规定了行业协会可以通过章程终止会员资格的实体性要件，包括严重违反组织规则给行业协会造成重大名誉损失和经济损失的、被工商行政部门吊销营业执照或受到其他行政处罚的、受到刑事处罚的。类似的公权力引导实践值得鼓励，但将“被工商行政部门施以吊销营业执照之外的行政处罚”列为可以开除会籍的条件并不妥当，此类兜底式条款可能造成行业协会在处罚中过大的自由裁量权。考虑到行政处罚与企业违法行为的严重程度正相关，因此，至少财产罚与申诫罚不能作为行业协会对成员除名的条件。

其次，从立法指导方面来看，不同的行业协会在适用不同处罚措施的各环节存在较大差异，因此在国家立法层面，不可能穷尽处罚权行使的方方面面。我国与行业协会组织有关的法律法规体系以《社会团体登记管理条例》为“基

① 《意大利民法典》，费安玲、丁玫译，中国政法大学出版社 1997 年版，第 16 页。

本法”，辅以各地方制定的地方性法规与地方政府规章，如《江苏省行业协会条例》《江西省行业协会管理办法》等，立法对处罚权的规定均为非强制性的，其原因正在于此。在协会内部，行业协会章程一般是对协会成立目的与业务范围，成员的基本权利与义务，内部治理结构，资产使用以及终止清算事宜的概括性总则规定，因此，章程一般不宜对处罚权作过于详尽的规定。除名之外的其他惩罚措施（财产罚、资格罚、声誉罚等）只要遵守法律法规的强制性规定，同时不违反章程，其制定主体与制定程序大可交由行业自治来完成，[①] 此时应当区分“行业协会如何制定处罚规则更为合理”与“处罚规则如何满足合法律性”之间的区别。

最后，在执行程序方面，《美国非营利法人示范法》(1987) 对于行业协会处罚权规则制定的控制方式值得借鉴。为了最大可能使该法适用于各类型非营利法人，该法将控制措施的重点放在了程序方面，例如，该法第 2.06 条规定，章程的细则（笔者认为即行为准则与道德准则的总合）由发起人以及董事会批准，并且在不违反法律和章程的前提下可以制定管理组织的任何规定。在该法第 6.21 条中，开除或者中止会员资格的处罚措施必须遵守“公平合理、诚信执行的程序”，包括相应的通知、听证以及司法审查。[②] 在这种控制模式下，为避免除名、中止资格等处罚措

① D. Knight. Power to Make Bylaws. *New Zealand Law Journal*. 2005(5): 165–168.

② 《美国非营利法人示范法》(1987)，中国社会组织政务服务平台，2016 年 6 月 11 日访问。

施被宣告无效,理性的做法当然是依据该法的指南,事前拟定相应的处罚规则,并至少满足该法规定的告知、听证等程序的基本要求。

第三节 “共治”中的行政引导

宏观层面的、程序式的立法引导是一种静态意义上的治理合作,在这一过程中,事前、预测式的立法之目的,在于核定行业协会行使处罚权过程中,成员(对组织而言)、协会(对公权力而言)各自的“最低限度制度资源”。显然,在这一治理合作模式下,公权力的介入有点过于粗陋,仅能划定合法性的底线,却无法界说更为广阔的合理性空间。相较而言,行政机关对于行业协会处罚权的引导则有更多用武之地。一方面,行业协会成员间的“共谋”特征使处罚权规则制定有可能蜕变为限制市场竞争的破坏性力量,需要行政机关对此加以解释与说明;另一方面,行业协会的专业性与相对封闭性,限制了某些行之有效的行业协会处罚实践的扩散与传播,进而使相应的制度资源无法成为一种为社会所共享、所共用的制度资本,如此,制度资本的正外部性无法充分发挥。有鉴于此,在共治的基本理念指导下,行政权力可以考虑从以下几个方面动态加强对行业协会处罚权制度建设的引导。

一、示范文本的拟定

首先,行政机关可以通过制定具有指导意义的处罚权规则示范模板,整合现有实践中衍生的制度资源,节约行业协会制定相应规则的交易成本。[①]示范性规则是指导性而非强制性的,行业协会可以根据自身情况对具体规则内容加以取舍与增补;示范性规则应该涵盖行业协会处罚权行使中的共性特征,以保证对不同层次、不同类型行业协会的适用性;示范性规则的拟定主体可以是多元的,既包括不同级别的行政机关,不同行业的行政主管部门,也可以由其他组织如律师协会、[②]研究所[③]等实施。

目前,我国制定此类示范性规则的主体主要是行政机关,其中比较典型的是民间组织管理局制定的《社会团体章程示范文本》,上海、天津等地社会团体管理局制定的《社会团体章程示范文本》等。与笔者设想的"整合—示范(行政机关)—借鉴(行业协会)"路径刚好相反,我国行业协会组织规则示范文本的制定更多地体现为如下方式:行

---

① 这种交易成本包括谈判成本,即成员就处罚权规则是否恰当的协商谈判成本;搜寻成本,即搜寻其他可供借鉴制度资源的成本,并非搜寻谈判对手的成本;执行成本,援引、借鉴公权力机关指定的示范规则,可以在一定程度平衡组织内异质性成员的利益差异,提高处罚措施执行的效率。

② 例如,《美国非营利法人示范法》最初即由美国律师协会与1954年发布,参见丁晶晶、李勇:《美国非营利组织及其法律规制的发展》,中国改革论坛网,2016年6月12日访问。

③ 例如,无锡社会经济比较研究所"民间商会(行业协会)课题组"草拟的《民间商会(行业协会)章程参考范本》(讨论稿)。

政机关依照《社会团体登记管理条例》等法律法规拟定示范文本，行业协会成立时加以援引以满足法律法规有关行业协会成立的强制性要件。对于章程而言，法律法规对其必备内容有明确规定，因此这种依法而行的示范也并无不可，考虑到我国行业协会发展的成熟度，这一路径还在一定程度上加强了行业协会规则制定的合法合规性。但是，对于处罚权规则而言，这一自上而下的推广示范路径也许就不再具备针对性了。

第一，在我国现有的法律法规体系中，对于行业协会处罚权应当如何设置、应当具备哪些基本要素并没有明确的规定，[①] 行政机关制定相应的示范文本存在“无法可依”的尴尬局面；第二，与章程不同的是，不同行业的行业协会对

① 《社会团体登记管理条例》对处罚权问题未置一词。部分地方性的行业协会管理法规中对于处罚权的规定一般仅指导性的列举处罚的具体类型。例如，2014 年 4 月 1 日生效的《深圳经济特区行业协会条例》第三十六条规定，“行业协会应当根据法律、法规和章程的规定，建立会员惩戒和申诉制度，对会员进行自律管理”。可以采用的处罚措施包括警告、通报批评、公开谴责、劝退、除名、其他惩戒措施。处罚权规则立法相对较为完整的是《湖南省行业协会管理办法》，就处罚种类而言，该办法第二十条规定，“行业协会对违反协会章程和行业规则……可以依据协会章程、行业规则采取警告、批评、同业制裁、开除会员资格等措施。对行业内违法经营的企业或者其他经济组织，应当建议并协助有关部门依法查处”。就救济途径而言，该条第二款规定，会员对行业协会的行业规则、行业自律措施或者其他决定有异议的，可以提请行业协会进行复核，或者依法提请政府有关部门处理。当处罚措施涉及非会员组织与个人时，依据该条第三款规定，非会员组织和个人认为行业协会的有关措施损害其合法权益的，可以要求行业协会予以变更，也可以依法提请政府有关部门处理或者依法申请行政复议和提起诉讼。值得注意的是，湖南省的该管理办法是我国地方立法中为数不多的、明确规定有关行业协会处罚措施引发纠纷采取的司法救济方式的地方性法规。

于成员枉行的界定、何种处罚方式更为有效的认识有所差异,因此,主体单一化的示范文本对于处罚权规则建设而言并不对症。比较妥善的解决办法是,由不同行业的行政主管部门或者行业内研究组织,在充分调查研究的基础上,拟定相应的处罚权规则示范文本,并与行业协会就示范文本的实用性、可操作问题开展互动,这一信息互动方式在一定程度可以推动行政机关与行业协会之间的关系从管理向业务指导方向良性转变。

二、科学的评估考核机制

自 2008 年起,民政部开始对部分行业协会绩效分批次进行了考核。[①] 该项工作的主要目标在于建立政府指导、社会参与、独立运作的社会组织综合评估机制,加强对社会组织的激励和监督。目前,评估考核工作已实现正式化并向地方一级政府[②] 推进。根据 2011 年 3 月开始执行的《社会

① 王文、罗军、王一鸣:《对行业协会、商会评估工作有关问题的思考》,载《社团管理研究》2011 年第 4 期。

② 各省、市一级民政部门也纷纷开展相应的社会组织评估工作,并制定了相应的评估细则与指标体系,各地的指标体系在内容上与民政部的指标体系大同小异,处罚制度等自律规则都是其中的重要内容。据《中国社会组织评估发展报告》(2013)数据显示,省、市一级的评估工作开展有一定成效,“符合条件参评率超过 30% 的有北京、福建、宁夏、青海、甘肃等地。参评率超过 20%、进展较快、取得一定成效的有河北、黑龙江、安徽、河南、贵州、大连、浙江等地。报告显示,截至 2012 年年底,全国性社会组织实际评估率为 41.5%,稳步上升”。参见:《社会组织评估工作——第三方评估机制待完善》,天津网,2016 年 6 月 12 日访问。

组织评估管理办法》[①]，民政部每年按照量化指标体系，对全国性的行业协会商会、公益性社团、联合类社团、职业类社团以及学术类社团进行评估，并将评估登记结果予以公布，5A 级为最高等级。[②]

该评估指标体系分为基础条件、内部治理、工作绩效、社会评价四个一级指标，按三级分级制细化评分，四个一级指标的分数分别为 100、380、370、150，合计 1 000 分，其中行业的奖惩措施自律规范行为属于第三级指标，位于工作绩效一级指标之下，赋值 85 分，是所有三级指标中分值最高的，其后依次为服务行业与会员（80）、维护成员权益（50）、服务政府（50）。处罚权规则的分值占到一级指标的 23.0%，总体指标的 8.5%，其受重视程度可见一斑。

行业协会内部包括处罚权规则的实际情况属于其“私人信息”，外部社会成员，乃至同行业的其他企业试图获取此类信息必然面临高昂的信息成本，而评估旨在通过一套指标体系，反映某个行业协会内部组织管理，以及该组织对成员、社

---

① 该项工作自 2008 年开始，最早的文件是《民政部关于推进民间组织评估工作的指导意见》（民发〔2007〕127 号）和《全国性民间组织评估实施办法》（民函〔2007〕232 号）。各省市也根据民政部要求，制定相应的评估指标体系，对辖区内的行业协会社会团体进行绩效评估。据《中国社会组织评估发展报告》（2013），分类评估指标体系涵盖行业类社团、学术类社团、公益类社团、联合类社团、职业类社团、基金会、非内地居民担任法定代表人的基金会和民办非企业单位八个大类，并于 2013 年年底初步完成。

② 2013 年被评为 5A 级的行业协会包括：中国施工企业管理协会、中国教育国际交流协会、中国期货业协会、中国家用电器协会、中国黄金协会、中国皮革协会、中国家具协会、中国康复辅助器具协会、中国照明电器协会、中国橡胶工业协会。

会、国家的具体贡献,评估指标所涉及的有关信息可以通过评估结果向外部社会成员披露,从而减少相应的信息成本;另外,这种信息聚合为一种社会声誉,通过评选的等级加以直观表现,社会成员由此可以理性地采取相应的应对策略:评估成绩较好的行业协会将获得更高的社会声誉,这也就意味着此类行业协会可以吸收更多更优质的会员,作为一个更被信任的主体代表协会成员与政府以及社会协商谈判,等等。因此,考核评估的本质功能在于引导,通过声誉机制,间接促使行业协会建立合理化以处罚权规则为核心的行规行约。

以量化指标考核组织绩效显然存在不少问题:刚性的指标体系适用范围有限,部分行业协会无法通过该考核指标体系客观展现自身绩效;评估标准无法照顾到某些特殊行业协会的特殊情况,例如“因为国际药品管制,麻醉药品协会根本不会涉及到国际合作”[①],等等。目前,我国学术界对这一问题的研究还有待加强。[②]我们认为,评估与考核只要目的不在于管理,那么考核的指标如何设计其实无需求全责备,因为无论依据何种标准对某一行政区内的行业协会进行工作绩效考核,以上问题几乎都难以避免,在我国现实语境中,不宜过分渲染“量化指标导致评估僵化”这一弊端。当前的行业协会评估以行政机关作为考核主体,刚性

① 王文、罗军、王一鸣:《对行业协会、商会评估工作有关问题的思考》,载《社团管理研究》2011年第4期。

② 相关研究论文数量较少,且缺乏论述的深度,可参见王文、刘晓贵:《对行业协会商会评估工作有关问题的思考》,载《社团管理研究》2010年第1期;邓国胜:《民间组织评估:机遇与挑战》,载《学会》2008年第6期;纪颖:《政府在社会组织评估中作用的思考》,载《学会》2009年第2期。

的考核指标尽管失之于僵化，但考虑到我国行业协会发展的程度，尤其是公众对行业协会的社会声誉评价依然较低的现实，行政机关的考核以及随之而来的级别评定与结果公布，有以政府声誉为相关行业协会背书的实际蕴涵。刚性的考核指标与数字化的评估操作，尽管牺牲了规则的灵活性，却能保证政府背书行为的公正性。

从考核指标设计来看，民政部的“行业自律规范”指标的具体内容包括：行规行约、争议处理规则、职业道德准则等规则，行业质量检查制度、行业自律制度，公开检查和处罚信息、配合有关部门打击假冒伪劣、维护消费者权益和行业整体利益、开展行业内评比达标表彰活动等内容。从类型上来划分，包括奖与惩两种类型，涵盖规则的制定、规则的监督、规则的执行等内部自律流程。如果从处罚权的运作入手，综合考虑考核的全面性，至少可以从以下几个方面来进一步科学化相应指标（见表 3–2）。

表 3–2 评估考核的指标的科学化

待优化内容	优化路径一	优化路径二
有关处罚的行规行约	规则制定主体明确	有基本规则制定程序
枉行监督制度	监督主体明确化	监督主体与形式的多元化
处罚的决策	决策主体明确	有基本的决策程序规定

续表

待优化内容	优化路径一	优化路径二
争议处理规则	有基本的内部救济机构	有基本的内部救济程序
信息公开	信息公开的范围	信息公开的程度

当然,政府背书性质的外部评估,最终的发展方向应该是逐步移转给独立的、非政府的第三方,将信息披露与政府声誉切割,但最终的落脚点依然是改变“一业一会”“一行一会”等某一行业协会垄断经营局面。指标较为细化的评估是用一种相对统一的测量技术,对行业协会开展社会交换活动的效率与正当性信息进行有效披露,由此产生的声誉机制引导性动力,促使行业内企业在竞争性协会组织之间自主选择与退出。“最低资源要求”—“相对统一测量技术”—“合理的替代机会”三者在此环节实现了统一。

三、个案化的信息互动

在行业协会处罚权与国家权力之间的互动中,前述两种路径在介入方式上是间接的,在介入的领域上则是宏观的——无论是示范文本的拟定,还是分级别的工作评估,都无法针对特定行业、就特定事项采取具体的处罚措施。因此建立兼具个案针对性与介入的非强制性的引导方案就相当必要。

行业协会与国家公权力的互动以行业协会与行政机

关之间的互动为主，① 在这一权力图谱中，首先需要解决不同权力的界分问题。反垄断行为的界定，就可以成为行政权力与行业协会处罚权力之间一道主要的边界线。② 作为一种事后的外部威慑，对于行业协会处罚权不当行使采取的行政调查与制裁当然是必需的，但我国目前尚缺乏行业协会与行政权力之间事前的、个案制“沟通—反馈”机制，无法在处罚权与行政权之间设置减少冲突可能性的战略缓冲。在这一环节，美国联邦贸易委员会（Federal Trade Commission，FTC）③ 采取的“请求—建议”（Petition—Advisory Opinion）模式值得借鉴。这一模式的初衷在于尽量避免成本高昂的反垄断行政调查，以及司法诉讼，行业协会可以就处罚权的规则疑问（包括制定与执行等各个阶段）以及具体案例向 FTC 提交申请，要求其以“行业指南”（industry guide）的形式就其合法性作出回复。

---

① 司法权的启动程序、介入范围、审查过程的被动性（参见刘瑞华：《司法权的基本特征》，载《现代法学》2003 年第 3 期），决定其无法如同行政权力一般，主动的、以相对灵活的应变性高效率的（参见孙笑侠：《司法权的本质是判断权——司法权与行政权的十大区别》，载《法学》1998 年第 8 期）处理与行业协会之间的互动分歧。

② 笔者认为，在有效的司法审查作为保障的前提下，违反反垄断法规甚至是行政权力介入处罚权运作的唯一条件。

③ 美国联邦贸易委员会是美国政府的一个独立分支机构，根据 1914 年的《联邦贸易委员会法》（该法是当时的美国总统威尔逊主要的反托拉斯法案之一。托拉斯以及相应的反制是当时美国公众政治关注的焦点议题）设立。该委员会的基本任务在于提升消费者权益保护，以及消除有违竞争规则的商业行为，如垄断等。从成立以来，FTC 致力于执行《克莱顿法》等反垄断法规，此外，随着时间的推移，FTC 还被授权执行其他一些商业规制法案，并颁布若干市场规制条例。

行业指南是FTC对由其负责实施的法律法规的一种行政解释，指南的目的在于引导行业内从业者的行为与立法相符合。指南本身并不具备强制性，但是，指南却可以为自律行动提供明确指引。从内容上来看，指南充分体现了规则原则性与个案特殊性相结合的思想，指南的行文一般包括两大部分：基本原则的阐述，以及与该基本原则相对应的实际案例。案例均源于从业者的申请，FTC在基本原则阐述基础上进而提出对于某种行业行为是否合法的见解。

只要满足如下条件之一者，行业内的任何从业者，包括自然人、公司、行业协会均可就特定事宜向FTC申请签发行业指南：(1) 该事项涉及法律或者事实方面的本质问题，或者案件新颖，对此事项无论是FTC还是美国各级法院系统均无明确的先例可以遵从；(2) 该请求事项以及随后可能发布的指南对于公共利益来说具有重大意义。FTC发布行业指南的数量颇丰，自1955年至1980年间，仅就《联邦贸易委员会法》第5章的解释就发布了30余项指南。这些指南有些涉及行业内的特殊事项，但针对价格欺诈、广告担保的指南却具有跨行业的影响力。最终具有官方效力的指南文本，一般被冠以“FTC建议观点”（FTC Advisory Opinion）的名号予以公布，相关文件的电子版本可以通过FTC的官方网站非常方便地进行查询。[①]

这一“请求—建议”机制的优点在于：

① 截至2021年10月14日，在FTC官方网站可以查询到自1949年7月至2018年12月所有的建议观点文本电子档案。

首先,个案指导的行政建议可以较好地将法律法规与变动不居的社会生活结合起来。有关行业协会处罚权规则的疑难问题当然符合所谓的“重大公共利益”条件,因此也成为 FTC 的行业指南历来的关注重点。FTC 通过行业指南的形式,就何种处罚(规则以及其实施)是可以接受的,何种处罚违反反垄断法,作出了比反垄断法规更为清晰、精准的解读。从效果上来说,这种非强制性的政府建议实际上为美国的行业自律机制划定了更为明确的、逐案(Case by Case)式的合法边界。

其次,作为公权力的强制性介入的缓冲,这种非强制性的信息交流有助于避免旷日持久且成本高昂的反垄断调查与司法诉讼。美国没有任何法律明确规定 FTC 有义务就行业指南(及其修改)向公众征询意见,但是作为一个不成文的传统,FTC 总会在作出终局性的行业指南之前,将建议意见予以公布并向公众征询反馈信息:相关行业指南将先期公布在联邦公报(Federal Register)上,社会公众可以在 60 天内提出反馈意见。这为美国司法部反垄断部门的正式调查提供了一个很好的预热舞台。

最后,对行业协会规范自身处罚权行使来说,此种引导模式具有间接的威慑效力。尽管是一种不具备法律约束力的观点回应,但严格论证的建议意见却清楚表明了 FTC 对某事项的真实立场与依据,对于拒不接受 FTC 行业指南建议的行业协会,FTC 很有可能采取相应的司法诉讼行动。例如,1948 年,FTC 对拒绝遵从其建议的美国水泥协会(FTC v.Cement Institute)提起司法诉讼。在该案中,美国联邦法院认为,该行业协会的一项运用处罚等制裁措施协调成员运费定价的行规行约违反了《谢尔曼法》,因此宣告其处罚无效。

就我国而言,行业协会运用处罚权违反《中华人民共和国反垄断法》的案例日渐增多,如果引入美国联邦贸易委员会的"行业指南"建议制度,首先需要明确的就是负责制作建议的行政主体。随着行业协会商会脱钩工作的全面铺开,双行业协会脱钩后如何构建合理的综合监管机制,已经成为当下行业协会改革的一个难点。但无论如何,就行业协会处罚权行使的反垄断规制工作而言,民政部门与以往的业务主管部门都缺乏必备的专业技术能力。

第四节　与行业协会处罚权相关的其他问题

一、行政机关谦抑的介入立场

目前,我国行业协会内部规则体系建设还不完备,那么在这一制度储备匮乏的前提下,要求行业协会事必合乎规则与程序要求显然不具备现实性。那么,在行业协会行使处罚权过程中,行政机关对其中的轻微瑕疵与错误应当采取何种立场呢?

我国台湾地区的"行政法院"裁定的一个案件也许能对此提供一种有益的思路。该案中,上诉人是新北市进出口商业同业公会会员,上诉人认为该会第2届理监事选举之名额不符合章程规定程序,向新北市政府陈情,政府遂以函件形式敦促该同业公会保证理监事的程序符合章程以及法律规定,上诉人对政府仅仅采取函告的行为与态度不服,乃对其提起确认行政处分无效之诉。法院认为,函复内容仅具教示及建议性质,并未就公法上具体事件做任何决定,亦未对外发生何种规制效力,性质上应属观念通知,而非行政处分。因此,对之提起确认行政处分无效之诉讼不具备起诉要件。

我国台湾地区对于行业协会的管理实行"一地一业一会"的强控制模式,行政机关对于行业协会拥有较强的规制权力。根据我国台湾地区的相关规定,商业团体如有违背法令或章程、逾越权限、妨害公益情事或废弛会务的,主管机关应当对其处以以下处分:警告、撤销其决议、停止其业务之一部或全部、撤免其理事监事、整理、解散。下级主管机关在作出停止其业务的一部分或全部、撤免其理事监事、整理、解散之处分时,应报经上级主管机关核准。该案中,涉案同业公会的理事监事选举以及章程修改的确不符合法律与章程规定,且相关事项涉及治理结构顶层变动以及协会章程修改,因此认定其事属重大并不为过,在"强控制"治理思路下,行政主管机关对于由此发生的违规行为似乎应当采取较为强硬的介入态度,而司法机关也应该对于行政主管机关管制松懈的表现予以纠正。但是,该案中行政机关以及司法部门给出了相反的答案:主管行政机关并没有依法对行业协会采取行政处罚措施，而仅仅是通过函告的形式敦促其完善治理活动之瑕疵，法院对于行政机关这一谦抑的态度也持赞成态度，并最终驳回了上诉人之上诉请求。该案反映了我国台湾地区公权力部门在实践中对行业协会自治权力的充分尊重，对于非垄断性的行业协会一般给予其较大的自治弹性空间。在当前社会治理转型时期，这一治理思维值得我国大陆地区行政主管部门借鉴。至于这种谦抑的界限何在，行政机关特别是司法机关应当在何种条件下对行业协会自治的偏误进行纠正，将是后文司法审查重点探讨的内容。

二、利益相关者的参与

关于处罚权力与社会其他主体之间的互动问题，有学者认为，“不少行业协会的实际社会功能并不符合理论预期的效果，无论其最初的动机多么的值得赞赏，社会各界对于行业协会自律最终可能演变为行业保护主义的担忧日渐根深蒂固”[①]。以上担忧不无道理，但随着“利益相关者理论”与行业协会处罚规则的融合，规则体系内容与价值取向也日趋复合化。利益相关者理论主张，行业协会处罚权规则不但应当取得成员间的广泛共识，还需要认真考虑组织外其他利益相关者的诉求，在制定程序中，道德准则与行为准则的拟定应当充分考虑该行业利益相关者的积极

① I. Maitland. The Limits of Business Self-Regulation. *California Management Review*. 1985(27):132–147.

介入。[①]

利益相关者(Stakeholders)是指那些认为自己可能影响行业协会行为或者被行业协会行为影响的个体与组织。这些个体与组织可能来源于行业协会内部,如行业协会内部工作人员、行业协会内成员企业的雇员等,也可能来源于行业协会外部,如消费者、投资者、企业债务人甚至媒体与社区。[②]不同的行业协会应当根据自身规模、参与社会交换的不同利益,尽可能地吸纳此类利益相关者参与规则的决策与制定过程。不仅如此,为了鼓励举报成员枉行,节约执法成本,促进组织与外部环境之间的价值沟通,部分利益相关者还可以参与行业协会的枉行查处与纠纷解决程序,因处罚获得的罚金收入也可以由行业协会统一向受损害的利益相关者作出补偿。有学者甚至建议,可以在部分行业协会中考虑设置专门的“巡视检查制度”,其执行主体由第三方的利益相关者担任。[③]在实证研究中已经发现,尽管我国理论界与实务界对于行业协会处罚权规则的利益相关者理论甚少涉猎,但在部分行业协会的规则中已经开始体现这一思想。例如,中国教育装备行业协会的《中国教育装

① Thomas. A. Hemphill. Self-Regulating Industry Behavior: Antitrust Limitations and Trade Association Codes of Conduct. *Journal of Business Ethics*. 1992(11):915-920.

② D. Nigh, P. L. Cochran. Issues Management and the Multinational Enterprise. *Management International Review*. 1987(27):4-12.

③ Thomas. A. Hemphill. Self-Regulating Industry Behavior: Antitrust Limitations and Trade Association Codes of Conduct. *Journal of Business Ethic*. 1992(11):915-920.

备行业规约》第十七条规定了枉行成员的经济赔偿问题，[①]《上海市汽车行业协会章程》也有类似条款。尽管此类规定对于赔偿对象并未予以明确，但以上两部行规行约并未使用常见的罚款、罚金等字眼，那么经济赔偿的对象就应当是实际遭受损失者，包括其他成员、组织外受损害个体与组织等。

① 中国教育装备行业协会官网，2018 年 5 月 18 日访问。

第四章

行业协会处罚权纠纷的司法审查

行业协会处罚权运行的合法性乃至合理性争议，最终都应当由司法机关予以审查，这也与现代法治社会中的“司法最终解决”原则相契合。对于处罚权是一种“权力的行使”的观点，行政法学界并无争议，但对于此权力形态是一种社会公权力，还是自律管理权，观点并不相同。即便坚持行业自治立场，反对将行业协会处罚视为行政权力自然延伸的学者，对于其是否可以视为民事合同的态度也比较暧昧。陈晓军认为，组织规则属于行业协会行使私法性质立法权的体现，旨在填补国家公权规制空白，反对将其视为行政权力的特殊形态。但该学者又认为，作为体现私权力特点的行业协会规则，也不能被看作合同，而应被视为一种组织的内部处分行为。[①] 前述认识差异的问题在于，因处罚权运作引发的

① 陈晓军:《体育社团处罚权制度研究》，载《公民与法》2010 年第 4 期。

纠纷，应当采取何种救济措施？如果被认定是一种内部处分行为，那么此种纠纷的可诉性就存在疑问；如果被认定属于一种社会公权力行为，则纳入行政诉讼较为合理；如果被认定属于私人权利义务关系，则以民事诉讼解决更为对症。

结合当前我国司法判例来看，人民法院对于因行业协会处罚权引发的纠纷，在处理上基本采取回避的态度，但在职业协会的案件中，主审法院却将之纳入行政诉讼范围予以审查。尽管职业协会与行业协会在性质上有所差别，但却并不足以导致这一截然不同的司法态度。

前文介绍的吉利诉中国足协名誉侵权案，以及长春亚泰足球俱乐部诉中国足协行政处罚纠纷案，较为典型地体现了司法机关的回避态度。对于前者，法院最终依据《最高人民法院关于审理名誉权案件若干问题的解释》的规定，[①] 裁定不予受理；对于后者，法院认为不属于行政诉讼受案范围。

在“刘新惠不服中国拍卖行业协会吊销拍卖师执业资格证书通知案”[②] 中，两审法院均以中国拍卖行业协会属于行业自律组织，不具备行政处罚主体资格为由裁定驳回起诉。但是，拍卖师执业资格证书是行业准入的刚性门槛，在性质上属于行政许可，集中体现了国家权力通过行业协会实现的行业控制，人事部、国内贸易部制定的《拍卖师执业

① 《最高人民法院关于审理名誉权案件若干问题的解释》第四条规定：“国家机关、社会团体、企事业单位等部门对其管理的人员作出的结论或者处理决定，当事人以其侵害名誉权向人民法院提出诉讼的，人民法院不予受理。”

② 案例源自“北大法宝”，北大法宝引证码 CLI. C. 123817。

资格制度暂行规定》(1996年12月颁布)在第二十五条中,明确将吊销执业资格的处罚职权委托给中国拍卖行业协会行使。该协会是在有明确法律授权或者行政委托的前提下履行行政处罚职能的,此时,该协会其实是有权的行政处罚主体,其行为应当进入行政诉讼的审查范围。

相较行业协会而言,对于职业协会处罚引发的纠纷,法院的态度则积极主动。在"江某诉深圳市注册会计师协会吊销执照案"[①]中,对于深圳公平会计师事务所管理混乱、与炒单人员勾结的行为,深圳市注册会计师协会对该所及其合伙人江某、周某、赵某作出了撤销该所、吊销合伙人职业资格证、没收非法所得等多项处罚的决定。本案一审(罗湖区法院)、二审(深圳市中院)均予立案,并由行政审判庭依行政诉讼程序作出相应判决。法院认为,尽管财政部《违反注册会计师法处罚暂行办法》中并未明确会计师协会的行政处罚职权,但根据《深圳经济特区注册会计师管理条例》第三十二条的规定,[②]注册会计师协会作为自律组织,职责之一就是"实施业务检查,对违法违规的注册会计师和会计师事务所实行处罚",属于有权的行政处罚主体。本案与刘新惠一案尽管

① 案例源自"北大法宝",北大法宝引证码 CLI. C. 889401。

② 该条内容如下:市注册会计师协会的主要职责:(1) 审查批准会计师事务所的设立,审查批准注册会计师注册,对注册会计师、会计师事务所进行年度检验;(2) 拟订注册会计师执业规则和制度;(3) 反映注册会计师行业的意见和要求,维护注册会计师的合法权益;(4) 实施业务检查,对违法违规的注册会计师和会计师事务所实行处罚;(5) 组织注册会计师资格考试和培训;(6) 调解行业内部的争议;(7) 组织业务交流,发展同香港、澳门、台湾地区和外国同行的联系。

在处罚主体上稍有差别——前者为行业协会,后者为职业协会——但在权源、权力行使目标、权力行使的结果等方面都具有极高的相似度。在"姚某某诉上海市注册会计师协会名誉侵权"[①]案中,上海明天会计师事务所及其多名注册会计师股东遭到上海市财政局、上海市注册会计师协会处罚,被处罚者之一的姚某某以处罚侵犯其名誉权为由向上海闸北区法院提起民事诉讼,并被法院以名誉权侵权纠纷受理。将此案与吉利诉中国足协名誉侵权一案作对比,主审法院并未将之视为符合《最高人民法院关于审理名誉权案件若干问题的解释》第四条规定的所谓"社会团体对其管理的人员作出的结论或者处理决定",尽管其有同样充分的理由作如是理解。以上两组案例的比较可以看出,我国法院对于相关司法审查问题采取的是相对僵硬的"主体鉴别标准",从中可以依稀辨认出"公私法二元化分"的巨大影响。

随着《中华人民共和国行政诉讼法》的修改以及立案登记制的落实,行业协会处罚引发的司法纠纷是否立案问题似乎已经化解。然而,立案之后应当由何种法庭审理(行政庭抑或民庭),法院是否可以以"不属于人民法院受案范围"为由驳回起诉,诸如此类更为实质性的难题,立案登记制并未给出明确的答案。是否采取司法介入,介入的方式如何选择,应当以保证满足"社会利益关系全面调整的需要为前提"[②],以

---

① 《"姚会计"状告"注会协"名誉侵权》,新浪网,2016 年 7 月 15 日访问。

② 曹达全:《行政诉讼审查范围的难题——以公法与私法的划分为出发点分析》,载《行政法学研究》2008 年第 1 期。

功能主义为导向，采取多元化的审查方案。本部分将重新审视两大法系司法实践对于行业协会处罚权纠纷的基本路径选择，进而讨论有关司法审查的方式、内容以及替代性争议解决方案等问题，为我国在该领域的司法实践提供理论支撑。

第一节　不同司法审查方式之比较

对于行业协会处罚所引发的争议是否应当采取司法审查，[①] 德国通说采取肯定立场，[②] 至于应当选择民事抑或行政诉讼程序，德国、意大利等传统大陆法系国家及地区均在

① 司法审查本是普通法系的概念“Judicial Review”，在我国一般将之与行政诉讼等而视之，但其间的概念差别在本源上依然巨大。普通法系的司法审查尚包括违宪审查，且审查依据不限于制定法，还包括普通法，审查范围上涵盖合法性、合宪性及合理性（后二者并不在我国行政诉讼法院审查范围之内）。参见杨寅：《行政法学中“行政诉讼”与“司法审查”的关系》，载《华东政法学院学报》1999年第1期。按照我国学术界的概念习惯，司法审查应当仅限于行政诉讼范畴。不过“英国和美国没有大陆法系和我们理解的行政诉讼制度”（参见罗豪才、应松年主编：《行政诉讼法学》，中国政法大学出版社1990年版，第6页），对于这一舶来概念的运用至少在中国本土资源中不具有本体论意义。鉴于行业协会处罚行为是一种权力的行使方式，由司法机关充任最后一道审查防线，并将司法机关的行为称之为司法审查，也就算不上概念上的原则性错误。实际上，已经有学者将司法审查的概念拓展到诸如“股东派生诉讼监督理事监事行为”的论述中，参见孙晋、刘桂清：《股东派生诉讼研究的新视角——一种民事“司法审查”制度》，载《中南大学学报》（社会科学版）2005年第6期。本书中的司法审查，是法院以民事诉讼或者行政诉讼的方式，是对行业协会处罚权的行使履行监督职能的手段。

② ［德］卡尔·拉伦茨：《德国民法通论》，王晓晔等译，法律出版社2003年版，第231页。

各自的“民法”中有社团法人的规定,社团对其成员的处罚以决议形式作出,相关争议属民事争议,由民事法庭管辖并无异议。无论我国的民事立法还是《社会团体登记管理条例》等专门法,立法指导思想均在于如何实现对社会组织的有力管理,而对于因社团处罚决议引发的纠纷乃至纠纷解决的途径并未予以必要的关注。[①] 在这种立法背景下,学术界对于行业协会处罚引发的争议应当采取何种救济途径众说纷纭实属正常。

就审查方式而言,我国学者一般采取两种划分标准:行为属于公务抑或私务,主体是公法人抑或私法人。在第一种标准下,有学者认为,应当对行业协会的自律管理进行公务与私务的二元划分,公务行为应当纳入行政诉讼,私务则以民事诉讼解决,[②] 在二元划分较为模糊时,应当推定为公务行为。[③] 还有学者就如何完善现有的授权理论提出以下观点:首先,这种授权必须有原始授权规范,其位阶最低可以是规章;其次,授权规范明确将某些社会事务管理权力授予相应的行业协会;再次,所授权的处罚权适用事项应

---

① 《民法通则》第五十条规定,有独立经费的机关从成立之日起,具有法人资格。具备法人条件的事业单位、社会团体,依法不需要办理法人登记的,从成立之日起,具有法人资格;依法需要办理法人登记的,经核准登记,取得法人资格。可见,这一立法思想依然停留在登记管理的阶段。《社会团体登记管理条例》尽管比较详尽地规定了章程内容、治理结构等内容,但从立法目的上,依然沿袭了通过登记予以管理的思路,并未考虑内部处罚行为的救济途径。

② 黎军:《论司法对行业自治的介入》,载《中国法学》2006 年第 4 期。

③ 高家伟、王锡锌:《行会法》(立法建议稿),载罗豪才主编:《行政法论丛》(第 7 卷),法律出版社 2004 年版,第 521 页。

当尽可能具体；最后，处罚不能超过合理限度。[①] 若照此标准，带有强制性色彩的处罚权行使自然应当划入公务领域，进而由行政诉讼加以处理。在第二种标准中，主要是看行业协会属于公法人抑或私法人，实际上，有关“行业协会属于公法人”的观点“在我国正在形成主流”[②]，因此许多学者认为应将其纳入行政诉讼。也有学者提出一种折衷观点，即按照行业协会身份来确定纠纷解决途径，官办协会纳入行政诉讼，民办的纳入民事诉讼，而半官半民的则主要考察该协会是否具有垄断地位以及会员的退出权利是否严重受限，若是，则纳入行政诉讼，反之由民事诉讼法调整。[③] 这一思路最大的问题在于，在司法审判中如何确定区分官办与民办的裁判标准？如何以法律的规范化语言定义官办中的“官”的含义？“官办”的意思是有行政委托，还是由行政机关管理，抑或在历史上脱胎于政府机关？

上述争议体现出一种规则导向型的思维模式，学者的精力都集中于分析哪种解决途径更加符合现有的理论与立法框架，似乎没有人比较过不同解决办法在实际操作中存在何种差异，以及这种差异对行业协会内外部权力结构造成的影响。司法审查的目的在于避免因为权力失衡而导致组织对成员权利的侵害，同时也要尽量避免对行业自治的不当干预，进而提高行业协会的执法效率，为我国行业协会

---

① 赵延聪：《社团罚的受案标准研究》，载《行政与法》2012 年第 11 期。

② 陈晓军：《互益性法人法律制度研究——以商会、行业协会为中心》，法律出版社 2007 年版，第 46 页。

③ 袁曙宏、苏西刚：《论社团罚》，载《法学研究》2003 年第 5 期。

发展提供正确的制度激励。那么,采用功能主义的进路,构建以权力平衡为基本目标的司法审查模式,应当是一种更为实用的理论态度。还需要指出的是,我国在该领域的学术研究存在缺陷,即忽视对两大法系司法判例的汇集、梳理与研判,由此得出的结论——正如后文将揭示的那般——很可能不符合其他法域的实际面貌。

一、"理想类型"下的司法审查模式比较

我们先设想存在一个"理想类型"的案例,在该案例中,所有有关处罚的规则均有行规行约的明确记载;所有会员经营者均以共同缔约或者事后同意的方式对以上规则表示认同;该行业协会不存在强制入会,加入该协会也并非行业的准入条件;案件的原告为被处罚成员,被告为行业协会,诉讼请求如果是行政诉讼则为"改变或者撤销具体处罚行为",如果是民事诉讼则为"继续履行"(如会员资格的撤销)或者"变更"。在这个"理想类型"案件中,民事诉讼与行政诉讼的主要区别大致可以归纳为如下两点。

(一) 审查内容

既然纳入了行政诉讼的解决框架,那么法院对于行业协会处罚规则本身一般不直接予以审查,而仅仅审查据此作出的处罚行为的合法性。对于处罚行为的合法性审查,主要涉及行业协会的具体处罚行为是否存在无权限、越权、权力滥用以及违反程序的现象。

就权限问题而言,如果严格类比行政诉讼,则行业协会

处罚必须有至少地方性法规以上位阶的明确授权，按照这一标准，事实上我国许多地区的行业协会处罚都处于无法可依的尴尬境地：我国只有部分地方性法规对于行业协会拥有处罚权作出了明确规定。例如，2014 年 4 月 1 日生效的《深圳经济特区行业协会条例》第三十六条中规定，“行业协会应当根据法律、法规和章程的规定，建立会员惩戒和申诉制度，对会员进行自律管理”，并对惩戒措施的内容予以明确。就程序问题而言，行业协会处罚中的程序自然只能是章程等各种协会规则中所拟定的程序，而我国行业协会对于处罚程序运行问题大多缺乏基本的流程规范。法院在审理程序合法问题时还需要解决另一个让人头疼的问题：行业协会有关处罚运行程序的规则，应当详尽到何种程度，方可一方面保证对权力运行的恰当制约，另一方面避免由于规则过于繁琐而降低行业协会自律的效率。另外，既然将其划归行政处罚，对于处罚畸重的，则法院有权予以变更。[①]

如果依民事诉讼程序，将处罚权纠纷视为合同争议进行审理，则法院需要审查行业协会在处罚时是否存在违约情形，即重点考察行业协会的处罚是否有相应的行规行约，处罚是否符合行规行约规定的适用条件，处罚流程是否按照规则规定的程序进行。在程序完备程度的审查方面，通过民事诉讼解决相对来说简单一些，只有那些没有任何程

① 《中华人民共和国行政诉讼法》第七十七条第一款规定：“行政处罚明显不当，或者其他行政行为涉及对款额的确定、认定确有错误的，人民法院可以判决变更。”

序保障的处罚行为，才有可能被法院认定为构成违约(或者显失公平，此时可以要求撤销)。对于处罚过重的，既然将其视为承担违约责任的一种形式，法院同样也可以依职权予以适当调低。通过以上比较可以看出，在审查内容环节，审查方式的差别其实并不如想象中那么大。

(二) 举证责任

如果依行政诉讼程序，作为被告的行业协会需要对处罚行为的合法性承担举证责任，合法性之外的争议问题则依然采取“谁主张、谁举证”的举证责任分配原则。若依合同纠纷审理，此时举证责任由成员承担，成员需就组织存在违约行为，自己受有损失，且二者之间存在因果关系举证。在理论上，采取两种不同诉讼方案，对于两造利益的取舍来说至为关键，采用行政诉讼可以非常明显的改善原告处境，提升其诉讼中的胜算筹码。但如果结合具体情境分析就可发现，即便采取民事诉讼，行业协会成员要完成以上三点举证责任也并不困难。

首先，损害后果(即遭受的具体惩罚)以及因果关系的证明与行政诉讼完全相同。其次，要完成对违约行为的举证，需证明协会处罚行为不符合合同规定，没有规则依据，或者没有按照规则程序作出。与之相比，在行政诉讼中，处罚的依据以及程序合法的举证责任由处罚主体承担。表面上看，采用行政诉讼方式对于成员的保护更为周全。行政诉讼之所以要求行政机关就行政处罚的法律依据举证，主要考虑在于，国家各级行政机关设立行政处罚的法律法规多如牛毛，以公民一己之力去了解的话，需要付出极高的信息成本。既然我们推定,行政机关的行政处罚都应当是于法有据的,那么,让其承担举证责任,就相应的合法性信息予以披露,与其信息优势地位完全匹配。但行业协会与其成员的关系与之完全不同,在这一紧密型社会组织中,成员对于组织制定的相应规则信息拥有足够充分的了解渠道与可能性。此外,既然是一种契约,当然需要两造合意,会员就相应规则问题予以签署或者同意是合同成立的基本前提,如果某有关处罚的行规行约秘而不宣,对于被处罚成员来说根本就不存在约束力。尽管随着组织规模的范围以及组织本身的性质不同,成员的信息获得能力会有差异,但此举证责任对于被处罚成员来说并不是特别大的负担。

还需要指出的是,既然提起违约之诉,我国合同法上有关违约责任的归责原则一般为严格责任。[①] 因此,只要成员能提供证据证明组织的处罚没有相应的行规行约(包括章程)依据、不符合行规行约规定的适用条件、未按照规则规定的程序进行,那么除非行业协会能证明法定免责事由存在,否则应当承担相应的违约责任。

二、不同审查模式的利弊分析

不同审查模式的利弊可以通过下表简要概括(见表 4–1)。

---

① 梁慧星:《从过错责任到严格责任》,载梁慧星主编:《民商法论丛》(第 8 卷),法律出版社 1997 年版,第 4 页。

表 4-1　不同审查模式的差异

类型	权限	程序	合理性	举证责任	其他
行政诉讼	审查，我国现有法律体系对此缺乏规定	审查，且需要解决程序完备到何种程度的问题	审查，法院可依职权对畸重处罚予以调整	原告证明损害后果以及因果关系。被告证明事实依据、合法性依据以及程序合法性	国家赔偿的问题。否定了以仲裁解决相关争议的替代争议解决方案可能性
民事诉讼	不审查	审查，只有没有任何程序保障的处罚才构成违约或者显失公平的可撤销	审查，法院除可依职权对畸重处罚予以调整外，某些情况下将考虑案件事实与行规行约之间的涵摄问题	原告承担举证责任	被告可以就法定免责事由免责。不存在国家赔偿问题。有多种替代争议解决方案

可以看出，两种审查方式对于成员权益保障来说并非云泥之分。尽管行政诉讼可能稍稍有利于行业协会成员一方，但是，由此带来的负面效应同样需要纳入考量。

首先，从宏观上来说，采用行政诉讼可能意味着司法权力对于行业协会自治权力有更深的介入，并以牺牲行业协会自律的专业性、效率性与信息优势为代价。

其次，从微观层面来说，一方面，若采用行政诉讼模式，那么所有行业协会都需要建立相对详尽的处罚程序制度，这对于行业协会这一“极简主义”组织形态而言，有可能大幅提高其自律的运作成本，严重影响自律活动的效率。若采用民事诉讼，大部分行业协会只需要规定基本的程序保障即可。另一方面，至少在可预见的较长时间内，采用行政诉讼模式都无法适用于我国现有的司法实践。从授权规范角度来说，我国大部分地方性法规对于行业协会处罚行为并没有授权性规定；从行业协会内部规则建设来说，我国行业协会绝大部分都不具备基本的处罚程序性规定，而民事诉讼却可以“即插即用”，在实用性上优于行政诉讼模式。从两大法系相关司法判例的实际效果来看，如果将行业协会处罚权规则类型化为合同，法官依据民事法律裁判并无实质上的法律逻辑障碍。

再次，主张行政诉讼模式的学者普遍忽视了如下问题：如果行政诉讼最终判定行业协会的处罚行为不合法，法院判决予以变更或撤销的话，成员若能证明自己因之遭受损失，就会涉及成员是否可以据此申请国家赔偿的问题。若答案为是，则赔偿机关如何确定的问题就会显露出来，让诸如“温州烟具行业协会”一类的自发型协会承担国家赔偿，定位是否有问题？若答案为否，理由何在？

最后，在行政诉讼中，当事人双方无法通过事前约定仲裁的形式排除司法审查，相关纠纷也不能通过法院的调解方式结案，民事诉讼则可以提供多途径的纠纷解决方案。

以上两种有关诉讼模式的场景比较,是建立在我们所设想的"理想类型"案例基础上的,实际上,本书前文中对美国两则判例(即 Scott v. Lee 和 Smith v. Kern County Medical Assn.)的解读,实施处罚的行业协会也都是民间自发式的组织,并非类似于美国金融监管局一类的 SRO。民事诉讼并以违约之诉受案的方式,将面临如下尖锐质疑:首先,我国现有行业协会的职能、性质差异明显,部分行业的经营者依法负有强制入会的义务;其次,部分行业协会事实上在该行业中具备垄断性地位,以上两点决定了此类行业协会对于行业经营者来说几乎是必备的、唯一的选择。在这种情况下,加入该行业协会的成员对于组织的处罚规则并不存在事实意义上的选择自由,即便某种规则完全违背其意愿,成员也会出于无奈而予以同意。最后,鉴于我国"一行一会""一地一会"的管理体制的制度惯性,行业协会的潜在入会者以及现有成员基本上不存在任何替代性机会选择,所以,采用民事诉讼解决此类行业协会处罚争议脱离了我国的实际语境,不利于行业协会成员以诉讼方式保障自身基本权利。

这一质疑有一定的说服力,我们将在后文予以回应。从理论上来说,有关民事诉讼同样可以实现司法审查对组织权力失衡制约的观点,其意义在于指出了统一的行政诉讼模式的偏颇之处,提示有关论者结合语境考虑民事程序在行业协会处罚司法审查问题方面的巨大潜力,为构建混合式的司法审查模式奠定基础。同时,学界也需要重新审视似成通说的结论,更为全面地了解处罚权纠纷的域外实践，避免在制度建议环节出现理论与实践脱节的现象。

第二节　两大法系司法审查的理论与判例

从比较法的视角来看，前文提到的 Smith v. Kern County Medical Assn. 一案，以及 Scott v. Lee 一案的判决中，美国法官将行业协会处罚权规则完全视为一种契约。即便是在坚持公私法划分的传统大陆法系国家及地区，绝大部分行业协会处罚纠纷也并未纳入“行政处罚”的概念范畴，而是由民事法院加以管辖。

一、大陆法系

以行业协会的处罚权规则为代表的行规行约，当然不同于传统的民事契约，行业协会处罚权恰好介于公权力规制与纯粹市场自发规制的中间地带。与我国主张将行业协会处罚纳入行政诉讼的学者观点相左的是，德国以及我国台湾地区的学者虽然充分考虑到行业协会处罚与普通民事契约的不同，但在通说上依然采取了私法自治的观点。以行业协会处罚为代表的社团罚，目的在于保证社团具备处置与反映成员违反社团要求的行为，此类处罚规则一般都规定在章程或者其他行规行约中，“社团罚亦可认为其源自社员对章程之同意，而与私法自治之概念相吻合”，这也是我国台湾地区学界的通说。在德国，将社团罚规则理解为章程的自治（Satzungautonomie）以及社团自治（Vereinautonomie）的体现，其目的在于确保社员遵守社员义务，而社团自治源自私法自治（Privatautonomie）以及契约自由（Vertragfreiheit）。

坚持行政诉讼结论的学者有可能存在如下研究盲点：第一，未能进一步识别大陆法系社团罚概念的几个子概念的区别——行业协会处罚与职业协会处罚的纠纷解决，其主体与程序并不相同；第二，没有全面查阅大陆法系国家与地区行业协会处罚权纠纷的司法判例。

（一）德国

德国的行政制裁体系属于公法制裁体系范畴，是“由行政机关（Sanction Administrative）对于行政下属者（Verwaltungsuntersorfen）之违反公法规范所作不利后果之处置措施”[①]。以责任承担形式为标准，有德国学者将国家制裁体系分为六大类，分别是：以罚金、金钱负担、权利褫夺、没收为代表的刑事制裁；以秩序罚锾、警告金、没入为代表的秩序制裁；以强制金、秩序金为代表的国家强迫制裁；以惩罚性的提高规费及其他提高性补偿费为代表的征费性制裁；以基于社团及职业团体法或公务员法之金钱制裁为代表的身份与纪律法制裁；以社团罚（Vereinsstrafen）、契约罚（Vertragsstrafen）、企业司法制裁为代表的民事制裁

① 林腾鹞：《德国行政处罚制度之研究》，载《东海法学研究》1999年第14期。

(Zivilrechtliche Sanktionen)。可以看出,在这一分类体系中,第一项为刑事制裁,以行业协会处罚为代表的社团罚位于第六项,性质上属于民事制裁,第一项、第六项两项均不属于行政制裁体系。[①] 值得注意的是,医师、律师等职业协会对成员实施的制裁,属于行政处罚的范畴。

德国法院对于社团罚的审查也基本以民事诉讼的方式进行,在早期的司法实践中,在审查内容方面以程序审为主,并以是否具有"显而易见的错误"(Offenbare Unrichtigkeiten)[②] 作为程序审查的例外标准。从裁判结果看,法院是否撤销某项社团处罚措施,取决于该处罚是否在社团规则里有明确记载,是否遵循相应的程序规则,以及是否违反法律以及公序良俗。[③]20 世纪 80 年代起,德国法院适度扩大了对社团处罚的审查范围,将处罚的"事实认定"部分也纳入审查视野,但依然以社团的明文规则作为审查的基本依据。对于欠缺有效退出机制的社团,法院对涉及被处罚者重大利益的处罚措施(如除名)采取了更为严格的审查。值得注意的是,本书所引的德国判例

① Siegfried Gelbhaar Monetäre Sanktionen als Instrumente staatlichen Handelns, Duncker & Humblot (1994), Berlin, s121, 转引自林腾鹞:《德国行政处罚制度之研究》,载《东海法学研究》1999 年第 14 期。采取类似分类的体系的还有克拉默,他将法律制裁体系分为司法制裁与行政制裁,司法制裁体系中包括刑事与民事制裁,开除会籍等行业协会制裁属于民事制裁。在另一位德国学者罗加尔的分类图谱中,违反"专门职业及身份法上义务"的制裁属于行政制裁,但也仅限于职业协会而非行业协会。参见林腾鹞:《德国行政处罚制度之研究》,载《东海法学研究》1999 年第 14 期。

② BGHZ29, 352, 354=NJW1959, 982.

③ BGHZ87,337,343=NJW 1984, 918; BGH NJW-RR 1992, 246.

均源自德国官方案例汇编 BGHZ(Amtliche Sammlungdes Bundesgerichtshofin Zivilsachen),即德国联邦最高法院民事裁判集案例。[①] 从这个细节可以推知,在德国判例中,社团罚的司法实践是以民事诉讼为主要方式的。

(二) 我国台湾地区

我国台湾地区是一个更为恰当的比较样本。在对行业协会的控制方面,我国台湾地区实施的法定一业一地一会、强制入会等制度。对于行业协会的态度,我国台湾地区最早承袭了国民党的统治传统,将行业协会视为社会控制与动员的主要对象,[②] 近 20 年才开始逐步放松对行业协会的管制。虽然随着“人民团体法”等行业协会管理规定的修改,对于行业协会的法律限制相对减少,[③] 但至少在规则文本上,依然可以将之纳入“强管制”类型。即便如此,除医师、律师、会计师等部分职业协会实施的处罚之外,行业协会处罚纠纷也均以民事诉讼的方式审查。

在我国台湾地区,部分职业协会对其会员的惩罚措施

---

① 王洪亮:《德国的判例编撰制度》,清华法学网,2016 年 7 月 4 日访问。

② 徐晞:《台湾行业协会发展概况及其对大陆的启示》,载《亚太经济》2013 年第 2 期。

③ 例如,我国台湾地区“人民团体法”第七条规定,人民团体在同一组织区域内,除法律另有限制外,可组织两个以上同级同类之团体,但其名称不得相同。这在一定程度上打破了固有的一业一地一会的管理体制。但在“商业团体法”第九条规定,同一区域内之同类商业同业公会,以一会为限。该规定第十二条规定,同一区域内,依公司法或商业登记法取得登记证照之公营或民营商业之公司、行号,均应于开业后一个月内,加入该地区商业同业公会为会员;其兼营两业以上商业者,应分别加入各该业商业同业公会为会员。

一般由惩戒委员会这一公权力主体承担，会员对于处罚结果可以提起行政复议以及行政诉讼，行业协会处罚引发的争议则由民事法院管辖。不同的职业协会，其惩戒委员会所属公权力部门也不尽相同，律师协会的律师惩戒委员会隶属于法院，会计师协会的惩戒委员会以及其他部分职业协会的惩戒委员会，均隶属于行政部门。惩戒委员会所属部门的不同也决定了其救济途径的差别，被处罚者可以就律师惩戒委员会的处罚决定向复议委员会申请复议，复议结果具有终局效力，被处罚者不得就此再行提起行政诉讼；而对于隶属行政部门的会计师惩戒委员会而言，被处罚会员在申请惩戒复议委员会复议后，依然可以就复议结果向行政法院提起行政诉讼。[①]

惩戒执行机构并非隶属行政机关或者法院的职业协会，一般性的行业协会，处罚权纠纷性质上属于民事争议，应当由民事法院管辖。在我国台湾地区法院民事的一份裁定中，会员吕宽恕因被台北市建筑师公会开除会员资格一事诉至法院，在二审中，双方就一审判决第(一)项至第(四)项请求判决，即“回复会员资格”“撤销理事会决议”等如何确定诉讼标的引发争议。二审法院认为，以上因为处罚权引发的纠纷皆属于财产权诉讼，尽管其诉讼标的价额在客观上不能确认，但可依我国台湾地区“民事诉讼法”第七十七条之十二规定，分别核定其

① 林明锵：《同业公会与经济自律——评大法官及行政法院相关解释与判决》，载《台北大学法学论丛》2009 年第 9 期。

诉讼标的价额。最终裁定，二审判决中“第(一)项至第(四)项彼此间并无互相竞合或应为选择、附带请求之关系，且诉讼标的之价额均不能核定，依我国台湾地区‘民事诉讼法’第七十七条之十二规定应分别核定其诉讼标的价额为165万元，原法院裁定所核定之诉讼标的价额，并无违误”。

在案例检索过程中，笔者还发现如下一则判例，尽管该判例与行业协会处罚没有直接联系，但主审法官的结论却与前文提及的Scott v. Lee一案有异曲同工之妙——行业协会的章程以及行规行约构成会员与组织之间的契约，但该契约并不约束成员之间的关系。

我国台湾地区台北地方法院民事判决如下：

原告乡林建设事业股份有限公司台北分公司为台北市建筑开发商业同业公会会员。原告认为，该协会理事长蔡竹雄及其余理监事违法决议通过新增200余名公会会员代表之入会审查，企图影响理事长、理监事选举之公平性及公正性。被告属于新增会员，但并未依照同业公会章程第七条规定，于开业后一个月内加入该同业公会，不应当具备会员代表资格，特请求法院确认被告同业公会会员代表资格不存在。法院认为，根据台湾地区“民事诉讼法”第二百四十九条第二项，确认法律关系之诉，非原告有“即受确认判决之法律上利益”者，不得提起；确认证书真伪或为法律关系基础事实存否之诉，亦同。而我国台湾地区“民事诉讼法”第二百四十七条所谓“即受确认判决之法律上利益”，指因法律关系存否之不明确，致原告在私法上之地位有受侵害之危险。双方争议焦点乃被告是否具备同业公会会员资格,该争议仅为一法律事实并非法律关系,无论被告是否具备会员代表资格,对于原告身为公会会员之资格及权利都不会产生影响。至此,我们已经可以较为清晰地分辨出该案与 Scott v. Lee 一案的相似处:行业协会内部会员权利的相对方乃行业协会组织,每个会员与组织之间的权利连线互相独立、彼此无涉,构成一个微观边界清晰的权利束。法院最终认为,原告非唯私法上之地位无受侵害之危险,亦无从据本件判决除去原告主观所认其法律上地位不安之状态,遂不经言词辩论,径行驳回了原告诉讼请求。

二、英美法系

混合式的司法审查模式显然只能是民事诉讼与行政诉讼的混合,即部分行业协会处罚的纠纷以行政诉讼解决,部分以民事诉讼裁判。如前所述,将处罚权的组织规则视为一种约束组织与成员之间权利与义务的契约,是美国法院的基本态度。不过,即便是在受案时不明确区分诉讼方式的美国,法院对于不同性质的行业协会进行司法审查时,也从来没有忽略过“具体协会、具体定性”的审判思路,并在实质上形成了一种混合式的司法审查策略。

以美国证券业自律机构 FINRA 的前身 NASD 为例。NASD 并非政府机构,这一基本结论在诸多判决中被反复提及。在 2001 年的 D. L. Cromwell Investments Inc. v. NASD Regulation Inc.[①] 一案中,美国上诉法院第二巡回法庭认为:NASD 是一个在美国证券交易委员会注册的非政府、非营利的自律组织,有关处罚的自律规则是该组织行使自律权力的工具。这一认识不过是对以往诸多判例主旨的一种重申,早在 Susan A. Desiderio v. NASD Inc.[②] 一案中,美国联邦上诉法院即指出:"NASD 是一家私人部门而非政府部门,作为一家私人公司其并不接受联邦或者州政府的资金资助,其创立并非基于法律授权,其董事会或委员会的人事任命也与政府没有关系。"类似的表述还见于 United States v. Shvarts[③], United States v. Coppa[④], 以及 Marchiano v. NASD Inc.[⑤] 等案件中。但当 NASD 以处罚权行使自律监管职能时,美国法院却将其认定为一家准行政机构。

在 Butz v. Economou 案件中,美国联邦最高法院确立了判断某一行政机构或官员是否享有绝对损害赔偿责任豁免的"三要素标准":该机构或者官员的权力运行有类似于司法程序的特征;该机构或者官员的行为有可能引发反诉

① D. L. Cromwell Investments Inc., v. NASD Inc.,279 F. 3d 155.

② Susan A. Desiderio v. NASD, Inc. 191 F. 3d 198.

③ United States v. Shvarts. 90 F. Supp. 2d 219, 222. E. D. N. Y. 2000.

④ United States v. Coppa. 267 F. 3d 132,2d Cir. 2001.

⑤ Marchiano v. NASD Inc., 134 F. Supp. 2d 90, 95 ,D. D. C. 2001.

讼；在规制制度框架中是否有足够的权力控制设计。[①] 换句话来说，以此三要素作为标准，可以确定何种机构及人员的行为属于行政行为。在 Austin Municipal Securities Inc. v. NASD Inc.[②] 一案中，美国联邦上诉法院援引了这一判例中的三要素标准，认为：就第一项要素而言，NASD 委员会的成员在处罚上诉人的时候，其身份类似于公诉人与裁判者，地区商业行为委员会（District Business Conduct Committees，"DBCC"，本案中处罚实施的具体机构，下属于 NASD）决定应当对上诉人提出何种控告，之后裁定其是否清白，两个行为非常清晰的"类似并等量"于公诉与裁判；就第二项要素而言，DBCC 的职员也很可能成为诉讼的对象，那些因为违反证券法规遭受制裁的经营者越来越倾向于向法院主张其权利，在这一点上，DBCC 的职员与行政机关的官员（原文为"相对物"，their administrative counterparts）具有类似地位；NASD 有关处罚的程序设计与规则体系，包含有充分的、足以抵御违宪行为的保障措施。对于最后一点，上诉人表示了激烈的反对，认为该案中显示的处罚权与 Butz v. Economou 一案迥异，因此排除了适用该案三要素判断的可能性，法院并未予以认同。

在涉及 NASD 处罚的案件中，法院之所以赋予行业协会委员会等机构附条件的民事赔偿豁免，理由在于：司法

① 上证联合研究计划第 18 期课题报告：《证券交易所自律管理中的司法介入——以美国法的研究为视角》，爱问共享资料网，2016 年 6 月 29 日访问。

② Austin Municipal Securities Inc. v. NASD Inc.757 F. 2d 676.

机关的审慎立场基于充分尊重自律组织处罚自由裁量权的目的，以此保证NASD充分的自治性。值得说明的是，规则完备可以使相关自律机构享有民事赔偿的豁免权，同时也有助于其避免因为程序瑕疵导致处罚行为被法院认定无效。[①]

第三节　混合模式的司法审查之构建

混合模式问题的关键并不在于混合的比例，而是确定不同诉讼受案范围的司法裁判标准，尽量平衡如下几种存在潜在张力的价值：对特定行业协会权力滥用的控制、对行业自治的尊重、正确的法律激励，以及对行业自律效率的考虑。当前有关行业协会处罚权纠纷审查观点的出发点大多基于成员权利保障的考虑，忽视了不同审查方式对于行业协会自治权力的实际影响，以及由此对不同类型的行业协会处罚权制度体系产生的引导作用——司法审查模式实际上构成了后者发展的"制度阴影"。

司法审查既是权利保障的最后一道防线，也是培育、诱导行业协会自治权发展的重要制度变量。通过前文比较可以看出，两种审查模式在成员权利保障方面其实各有千秋，因此，司法审查模式的构建应当更为关注后面一个问题。

① 参见 Northwest Wholesale Stationers, Inc. v. Pacific Stationery & Printing Co. 一案。

具体而言，民事审查在处罚程序方面的要求不如行政审查严格，意味着行业协会可以将更多精力投入到提高自治效率方面；当司法审查面对处罚的实体问题时，专业信息与技术壁垒将构成法院决策的潜在风险，在行业协会处罚有专业化行政监管机构予以监督的前提下，以行政诉讼的方式实施程序控制可以有效地规避这一风险；在民事诉讼审查方式下，法院不但需要审查处罚程序的合规则性，而且对于处罚适用事实问题的判断也拥有更大的自由裁量权，因此，在民事诉讼模式下，法院可以根据行业协会的不同性质决定相应的介入程度，进而更为灵活地调整公权力对自治权的控制边界，这一优点是行政诉讼所不具备的。

对于行业协会处罚权引发的纠纷，在原则上应当以民事诉讼的方式解决，以行政诉讼模式为例外，在我国民事立法未就社团法人作进一步明确规定之前，从法律解释学的角度来说，可以将处罚权纠纷类型化合同纠纷处理。

以行政诉讼模式解决的前提条件有二，且必须同时满足。第一，加入某个行业协会在法律（法律或者行政法规）上或者在事实上成为该行业经营者从事相关业务的必不可缺的条件；第二，有关行业协会对于成员的自律管理权，有法律或者行政法规的明确授权，或者直属行政监管部门的明确授权。行政诉讼审查的另一个前提是，被处罚者都必须首先穷尽行业协会内部所有救济方案，以及其他有可能存在的行政救济措施（如申请行政复议等）。

在审查内容上，法院以行政诉讼模式处理处罚权引发的纠纷，原则上仅作程序审查，法院需要考察行业协会处罚是否符合组织内程序规则,并且不违背行政监管规则对于正当程序的规定。若以民事诉讼模式处理处罚权纠纷案件,原则上也仅以组织内规则为依据作程序审查,成员退出机制严重受限、处罚措施后果较为严重的,法院可以有限度地审查案件事实涵摄问题。

一、受案范围的具体标准

在民事诉讼为主体的混合模式中,只需要明确行政诉讼审查的标准,即可区分两种不同审查模式的具体界限。

行业协会处罚权纠纷进入行政诉讼受案范围的基本条件有二:一是法律法规(法律效力位阶意义上的)对于行业协会的行业管理权有明确授权,或者法律法规明确授权某专业行政监管机关进行行业管理,该行政机关进而将行业管理权委托给某特定行业协会,这可以称作"形式要件"。第二个条件可以称为"实质要件",即在满足法律法规明确授权的前提下,加入某个行业协会在法律上或者在事实上成为该行业经营者从事相关业务的必不可缺的条件。

如果依此两项标准加以鉴别,则一个行业协会是否属于全国性的,其在该行业是否具有垄断地位,是否存在强制入会,都不能全面反映以上两项要件的内涵,因此都不适合单独作为受案范围的标准。

尽管从产生渊源上来说,我国大部分全国性的行业协会都具有浓厚的官办色彩,但不同全国性行业协会所拥有的资源占有与动员能力却差异悬殊。据2011年国家民间组织管理局编写的《全国性行业协会名录》,我国现有的、在民政部登记的全国性行业协会共计598家。[①]不同行业协会所拥有的资源不均,加入资源相对匮乏的行业协会对于该行业内的企业而言并非是不可或缺的,部分全国性行业协会已经处于功能失调的状态。[②]

以垄断性作为标准的问题在于这一标准过于模糊。在一业一地一会的制度惯性影响下,任何一家行业协会实质上在一定地域内,对其所属行业企业而言都存在一定的垄断性,只不过即便缺乏竞争者,该地域的企业依然可以根据组织资源的丰富程度,决定是否将“没有也行”作为一种可接受的战略选择。

具有较强操作性的是强制入会标准。就单纯的强制入会而言,依德国通说,强制经营者加入某行业协会并不违反比例原则与结社自由,理由在于,该制度并未介入行业协会业务执行的种类以及方式,也没有引导特定行业的政策走向,即便对结社自由客观上有所约束,也仅仅是一种侵害“被强迫会员”最轻微的手段。[③]强制入会固然限制了企业

---

① 中国社会组织政务服务平台,2016年7月1日访问。

② 时任民政部民间组织管理局局长孙伟林2010年4月在上海表示,国家民间组织管理局已经对部分全国性行业协会进行了综合评估,其中存在各种问题、不能发挥作用的行业协会有30多家,将尽快采取措施予以淘汰。除管理不规范等表层原因外,对该行业经营者缺乏资源吸引力以至于成为鸡肋,是此类行业协会陷入窘境的根本原因。

③ 林明锵:《同业公会与经济自律——评大法官及行政法院相关解释与判决》,载《台北大学法学论丛》2009年第9期。

在组织进退方面的策略选择,但如果该行业协会组织本身所占有的资源有限,则成员之于组织依然可能呈现出弱依赖的局面,组织无法对成员有效施加影响与权力,权力的滥用就更无从谈起了。

按照前述两个标准,在实践中,应当纳入行政诉讼审查的行业协会大致包括两种类型。

第一种类型,法律法规明确授权相应的专业化行政监管机关以及行业协会履行行业管理职能,同时,依据法律以及监管机关的监管规则要求,所有经营者必须加入该行业协会。《中国保监会关于加强保险行业协会建设的指导意见》中规定:“为加强行业自律,维护公平竞争的整体环境,各保险机构应加入保险行业协会。”在这一指导意见中,保监会实际上将强制入会扩大到了保险公司以外的其他从业机构。我国证券业协会的情况与之类似,《中华人民共和国证券法》第七条实际上授权证监会行使对全国证券市场的统一监管,第十一章将证券业协会规定为法定的自律组织,第一百六十四条规定了证券公司的强制入会义务。无论是证券业协会还是保险业协会,都是受相应专业行政监管机构的委托,行使广泛的自律监管机构。[1] 需要指出的是,地方性法规对于行业协会处罚权的一般性授权并不符合该

① 根据《中国保监会关于加强保险行业协会建设的指导意见》第三条的规定,保险业协会的主要职能包括:接受业务主管单位委托,制定从业人员道德和行为准则、行规行约,对保险从业人员进行资格管理,并根据相应的准则与规约,对于枉行成员予以惩戒;还包括组织制定保险业产品、技术、服务等方面的指导性条款,报业务主管单位审查同意后对外发布,等等。

条件，[①] 其主要原因不在于法律规范的位阶，而在于此类规定与其看作“授权”，不如视为制定法对于行业协会处罚权的一般性认可，这一认可中既不包括对行业协会自治领域的界定，也未能配套提供与具体的专业行政监管部门形成治理格局的多层衔接。

在此有必要分析《最高人民法院关于对与证券交易所监管职能相关的诉讼案件管辖与受理问题的规定》。该规定第一条明确将与证券交易所监管职能相关的诉讼案件分为民事案件与行政案件，尽管在该规定中没有就何种类型案件属于民事诉讼受案范围作出进一步说明，但根据其第二条的分类式行文似可推知，证券交易所根据其章程、业务规则作出的处理决定，与根据业务合同的规定作出的决定属于同一性质，因此应当由民事法庭管辖。[②] 最高人民法院的有关人员对此认识也持赞同态度，“交易所根据其章程、业务规则、业务合同的规定”作出的处理决定，属于依合同产生的监管

① 例如，《湖南省行业协会管理办法》第二十六条规定即属此例。根据该条内容，行业协会对违反协会章程和行业规则，所提供的产品、服务达不到质量规范、服务标准，进行不正当竞争，损害消费者合法权益和行业整体利益的会员，可以依据协会章程、行业规则采取警告、批评、同业制裁、开除会员资格等措施。对行业内违法经营的企业或者其他经济组织，应当建议并协助有关部门依法查处。行业协会对本行业进行违法经营的非会员单位，可以建议有关部门依法查处。

② 该规定第二条的四种分类分别是：依法律、法规、规章授权的事项，依国务院证券监督管理机构授权的事项，以及依章程、规则与业务合同的事项，其他事项。

事项。[①]既然是合同，当然属于民事纠纷的范畴。鉴于我国行政权力对于证券业协会等金融行业协会的主导作用，无论是人事任命还是规则制定，证券业协会在很大程度上都受到政府意志的影响，“其自治性和自主性伴随着证券市场规模的不断扩大却逐渐萎缩和失落”，实质上成为行政机关的附属机构。[②]即便是证券业协会拥有较大自律权力的美国，证券业协会的相关规则也都需要SEC的审批，处罚决定需要上报SEC并由其复核。因此，在成员与组织之间权力关系极度不平衡的情况下，证券业协会依据章程、规则对成员作出的处罚，不应当纳入解决平等主体权利义务关系的民事诉讼范围。

第二种类型，在法律法规对于行业管理权有明确授权的前提下，即便没有强制入会的规定，加入某行业协会在事实上也已成为行业经营者与从业者的必备条件。在我国，属于这一类型的典型代表是各体育类协会。首先，法律法规对体育协会的行业管理权予以明确授权。根据《中华人民共和国体育法》第二十九条的规定，全国性的单项体育协会拥有对该项目的运动员实行注册管理的权力；根据第三十一条的规定，全国性的单项体育协会有权管理全国单项体育竞赛；第三十九条则授权全国性的单项体育协会管理该项运动的普及与提高工作，代表中国参加相应的国际

① 李伟：《〈关于对与证券交易所监管职能相关的诉讼案件管辖与受理问题的规定〉的理解与适用》，载《人民司法》2005年第6期。

② 鲁篱：《自治如何形成——对证券交易所法律地位的历史比较》，载《现代法学》2004年第4期。

单项体育组织。当然,对于体育协会处罚权更为明确的授权性规范体现在该法第四十七条以及第四十八条中,体育协会有权对体育运动中违反纪律和体育规则的行为、在竞技体育中使用禁用的药物和方法的个人以及组织,按照章程规定给予处罚。

尽管在我国法律法规以及体育协会的章程中,均未规定"强制入会",但由于此类协会章程的其他规定,以及体育行业从业的特殊性,决定了体育协会在实质上属于类似于强制入会的、会员退出机制严格受限的社团组织。例如,《中国足球协会章程》与《中国排球协会章程》中都有关于未经注册、暂停资格不得参赛的规定。由于正式比赛的组织权已被法律明确授权于体育协会,对于运动员以及运动员所属俱乐部来说,不能参加体育协会组织的正式比赛,也就意味着其职业生涯的中断乃至终止。从业者不能选择退出,也无从退出。因此,即便不强行规定入会义务,相关的法律授权结合章程规定,也将此类行业经营者、从业者的退出选择压缩到了最低限度。

在体育领域,我国的治理思路与美国等国家并不相同。体育事业在我国并未被真正视为纯粹的民间事务。为了动员有限的社会资源实现最大化的社会效果,举国体制应运而生,体育事业自此也走上了由政府主导的、自上而下式的管理道路。随着体育事业对于国家外部形象边际效应的递减,国家治理技术也开始逐渐减弱其公权力管理色彩,逐步提升民间性特征。在《体育产业"十二五"规划》中,国家体育总局将"政事分开,管办分离"视为体育事业的治理思路，中国足球协会与足球管理中心“两块牌子、一套人马”的管理方式已成为历史，中国足球协会等体育类协会也被剥离了行政职权，逐步成为民间性的行业协会。当然，相较适用民事诉讼审查而言，体育类协会处罚引发的纠纷以外部仲裁作为主要的替代式争议解决机制，也许更具有合理性。

前述受案范围标准符合大陆法系对于自治行政的理解。所谓“自治行政”，是指特定公法组织体在国家赋予的法定权限内，透过特定利害关系人之参与，自行负责处理与该组织体相关之公共事务。这一概念有两个核心要素，第一，自治行政的主体必须是独立的、具备权利能力的公法组织体，非经法律明确授权的行业协会属于私法组织，不能纳入自治行政的范围；第二，自治行政主体为处理特定公共事务而存在，因此必须拥有所谓的“固有事项”，这一固有事项必须有法律法规或者行政监督机关就范围明确授权。[①]

我们之所以没有套用 Butz v. Economou 一案中的三项标准作为司法审查方式标准，其理由在于，该标准体系中最为重要的第三项，即是否有充分的程序规则保障权力不被滥用，对于中国本土实践来说有可能产生负效应。正如文本的实证研究所揭示的那样，除少数组织之外，被调查样本中的绝大多数行业协会有关处罚的程序保障措施都存在重大缺漏，有关处罚规则的制定主体、执行主体、执行程序等重要内容要么付之

① 许春镇:《论自治行政之概念及其类型》,载《台北大学法学论丛》2006 年第 59 期。

阙如，要么语焉不详，若以此标准加以分类，一方面有可能使那些本该通过行政诉讼严加制约的行业协会成为漏网之鱼，另一方面还可能造成事实上的逆向选择——规则完备的反而要面临更为严苛的司法审查，这一错误激励有可能严重影响我国行业协会理应花大力气开展的处罚规则完善工作。

但三要素标准对于行业协会处罚权问题的隐喻依然值得挖掘。正如 Austin Municipal Securities Inc. V. NASD Inc. 一案判决中所言："本案触及美国国会建立自律机制的核心，因为在任何形式的自律过程中，主持自律工作的当然是该行业中的竞争者。国会创立这一体制的理由，在于组织内的成员可以运用其专业知识针对性的解决自律问题。这在很大程度上当然会造成自治与干预之间的紧张关系"。但是，当自律活动的制度结构拥有足够充分的防止权力滥用的能力时，这种自律活动的民事责任豁免则有助于其更好地履行自律职能。立法与司法权力对于行业协会处罚的规制态度应当足够审慎，无论选取何种审查模式，都需要尽力平衡"公权力—自治权力"两个权力系统生态之间的平衡。

二、司法审查的对象

（一）以"正当程序"为原则的司法审查

行业协会处罚的程序正当，是指处罚权的行使应当符合章程以及行规行约中明确规定的告知、查处、听证与执行规则。以程序审查为原则，意味着当且仅当处罚权行使明确违反法律以及行政法规的强制性规定、违反公序良俗、存在权力滥用并且导致显失公平之后果时，法院才有权就处罚事实问题进行有限度的司法审查。

1. 行政诉讼审查对象

就行政诉讼的审查对象而言，大陆法系国家一般以"越权无效"作为基本标准。超出管辖范围、超出授权范围、违反法定程序与要件的瑕疵可以视为典型的违反"正当程序"的情形，在个案中，法院一般还会辅以权力是否滥用、是否违背社会善良道德等有限度的实体性权力限制。[①]需要强调的是，法院对于行业协会处罚权的事实审查应当慎之又慎，理由在于，能够进入行政诉讼的行业协会处罚权纠纷几乎都发端于专业性极高的行业，即便是在司法审查范围比大陆法系更广的普通法系国家，法院对于涉及专业性的事实问题争议也一般采取信任行业协会决定的立场。[②]

还需要纳入考量的另一个因素是，尽管我国证券、保险、体育等行业协会制度建设存在诸多缺陷，但必须承认，随着我国此类行业在市场经济条件下的长足发展，它们已经具备了基本的、维持有效自治的制度条件与专业技术条件。以中国证券业协会为例，仅其官方网站可以查询到的自律规则就有近90项，从一般性的"会员公约""道德准则""资格管理办法"，到涉及内部自律流程各环节的"提案制度""自律监察专业委员会组织规则""自律监察案件办理规则"，以及专门的"自律管理措施和纪律处分实施办

① 参见［德］佛里德赫尔穆·胡芬：《行政法学总论》，莫光华译，法律出版社2003年版，第210～324页的有关论述。

② 王名扬：《美国行政法》，中国法制出版社1995年版，第679~681页。

法”,与行业协会处罚权行使相关的实体与程序规则已经初具规模。再以中国足球协会为例,该协会有关成员枉行惩处的基本规则以《中国足球协会纪律准则》为主,该准则在基本面上与国际足联、亚足联等国际体育组织颁布的足球竞赛规则、纪律准则一致,体现出较强的国际化特征,在内容上,就处罚的适用条件(第二章第一节)、处罚种类(第二章第二节)、处罚的决定与执行程序(第二章第五节)都有相当细致的规定。①

因此,行政诉讼的审查模式原则上仅以程序的合规则性为争议焦点,同时,对于此类行业协会法院应当有一个基本的“程序完备度底线”,凡是未能满足这一基本程序完备要求的行业协会,相应的处罚都应当被视为无效。

行政诉讼的审查模式还应当要求当事人穷尽组织内的所有救济途径(以及其他可能存在的行政救济手段),在未将相关纠纷提交组织内纠纷解决机构的前提下,法院不宜过早介入该行业协会的处罚权争议。这也是美国法院在处理类似性质行业协会争议中一个基本的原则。我们将这一条件称为“行政诉讼受案标准的程序性符合”。

1975 年修改《美国证券交易法》之后,SEC 就行业监管获得了美国国会更为广泛的授权,证券自律机构制定的规则一般都需要 SEC 的审查或者事前批准,SEC 可以对相应的规则进行修改,具体处罚措施作出后,自律机构应当

① 《中国足球协会纪律准则》,中国足球协会网,2021 年 6 月 10 日访问。

将相应处罚事项通知被处罚者，并在通知中说明 SEC 是有关处罚的复审机构。[①] 由此，在司法审查与行业自律的界限上，正当程序就构成一道事实上被法院所尊重的“防火墙”，“(修正后)的法案授权 SEC 在监督证券业协会方面非常重要的监督管理权力”[②]，自律组织处罚引发的纠纷，被处罚者必须首先交由 SEC 复审，司法审查以被处罚者穷尽证券监管内部所有救济途径(包括行政救济)为前提，且审查内容以处罚行为是否遵守相关规则的程序性规定为原则。

在 Myers v. Bethlehem Shipbuilding Corp.[③] 一案中，联邦最高法院就“穷尽所有救济措施的原则”(The Doctrine of Exhaustion of Remedies)作出了如下阐述：“长期以来……的基本原则是，任何人在没有穷尽所有行政救济的前提下，都不能获得相应的司法救济。”这一原则用意在于“避免对行政程序过早的、不成熟的干涉；使行政机关运用其自由裁量权与专业知识成为可能；给予该机关自我纠错机会；避免了针对此类机关行为的过于琐碎的申诉”。在 Parisi v. Davidson[④] 一案中，法院就程序的完备性与该原则的联系作出如下说明：“如果允许人们频繁而随意地轻慢行

① Securities Exchange Act of 1934, As Amended Through P. L. 112-158, Approved August 10, 2012,Section 19,(D).

② United States v. NASD Inc., supra, 422 U. S. at 700-01 n. 6, 95 S. Ct. at 2434.

③ Myers v. Bethlehem Shipbuilding Corp. 303 U. S. 41, 50-51, 58 S. Ct. 459, 463, 82 L. Ed. 638(1938).

④ Parisi v. Davidson. 405 U. S. 34, 37, 92 S. Ct. 815, 31 L. Ed. 2d 17(1972).

政程序,那么,人们忽视行政程序的后果将削弱行政机关的效率性。”具体到行业协会,1975 年之后,在诸如 Touche Ross & Co. v. SEC① 等案件中,在当事人向联邦地区法院提起诉讼前,法院开始明确而频繁地要求其首先向 SEC 穷尽有关的行政救济措施,及至 First Jersey Securities Inc. v. J. Bergen 一案②,法院明确表述了将“内部行政救济穷竭”适用于 NASD 的意图。由于相关法令已经建立了全面审查程序:内部处罚程序由 NASD 的地区商业行为委员会发起,被处罚者可以就处罚结果向 NASD 的理事会(Board of Governors)、再向 SEC 申诉,直至最终向美国联邦上诉法院提起诉讼。这一体制结构的优点在于,行业协会可以在多个水平面上收集证据、行使自由裁量权、运用专业知识与技能;这一体制还给予行业协会在司法审查之前自我纠错的机会。由联邦上诉法院扮演最终审查的角色,以确保任何违宪或违法的错误行为不会发生。为使证券业协会“准行政式”的监管工作发挥应有的效率,法院的司法审查都保持了极大的克制。

对处罚权的程序性控制不仅仅体现在针对证券业协会一类的 SRO 中,《美国非营利法人示范法》第三节较为集中地体现了对于处罚权的程序性而非实体性控制态度,该“示范法”的第 6.21 条中,以满足“公平合理、诚信执行”的程序作为开除等处罚措施的有效前提,满足该条规定的

① Touche Ross & Co. v. SEC. No. 78-6095(2d Cir. May 10, 1979).

② First Jersey Securities Inc. v. J. Bergen. PFed. Sec. L. Rep. P 97,106(1979).

通知时限、听证、送达程序的处罚决定才有可能被确认为有效。[①]

既然纳入行政诉讼司法审查模式，实际上是将符合条件的行业协会处罚视为行政处罚的一种特殊类型，自然需要符合行政处罚理论的相关原则，国内外学者对此论述颇多，在此不再赘述。简言之，法院按照组织规则审查处罚行为的合规则性，并可变更畸重之惩罚；按照处罚法定原则，行业协会组织可以在行政授权基础上，在行规行约中自由规定处罚措施，但不得违反《中华人民共和国行政处罚法》第八条到第十二条的规定；对于成员的处罚应当严格按照组织既有规则执行，并遵循比例原则，做到过罚相当，处罚不得出现《中华人民共和国行政诉讼法》第七十条规定的滥用职权与明显不当的情形。

2. 民事诉讼的审查对象

进入民事诉讼审查模式的行业协会处罚权纠纷，由于已经被类型化为合同纠纷，契约自由与意思自治就成为法院裁判的基本原则。只要行业协会处罚行为遵循行规行约所“约定”的适用条件、处罚程度、处罚程序，法院就不必以判决形式撤销或者变更处罚。有关处罚的适用条件与处罚程度属于案件的事实问题，而何种枉行应当受到惩处以及受到何种形式与程度的制裁，属于行业协会组织的专业判断，法院缺乏对该行业内外产业环境、成员之间、成员与组

---

① 《美国非营利法人示范法》(1987)，中国社会组织政务服务平台，2016 年 7 月 5 日访问。

织之间处罚背景信息的充分了解，这一信息的劣势与专业判断能力的不足，决定了法院的审查也应当以程序正当与否为主。

以程序审查为原则的民事诉讼模式还需要注意以下几个问题。

第一，在民事诉讼中，所谓“程序正当”的标准如何确定。与进入行政诉讼的特殊行业协会相比，大部分行业协会通过处罚实现自律不但要考虑公正，还需要体现行业协会的另一个基本目标——效率，即行业协会需要以高效、快速的处罚及时矫正成员枉行，以此向其他成员传达有关自治规则的承诺具备可信性的信息。刻意模仿行政处罚的程序设计尽管能够较大程度保障成员权利，但由此带来的效率损失却不能低估。有鉴于此，民事法院不必苛责于行业协会的程序性齐备度，只要该组织具备基本的告知与听证程序即可视之为合乎程序正义。

第二，民事诉讼的审查方式是否要求被处罚成员“穷尽其他救济措施”。可能的解释是，穷尽原则适用的前提在于，在制度架构的内部，行业协会拥有较为完备、周全的救济程序设计，在外部，配套有专业的行政监管部门作为行业协会与司法权力的中继；穷尽原则的目的在于避免缺乏专业技能的法院对行业自律事务以及行政权力监管过多干预，同时节约司法资源。落入民事诉讼审查的行业协会一般都没有直接对应的专业行政监管机关，即便不遵循穷尽原则，也不会导致司法权对行政自由裁量的不当干涉；民事诉讼以程序审查以及有限的事实审查为基础，已经能够充分保障行业协会自治权力的运行空间，无需再行借助完备程序的额外保障；要求所有行业协会均制定较为完备的处罚与救济程序在实践中不具备可行性，而且在行业协会只要拥有基本的程序保障即可的前提下，司法权要求被处罚者遵循穷尽原则对于过滤争议、节约司法资源并无多大实际意义。

但是，民事诉讼采纳“穷尽原则”更具有合理性。

第一，尽管就司法审查的角度而言，大部分行业协会无需过于繁复的处罚程序，但行业协会解决纠纷的具体措施属于对处罚权的程序性控制，这本身就是行业协会自治权力的一种重要体现形式，因此，即便立法以及司法审查对此没有硬性要求，但出于维系组织团结、巩固联结纽带的目的，建立相对完备的纠纷解决机制也是行业协会的理性选择。我国的行业协会尽管在纠纷解决机制设计方面尚处于初级水平，但部分行业协会已经开始对此予以重视，并在相应的组织规则中予以体现。例如，《中国教育装备行业规约》第十八条规定，被处罚会员接到书面处理决定后十日内，可以向协会提出复议的书面申请，由该协会常务理事会复议裁定。可以预期的是，随着我国行业协会在社会治理中地位的不断提升，自治权的扩大也将在很大程度上为行业协会内部相应制度的建设创造宽松的进化环境。作为自治度较高的美国行业协会，其内部纠纷解决机制的完备度就与之享有的高度自治权力成正相关关系。不但如此，行业协会的内部纠纷解决机制有助于争议各方明确争议焦点，固定与争议有关的事实证据，为可能的司法程序奠定坚实的事实基础，降低法院诉讼成本。

第二，布劳指出，共同价值既是社会交换的媒介，也是维系群体社会整合的纽带。按照价值作用范围，布劳分离出四种类型的社会价值：“作为团结媒介的特殊主义价值，作为交换和分化的媒介的普遍主义价值，作为组织媒介的合法化价值，以及作为再组织的媒介的反抗理想。”[①] 前三种价值可以通过纠纷的解决得以明晰与强化，同时在纠纷解决的动态过程中消弭潜在的对立价值。

“穷尽原则”将迫使所有行业协会的内部处罚行为大致按照告知、听证、审议的程序演进，程序性的案件推进为行业协会成员之间共享的特殊价值的再次言说与锤炼提供了舞台，在这一仪式化的过程中，行业协会的特殊价值得以以“拍案说法”的形式重现，有助于加强成员对特殊价值的确信，加固成员间价值连接纽带，纠纷的解决成为一次难得的教育、规训组织成员的过程；纠纷解决过程涉及组织对于成员枉行的评估，以及枉行对于组织外群体的影响乃至由之带来的反作用。通过纠纷解决程序，行业协会可以不断厘清组织与外部环境从事社会交换的比率，进而使参与各方更为感性地体认普遍性交换价值；纠纷解决机制有利于组织的价值与规则在成员间的内化，这一内化过程不但使

① ［美］彼得·M. 布劳：《社会生活中的交换与权力》，李国武译，商务印书馆 2008 年版，第 359~360 页。

权力的行使可以借助成员对规则的自愿遵守得以实现,还可以推动行业协会对于成员权威的进一步合法化,进而扩大行业协会实施社会治理的广度与深度;处罚权的适用意味着组织内冲突的存在,这一潜在张力如果不能得到及时舒缓,就有可能在成员间形成对组织的反抗价值共识,这会在根本上瓦解行业协会内部的团结,"穷尽原则"对于正当程序的要求,有助于组织向成员展示其权力行使的正当性与必要性,避免成员对组织权力的"合法性"产生怀疑,同时,这一原则也给予行业协会自我纠错的机会,及早防止错误处罚对组织权力"合法性"的减损。

(二)程序审查的例外

所谓程序审查的例外,在行政诉讼与民事诉讼中的内涵略有不同。在行政诉讼中,程序审查例外是指在特定情形下,被处罚者可以跳过"穷尽所有救济措施"环节,径行要求法院就处罚纠纷予以司法审查;在民事诉讼中,程序审查例外是指法院可以根据不同行业协会的性质决定对处罚事实问题的介入程度。此外,反垄断法律法规也是处罚权行使的一道基本边界,在反垄断行为的司法审查中,法院还需要考虑处罚权行为对于市场竞争秩序的外部效应,此时实际上已经突破了程序审查的范畴。

1. 行政诉讼之例外

在美国判例中,"穷尽原则"并非绝对,通过 McKart v. United States, Bristol-Myers Co. v. FTC,以及 First Jersey Securities Inc. v. J. Bergen 等案件,美国法院较为明确地建立了"穷尽原则"的两个例外:行为有可能造成"不可弥补的损失”(Irreparable Injury),或者“显而易见的违法”(Clear and Unambiguous Violation),满足其中一项即可。[①]穷尽原则旨在保证司法权不过分介入应当由专业的行政机关以及行业协会行使自由裁量权的领域,但是,当本应当被信任的行政机关以及行业协会的内部制度(特别是程序保障措施),已经不足以保护被处罚者正当权利时,由司法机关从实体上提供司法救济也就具备了正当性。

在 McKart v. United States 一案中,法院初步阐明了穷尽原则例外的判断标准,“不可弥补的损失”的例外适用于“极其罕见的情况,即处罚机关的处罚程序有可能对被处罚者造成如此难以弥补的损害,以至于不得不诉诸司法予以纠正”。类似的表述还见之于 Bristol-Myers Co. v. FTC 等案件中。“显而易见的违法”[②]更为精确的表述应当是“显而易见的对宪法以及法令的违反”,较早出现在 Fitzgerald v. Hampton[③]一案的判决中,“当前置的行政机关处罚决定显而

① 参见 McKart v. United States. 395 U. S. 185, 192–201, 89 S. Ct. 1657, 23 L. Ed. 2d 194(1969);Bristol-Myers Co. v. FTC, 469 F. 2d 1116, 1118(2d Cir. 1972); First Jersey Securities Inc. v. J. Bergen. Pfed. Sec. L. Rep. P 97,106(1979); Barnes v. Chatterton, 515 F. 2d 916, 920(3d Cir. 1975).

② 参见 Aircraft & Diesel Equipment Corp. v. Hirsch, 331 U. S. 752, 771–772, 67 S. Ct. 1493, 91 L. Ed. 1796(1947); Montana Chapter of Association of Civilian Technicians, Inc. v. Young, 514 F. 2d 1165, 1167(9th Cir. 1975); Wallace v. Lynn, 165 U. S. App. D. C. 363, 507 F. 2d 1186(D. C. Cir. 1974).

③ Fitzgerald v. Hampton. 152 U. S. App. D. C. 1, 467 F. 2d 755(1972)。该案中,被诉行政机关未同意原告公开听证的要求,并且有离职调查人员出现在听证委员会中,法院认为违反了正当程序原则,因此被处罚者无需等待听证程序完成即可向法院申请司法救济。

易见地违反了法令或者宪法所赋予的权利的时候，当事人无需等待前置性的行政机关裁决"，即可径行向法院申请司法救济。在 American Fed'n of Gov't Employees，Local 1004 v. Resor[①] 一案中，法院进一步阐明了程序保障与不可弥补损失判断之间的联系：在"如果行政程序措施清晰地表明其已经不足以防止不可弥补的损失的发生"时，司法权的介入就有了充分的理由。两项例外的举证责任都由被处罚者承担。

以上两个例外的适用只能通过法官在个案中正确行使自由裁量权加以逐案式的解决。First Jersey Securities Inc. v. J. Bergen 一案较好地体现了美国法院在此问题上自由裁量权的行使思路。

对于"不可弥补的损失"而言，法院采取了一种极为严苛的立场。被处罚的证券公司主张如果静待 NASD 的内部救济措施穷尽，将在事实上终结公司的生命，因为 NASD 的处罚及其纠纷解决流程极有可能导致市场对该公司股票的恐慌性抛售，法院认为，尽管被处罚者潜在的损失也许无可避免，但却并不足以导致该案适用"不可弥补的损失"，因为 NASD 的处罚程序是对公众相对保密的，不会对于被处罚者造成巨大的负面公众影响，更为重要的是，如果这一例外如此轻易地适用于该案，则有可能导致几乎大部分 NASD 的处罚案例都将进入穷尽原则例外的范畴，这种不恰当的司法介入，将减损国会通过《玛隆尼法》（Maloney

---

① American Fed' n Of Gov' t Employees, Local 1004 v. Resor. 442 F. 2d 993, 994–995（3d Cir. 1971）.

Act）旨在创立的证券市场自律制度设计目标。

就“显而易见的违法”而言，被处罚者列举了如下几种“违法”情形。

违宪授权。《玛隆尼法》将立法权授权给私人机构本身即构成违宪。但法院认为，SEC对NASD的自律行为享有充分的监管权力，SEC根据合理的法定标准对于该协会的规则享有审批权，可以根据新发现的证据重新处理协会已经作出的处罚决定；SEC对于违规及其处罚有权作出独立决定。违宪的主张未获得法院认可。另外，由于偏见，行业协会的处罚权执行机构由同行业竞争者构成，这一制度结构决定了其处罚措施无法做到基本的客观公正。法院对此未予认可。

法院判决还指出，对于证券公司的处罚并非是事关该公司行业准入等生死存亡的重大事件，仅仅是对该公司不当行为的查处，因此，对于商业行为委员会成员中可能与被处罚案件之间存在个体利益的疑虑，证券公司完全可以利用协会内有关听证回避的规则。由此似可推知，该案法官还将例外原则的适用限定在重大处罚争议中。

从美国法院的审查标准来看，行政行为的规则程序符合度高低与审查的严格程度之间成反比，因为程序越规范的行政行为，“就越不可能对相对人的权益造成法律不允许的侵害”[①]。就行业协会处罚而言，对于拥有较高专业的技

① 姬亚平：《论行政诉讼审查标准之完善》，载《甘肃政法学院学报》2009年第2期。

术认知能力与相对完善的程序规则保障的行业协会,[①] 法院程序审查的例外也更少。从以上案例梳理还可以看出,两项有关例外的适用,不但导致美国法院放弃“穷尽原则”,也意味着法院随后将对有关处罚进行更为深入的审查,不但涉及程序,还涉及对处罚的事实认定等问题。对于采取类似美国证券业治理架构的我国行业协会,[②] 法院在以行政诉讼方式进行司法审查时,可以借鉴该例外标准,在存在如下情形时,法院可以直接对行业协会的处罚行为予以审查:处罚事项关系重大(意指相应的处罚行为不但有可能影响被处罚者在该行业的基本生存,还将连带地涉及重大的社

① 当然,我们不能排除存在符合条件的专业化行业协会程序制度建设严重滞后的情况。问题在于,对此类行业协会而言,一旦进入诉讼程序,必然会因为程序不符合基本程序完备度要求而败诉,此时,关键并不在于是否扩大审查范围,而在于法院应当从消极、排斥的现状向敢于立案、敢于裁判转变,以司法判决制度诱导为指挥棒,督促此类行业协会尽快完善相应的制度建设工作。

② 我国证券业治理架构与美国非常接近,但是,银行业、保险业及体育行业等按照笔者观点应当纳入行政诉讼的行业协会,与美国相同行业的治理结构有较大差异。我国银行业与保险业的治理架构构成主要包括:中国银行业协会或者中国保险业协会、银保监会或者保监会。在美国,《2009年华尔街改革与消费者保护法案》生效后,美联储拥有了更大的监管职权,成为银行业主要的监管机构,但作为一家私人机构,美联储在法律性质上与银保监会并无可比之处。在保险行业,美国各州州长任命保险监督官,属于州政府官员,保险监督官还成立了保险监督官协会,但在性质上也与我国保监会完全不同。同样的,美国体育事业没有如同我国体育总局一类的专门的行政主管部门,基本上由各体育协会自治管理。治理架构上的另一个不同在于,美国的治理架构采取三层制,即协会、行政监管机关、法院,而我国由于法院系统对于相关协会治理争议持回避态度,事实上形成的是一种协会、行政监管机关的两层制治理架构,如果考虑到我国行业协会“二政府”的发展历史,现实中的治理结构就更为单薄了。

会公共利益)，一旦作出处罚后果将无可挽回，且处罚程序存在重大瑕疵；行业协会的处罚有重大违法，包括违反法律法规以及直接监管行政机关的强制性规定。法院对于前述两点的判断应当格外慎重，被处罚者必须提供足够充分的证据对之加以证明。

2. 民事诉讼之例外

对于适用民事诉讼审查的行业协会，法院则需要进一步细分行业协会类型，并适用不同的审查标准。德国法院的裁判思路可资借鉴。依德国判例，德国法院一般根据成员退出机制受限制大小，以及处罚的严厉程度两项因素确定司法介入的广度与深度，对于垄断性社团开除会员的，法院将采取最为严格的审查标准，并享有一定的事实审查权力，审查内容可以涉及处罚规则与事实的涵摄问题。

在我国，不同级别、产生背景、受委托职权大小的行业协会，对行业从业者的实际控制力差异也较为悬殊，以事实审查实现权力的适度控制，也应该根据不同行业协会的性质以及处罚严厉性有所区别。对于成员事实上严重依赖行业协会甚至没有退出选择，且处罚措施直接涉及成员行业生存条件的(如开除、较长时间的资格暂停)，法院在审查程序合规性的同时，可以审查处罚的事实内容，即考察处罚中对罚则规定要件的涵摄[①]过程及结果；对于会员享有一定

① 涵摄法(Subsumtions Method)，是指通过寻求请求权基础，将小前提归入大前提，从而确定请求权是否能够得到支持的一种案例分析方法。王利明:《民法案例分析的基本方法探讨》，载《政治论坛》2004 年第 2 期。

进退自由的行业协会，如果处罚关系重大，则法院即便进行事实审查，其审查范围也应极其有限，一般仅考察制裁措施是否存在明显的权力滥用（特别是强势会员借行业协会之名打压弱势会员）或者是否会导致显失公正的结果。[1]事实审查的边界同样可以参考德国判例的经验，在德国司法实践中，无论何种性质的行业协会，法院均不对其处罚决定的价值判断（Wertungsfrage）加以审查[2]，即法院不对成员行为是否违反协会的经济宗旨以及经济利益予以置评。[3]

（三）司法审查中的其他问题

严格意义上来说，我们还需要从概念本源上厘清“因处罚权引发的纠纷”与“因处罚权规则引发的纠纷”二者的细微差别。在后者中，相关纠纷均因组织规则明确规定的处罚权条款所引发，在前者中，处罚权的动用则有可能没有组织明文规则的依据。这一概念细分具有重要的实践价值。

第一个疑点：在组织规则没有明确规定的前提下，行业协会是否可以引用政府或者其他第三方机构制定的“规则示范样本”条款，对成员施以制裁？笔者认为，示范文本本身并没有强制性效力，仅仅是行政部门或者其他第三方机构为了减少行业协会制度试错的成本，根据过往经验归纳的引导性参考样本，如果在组织规则中没有明确规定，自然不能将示范样本中的条款订入双方“契约”中。

① BGHZ,47,381,385=NJW 1967,1657.

② OLG Dusseldorf NJW-RR 1987,69.

③ BGH NJW 1994,2610,2611.

第二个疑点：在制定法有明确的行政处罚规定前提下，如果行政机关未依职权对枉行者施以处罚，行业协会是否可以援引制定法规定作出处罚决定（前提当然是组织规则中对此没有明文规定）。

对于这一问题，比较简单的回应是，行业协会的处罚与行政机关的处罚基于不同的功能定位，彼此互补但界限相对清晰，行业协会可以通过自身规则制定程序，将制定法中的处罚规定吸纳进组织规则中，经此合意过程，制定法规则同时也有了组织内实施的效力，否则，行业协会只能通过向公权力机关举报的方式要求国家行政机关及时纠正枉行，而不能以公权力机关自居，直接引用制定法条款对其成员施以处罚。

以上回答可能过于简单，我们必须结合不同行业协会的权力产生具体情况作更细致的分析。就纳入民事诉讼的处罚纠纷而言，有可能得到法院支持的处罚行为仅限于"因处罚权规则引发的纠纷"，相应的处理方式适用前述观点并无不妥。而对于进入行政诉讼司法审查的纠纷而言，情况略微复杂一些。在此类行业协会中，组织的处罚权来源一般有三种渠道：成员与行业协会之间的契约、法律与行政法规的明确授权，以及行政部门的委托授权，[①] 在实践中，三种权力的来源形式有日渐融合的趋势，例如，行业协会的组织规则需要经过行政部门的审查与认可，从而上升到制定法的高度，而立法部门在制定相应的治理规则时，也越来越多地接纳了

① 鲁篱、黄亮等：《金融公会法律制度研究》，中国金融出版社2005年版，第40~44页。

行业协会的参与,甚至由行业协会主导治理规则的起草。对于因规则执行产生的处罚权,司法审查与民事诉讼类似,未在组织规则中明文规定的处罚不得加之于成员。对于因法律与行政法规授权的处罚权,根据权力法定之原则,行业协会也可以在制定法授权范围之内行使权力,此时不受行业协会组织规则是否有明文记载的约束,质言之,如果法律与行政法规对处罚条件、处罚方式等内容有明文规定并将此项权力明确授予行业协会,则行业协会可以径行依据制定法之内容在组织内执行处罚。基于行政委托产生的处罚权与之类似,在行政机关对授权范围、处罚条件、处罚方式等有明文规定,并将此项权力委托给行业协会的情况下,行业协会可以超出自治规则的条款,对成员施以处罚。

第四节　行业协会处罚权纠纷的替代式争议解决方式

在民事诉讼理论中,处罚纠纷的组织内解决以及以仲裁机构的仲裁,均属于"替代式争议解决方式"(Alternative Dispute Resolution,ADR)的表现。按照争议解决机构性质,行业协会处罚权纠纷的 ADR 可以分为两种类型:以行业协会内设的仲裁委员会、听证委员会等作为纠纷解决主体的,笔者将之称为"内部 ADR";以行业协会外部第三方机构(主要是仲裁委员会)作为纠纷审查主体的,我们称之为"外部 ADR”。

内部纠纷解决机制是行业协会纠纷解决权的程序式体现。从功能上来说，由于行业协会在信息、专业技术方面的优势，再加上行业协会内部的纠纷解决机制相较于司法诉讼更为简洁高效，可以大大缩短纠纷解决的时间，因此，内部 ADR 是一种成本更为低廉的制度设计。[①] 棚濑孝雄对于此类 ADR 的社会功能分析同样从专业与信息优势、当事人成本等角度入手，并指出此类以当事人协议[②]达成合意的解决方案，比依法裁判更符合纠纷解决的实际情况，也更加有利于衡平目标的实现，因而可以提高纠纷解决的质量。[③] 有学者针对钻石行业内部仲裁的实证研究还表明，依赖司法审查实现的正式法律制度运行，判决的执行可能旷日持久；由于缺乏对行业协会内相对统一的测量工具的理解，在损失计算方面有可能遗漏、低估或者高评；司法审判的

① 鲁篱:《行业协会经济自治权研究》，重庆：西南政法大学博士学位论文，2002 年。

② 有关纠纷的解决程序需要体现在行业协会内部组织规则中，因此，很大程度上确实可以将其视为成员与组织之间成立的合意。

③ [日]棚濑孝雄:《纠纷的解决与审判制度》，王亚新译，中国政法大学出版社 2004 年版，第 75~76 页。类似的表述还见于欧盟有关民商事调解的指令中(Directive 2008/52/Ec of The European Parliament and of the Council of 21 May 2008)，该指令第六条对于此类替代式纠纷解决机制的功能作了如下概括：……可以为民商事争议解决提供费用低廉、快捷高效、按照当事人需要量身定做的非司法纠纷解决途径，通过此种调解达成的协议更有可能得到当事人双方的自愿遵守，进而保持当事人双方维系长期的、友好的合作关系，这些优点在纠纷包含跨国因素时体现得更为明显。参见 http://eur-lex.europa.eu/LexUriServ/LexUriServ.do?uri=OJ:L:2008:136:0003:0008:EN:PDF，2016 年 7 月 11 日访问。

公开性也意味着有关行业协会内部争议的商业机会、成本与收益计算等核心商业机密随之暴露在法庭、甚至公众视野中。[①]

对以上观点作一归纳，行业协会内部 ADR 的相对优势主要是信息。我们可以把信息划分为私人信息、可观察信息与可证实信息三类。[②] 在纠纷处理中，裁判者需要通过自己的专业能力、社会经验以及其他的“无言之知”，证实那些对于纠纷裁决来说具有关键意义的信息，并据此作出裁判。在三种信息类型中，可证实信息处于相对重要的地位：相对于司法机关，行业协会的内部纠纷解决机制的专业人员配置，以及在该行业中独有的信息汇聚中枢的地位，决定了其更高的信息证实能力；这种信息证实能力虽然部分可以归功于其拥有更为广泛的信息渠道，但更关键的是，他们可以利用专业技能，以相对低廉的成本对信息作出更为准确的解码。在裁决的执行方面，有学者指出，由于行业协会中重复博弈的社会交换结构，对于那些敢于违背内部机构公正裁决的成员，行业协会可以通过驱逐等措施保证裁决结果的自动履行[③]，与公权力的强制力保证相比，这种私人秩序的保障措施的优势除了依赖于行业协会成员对于未来

① L. Bernstein. Opting out of the Legal System: Extralegal Contractual Relations in the Diamond Industry. *The Journal of Legal Studies*. 1992(21):115-157.

② [美]阿维纳什·迪克西特:《法律缺失与经济学:可供选择的经济治理方式》,郑江淮等译,中国人民大学出版社 2007 年版,第 28 页。

③ L. Bernstein. Opting out of the Legal System: Extralegal Contractual Relations in the Diamond Industry. *The Journal of Legal Studies*. 1992(21):136.

交换重要性的估值外，也仰赖于有关制裁威胁信息的可置信性，相对于实践中经常出现的“司法白条”，行业协会可以通过组织网络在很短时间内对拒不执行裁决的成员实施诸如断绝贸易机会等可置信的制裁，这一潜在威胁相比于公权力的强制力保障更具有威慑力。

处罚权的内部纠纷机制具有更为丰富的功能内涵。第一，出于对行业协会自治权的尊重，国家公权力机关一般不会介入具体处罚措施配置领域，为避免行业协会组织滥用其强势地位，程序性的控制措施成为不少国家首选的权力控制方案。要化解处罚权争议的纠纷，很可能涉及相关事实与规则争议的告知，争议各方参与的听证，以及对最初裁决的复议与复审，[①] 在这一类似司法过程的程序推进中，相对完备的程序正义制度设计更能有效制衡行业协会的权力，增进成员在与行业协会关系中的自主性。第二，纠纷是否穷尽内部所有救济途径，纠纷解决程序是否满足基本的程序正义要求，是处罚权纠纷司法审查的重要考量因素，程序的完备度决定了司法审查的发起时间以及审查对象的范围。

尽管同样具有快捷、更容易得到切实执行等优点，外部 ADR 要发挥与内部 ADR 类似的功能，必须以组成成员的专业性为前提，这也意味着仲裁委员会的成立需要耗费较高的专用资本，同时也意味着特定行业的仲裁专业人员对于其他行业来说并不具有信息与专业优势。各行业协会的

① 程序的细致程度可能随行业协会的不同而有所差异。

特点千差万别，要为每一门类的行业协会专设仲裁机构并不现实，实际上，目前发展较好的外部仲裁也仅限于体育类行业协会纠纷等有限领域。一般来说，外部 ADR 可以视为集中化仲裁发展的高级形态，而行业协会的内部 ADR 可以视为一种更为灵活的临时仲裁形式。① 二者相比，集中化仲裁要求更高的专用成本投资，但也能更及时、广泛地传递有关裁决结果、裁决是否及时履行等信息，对于那些执行纠纷风险较大的行业（这种行业协会通常具有组织规模大、成员异质性程度高、与外部交换的重要性强于内部交换的重要性等特点，例如证券业协会、体育协会以及职业协会），集中化仲裁是一种更为理性的制度选择。②

就内部 ADR 而言，在具体纠纷解决程序设计方面，除个别地位特殊的行业协会之外，大部分行业协会无需制定过于繁复的处罚规则，但是，即便是极简主义的制度设计，也必须具备纠纷查处和纠纷审查的基本程序环节。

（1）有关纠纷查处的程序规定。在这一环节中，需要明确行业协会组织对内部成员枉行的具体查处与提起处罚建议的具体内部机构。一般来说，理事会或者常务理事会可以承担此项任务，但在成员较多，组织关系复杂，处罚常常涉及重大利益的行业协会中，单独设立纠纷查处机构实属必要。

---

①　当然，这样概括并不够精确，在某些行业中也存在集中化的内部仲裁，例如证券业协会中的证券仲裁。

②　［美］阿维纳什·迪克西特：《法律缺失与经济学：可供选择的经济治理方式》，郑江淮等译，中国人民大学出版社 2007 年版，第 53 页。

(2) 有关纠纷审查的程序规定。在人员设置方面,纠纷审查的部门可以是常设的行业协会内部机构,也可以是临时召集的审查委员会、听证委员会,为保障纠纷审查结果的公平与公正,参与纠纷查处的人员不宜作为纠纷审查机构的成员。在审查程序方面,处罚决议机构应当及时向可能被处罚者送达有关通知,告知其处罚的事实理由与规则依据。行业协会的纠纷解决一般采取听证的程序,审查机构可以根据情况决定听证是否对外公开,听证过程中被处罚者应当享有正当的申辩的权利、出示对自己有利的证据的权利。至于复议程序则因行业协会的组织规模、行业性质的不同不宜作硬性规定,行业协会可以根据自身情况决定是否对纠纷不服设置复议程序。

对于行业协会所拥有的纠纷解决权,最主要的质疑在于,这种由行业协会发起并由其最终裁决的争议解决方式,违反了“自己不能做自己的法官”这一基本的程序正义要求。[①]

美国两则判例,即 Gibson v. Berryhill[②] 一案,以及 First Jersey Securities Inc. v. J. Bergen[③] 一案的判决理由可以较充分地回应这一质疑。

在 Gibson v. Berryhill 一案中,上诉人受雇于一家验光公司,后者并非亚拉巴马验光业协会的会员,却被该行业协会以违反州有关验光业雇员准则的法令为由,经过该协

① 黎军:《论司法对行业自治的介入》,载《中国法学》2006 年第 4 期。

② Gibson v. Berryhill. 411 U. S. 564, 93 S. Ct. 1689, 36 L. Ed. 2d 488(1973).

③ First Jersey Securities Inc. v. J. Bergen. PFed. Sec. L. Rep. P 97,106(1979).

会的董事会决议予以处罚。地区法院认为，本案中两个因素同时存在并都可以导致对偏见的确认。第一个因素，只有该行业协会的成员才能成为董事会的成员，对于上诉人这种受雇于非会员企业的验光师，该行业协会一概拒绝接纳其为会员，委员会在纠纷解决过程中同时扮演了类似起诉人与审判法官的角色，这一制度结构意味着该董事会的成员有可能对于诉争之处罚案件存在先入为主的观点(Preconceived Opinions)，进而构成偏见(Bias)。第二个因素，参与审理的董事会成员对审理案件有直接的个人经济利益冲突。综上，地区法院认为，该委员会作为一个实质意义上的审理主体在公正性上殊为可疑，该行业协会的处罚未遵守正当程序要求，不当剥夺他人财产权利，有可能带来不可弥补的损失，案件不适用“穷尽内部所有救济原则”，法院可以径行予以司法救济。美国联邦法院的最终判决却并未认可地区法院有关偏见的观点，仅赞同其有关“利益冲突”的判决理由。

First Jersey Securities Inc. v. J. Bergen 一案则更为明确地反驳了行业协会内部争议解决违反程序正义的观点。该案中，原告是一家证券公司，因为违反 NASD 证券交易准则而遭受处罚，该公司认为，该处罚的决议机构——NASD 内设的商业协会委员会，其成员本身即是该行业的经营者，同时也是被处罚者的商业竞争对手，在决定对原告施加处罚的时候，这一市场竞争关系势必导致其决定受市场利益的影响。法院认为，NASD 属于自发式协会而非政府机关，不管是 NASD 还是其所规制的行业,都无法被人为划分为数个小集团或者可识别的小集体,无论是原告还是其他同类型证券公司都未被排除在该协会成员范围之外,都享有管理本行业事务的参与权。因此,法院对于所谓偏见的主张未予认可。实际上,在 Wall v. American Optometric Association[①] 一案中,法官界定了行业协会处罚“偏见”适用的条件,即被诉协会的审理委员会的每一个成员(同时也是这一协会的成员),都在事前明确反对原告继续从事有关商业活动。

对于行业协会所拥有的纠纷解决权而言,另一个不能回避的问题是,行业协会组织规则中有关内部争议解决程序排除司法审查的条款是否有效,对此社会各界批评意见非常统一。作为社会组织的行业协会,其内部规则或者约定,当然不能限制当事人寻求司法救济的诉讼权利,唯符合《中华人民共和国仲裁法》的仲裁约定才能排除司法权的介入。行业协会内设的诸如诉讼委员会一类的机构,即便冠以仲裁机构的名号,在性质上依然是行业协会组织的内设部门,并非依据《中华人民共和国仲裁法》[②] 设置的仲裁机构,因此,该协会章程的类似规定并不能排除司法审查。

---

① Wall v. American Optometric Association. 379 F. Supp. 175, 189 (N. D. Ga.), Aff' d, 419 U. S. 888, 95 S. Ct. 166, 42 L. Ed. 2d 134 (1974).

② 《中华人民共和国仲裁法》第十条规定,仲裁委员会可以在直辖市和省、自治区人民政府所在地的市设立,也可以根据需要在其他设区的市设立……仲裁委员会由前款规定的市的人民政府组织有关部门和商会统一组建。

第五节 司法审查中的特殊问题
——处罚权与行业协会限制竞争行为

之前的研究内容，无论是处罚权力在行业协会内的配置与运行，还是处罚权与国家公权力之间的互动，出发视角都聚焦于行业协会成员与组织之间的内部关系。在行业协会与外部环境的互动中，处罚权的运行存在不容忽视的外部负效应。鲁篱指出，行业协会自治存在反竞争、偏爱主义、利益视角狭隘、过度管制等社会负功能，[①]其中的反竞争倾向就是行业协会处罚权外部负效应的主要体现。

从比较法的角度来说，《中华人民共和国反垄断法》有关限制竞争行为的判定原则与《欧共体条约》第八十一条类似，以"核心卡特尔"推定违法为例外，合理性审查为原则。但从严格意义上来说，这与美国反垄断法采取合理原则为主，本身违法原则为例外的规制路径，在概念上有一定差别。不过，大部分学者并未过分强调其差异性，而将核心卡特尔的推定违法视为本身违法原则，合理性审查视为合理原则。本书也采取这一类比方案，将《中华人民共和国反垄断法》第十三条的规定（包括第十五条的除外情形）视

① 鲁篱：《行业协会经济自治权研究》，重庆：西南政法大学博士学位论文，2002年。

为本身违法原则的法律规范体现。

如果从规范分析的视角出发，鉴于《中华人民共和国反垄断法》第十三条的列举式规定，行业协会以处罚权保障固定价格合意、联合抵制合意、划分市场合意的行为都应当适用本身违法原则，根据该法第十五条，以及《最高人民法院关于审理因垄断行为引发的民事纠纷案件应用法律若干问题的规定》第七条的内容，行业协会需对前述协议不具有排除、限制竞争的效果承担举证责任，否则违法性推定即告成立。这一认识也基本上可以看作我国学者对该问题的通说，例如，叶明认为："行业协会实施的直接固定价格行为、典型的集体抵制行为、横向划分市场行为、直接限制会员的产量及销售量的行为，适用本身违法原则直接认定违法"[①]。不过，这一看起来相当明确的界分标准，却由于其中多次出现的"直接""典型"等定语，减损了其对司法实践中如何适用两种原则的指导性。无论是立法还是司法解释，对于适用本身违法的垄断协议类型未再作进一步细分，因此，如何界定"直接"与"典型"似乎再次落入到规范推理的循环论证中——借助列举式规定明确本身违法原则的适用，但列举式规定本身的边界，依然需要借助合理原则为判断标准。这一规范分析的局限性在日益增多的行业协会反垄断诉讼中已开始显现。

① 叶明：《行业协会限制竞争行为的反垄断法规制》，重庆：西南政法大学博士学位论文，2008年。

一、行业协会处罚权与限制竞争行为的关系

从产生机制来看，作为一种互益性社会组织，行业协会首先考虑的自然是组织成员的共同利益，这一方面构成了行业协会存在与发展的动力基础，另一方面也喻示着行业协会的集体行动与市场自由竞争规则之间的巨大张力。正如美国司法部反垄断部门前负责人所言，“行业协会是竞争者的集合，他们分享共同利益，并为面临的共同问题寻求共同的解决方案。无论是单独的个体还是作为一个群体，行业协会的成员都如同坐在反垄断的火药桶上，（反垄断部门的工作）就是确保他们不要玩火”①。

从历史来看，在行会这一行业协会的原初形态中即孕育着垄断的基因，“行会还是垄断的经济组织……它的法令规定诸如此类的事项……最低限度的价格……有关行会内部限制竞争和平等交易的售卖条件……限制进口、限制移民以及其他保护主义措施”②。

从现实来看，行业协会历来是各国反垄断法规制的重

① A. K. Bingaman. Assistant Attorney Gen. Antitrust Division. U. S. Dep't of Justice. Address at the Annual Symposium of the Trade Association and Antitrust Law Committee of the D. C. Bar Ass'n. Recent Enforcement Actions by the Antitrust Division Against Trade Associations (Feb. 28. 1996).

② ［美］哈罗德·J. 伯尔曼：《法律与革命——西方法律传统的形成》，贺卫方等译，中国大百科全书出版社 1993 年版，第 481~482 页。

点关注对象。在美国,围绕行业协会、职业协会衍生出众多典型司法判例。[①]2013年,我国国家工商行政管理总局公布了当年度立案处理的12起行业内经营者的垄断协议案件,其中有9起是由行业协会推动达成的。[②]行业协会的垄断行为在实践中通常表现为诸如价格卡特尔、信息交

① 以美国联邦最高法院为例,与医学协会有关的反垄断判例有 Arizona v. Maricopa County Medical Society. 457 U. S. 332(1982),与律师协会有关的反垄断判例有 Bates v. State Bar of Arizona. 433 U. S. 350(1977), Goldfarb v. Virginia State Bar. 421 U. S. 773(1975),与体育协会有关的反垄断判例则包括 Haywood v. National Basketball Association, 401 U. S. 1204(1971)、Radovich v. National Football League. 352 U. S.(1957) United States v. International Boxing Club,348 U. S. 236(1955)。另外,美国联邦贸易委员会(FTC)也曾就部分职业协会采取了反垄断调查,相关案例诸如 Michigan State Medical Society. 101 F. T. C. 191(1983), Association of Independent Dentists. 100 F. T. C. 518(1982)。在体育协会中,棒球大联盟因为美国联邦最高法院在1922年的一个判例(Federal Baseball Club v. National League. 259 U. S. 200,1922)而享受了特殊的反垄断豁免。该原则在随后的最高法院及联邦巡回法院的判例中得以确认(如 Flood v. Kuhn. 407 U. S. 258,1972 ;Toolson v. New York Yankees. 346 U. S. 356,1953等),尽管 Flood v. Kuhn 一案最终导致《柯特·弗拉德法案》(1998)的通过,但该法案对于棒球联盟反垄断的豁免地位并没有产生根本性的改变:反垄断法的适用仅限于劳工关系,球员可以就自身与俱乐部之间的劳工关系提起反垄断诉讼,并且,在诉讼前球员工会必须自行解散。后一个限制源于1996年布朗诉职业足球公司案的判例(参见赵长杰、王思月、李婷婷:《北美职业体育发展的启示与我国职业体育可借鉴的经验——以北美职业棒球联赛为例》,载《体育与科学》2010年第4期)。实际上,由于美国联邦最高法院自《柯特·弗拉德法案》生效后并没有受理过有关美国职业棒球联盟的反垄断诉讼,因此,该体育协会在事实上是美国唯一一家得到反垄断豁免的行业协会组织(参见裴洋:《反垄断法视野下的体育产业》,武汉大学出版社2009年版,第51页)。

② 《行业协会涉及垄断问题突出》,网易网,2016年7月16日访问。

换、集体抵制、标准与认证、市场壁垒等具体形态，[1]但从功能的达鹄来说，无论是由行业协会加以组织，还是行业成员以协会为工具实施上述行为，要达至其最初的预定目标，[2]同样需要克服集体行动所面临的“搭便车”问题，因此，以罚款、集体抵制、除名等制裁措施为后盾，敦促参与者保持行动的一致性，也就成为行业协会实施垄断行为的必然选择与重要标志，在这个意义上来说，我们可以把行业协会的处罚权看作是行业协会限制竞争行为背后的“制度推手”。

2013 年，国家工商行政管理总局处理的“云南西双版纳州旅游协会等垄断协议案”中，协会内单位签订了所谓的《合作协议》与《自律公约》，涉嫌固定酒店房价、门票价格，协会对违反前述行规行约的单位施以罚款以保证成员单位切实遵守垄断协议。[3]2012 年至 2013 年，我国不少地区保险行业协会因为自律公约受到反垄断行政处罚和调查，例如，2013 年 7 月，新疆维吾尔自治区保险行业协会及 6 家保险公司因制定价格垄断协议，被处以总计 651.14 万元罚款。该价格垄断协议指的是新疆维吾尔自治区保险行业协会组织 15 家财产保险公司签订并实施《新疆保险行

---

① 鲁篱:《行业协会限制竞争法律规制研究》，北京大学出版社 2009 年版，第 15~18 页。

② 从行业协会及其成员的角度来说，他们对于这一特定的集体行动目标的合法律性问题也许认识得并不清晰透彻，在主观上也许并没有违反反垄断法规的故意。

③ 《一些行业协会成为“垄断推手”》，新浪网，2016 年 7 月 16 日访问。

业道路客运承运人责任保险自律公约》,该公约规定成员企业不得以任何形式变相提高或降低保险费,并对于违规成员适用警告、业内批评、公开谴责、限期整改、报请新疆保监局查处等惩罚措施。[①] 在"北京市水产批发行业协会手册横向垄断案""上海黄金饰品行业协会价格垄断案"中,财产罚、声誉罚等处罚权形态也是行业协会实现垄断目标的必备手段。在理论上来说,行业协会的限制竞争行为[②] 从外观上可以分为纵向与横向两种类型,现行《中华人民共和国反垄断法》明确规定行业协会限制竞争行为的方式包括横向以及纵向两种类型。

---

① 《新疆查处首例价格垄断案　新疆保险行业协会及6家保险公司被罚》,搜狐网,2016年7月18日访问。

② 联合限制竞争、滥用市场地位、规制企业合并与集中、行政垄断是反垄断法体系的基本版块,《中华人民共和国反垄断法》第三条、第八条规定了四种垄断行为,包括:(1) 垄断协议;(2) 滥用市场支配地位;(3) 具有或者可能具有排除、限制竞争效果的经营者集中;(4) 滥用行政权力排除、限制竞争。由于行业协会并非市场经营者,在行政执法与司法判决中也很少出现行业协会滥用市场地位、企业集中的案例,因此,有关行业协会的反垄断法边界的现有研究,也都主要集中于探讨行业协会的联合限制竞争行为领域。对行政垄断而言,由于我国部分行业协会因法律法规的明确授权,或者行政机关授权,拥有部分行政管理职权,因此,有可能成为行政垄断的实施主体(参见陈承堂:《行业协会的垄断问题研究》,载《行政法学研究》2008年第1期)。鉴于行政垄断与处罚权之间的关系较弱,《中华人民共和国反垄断法》对于行业协会的垄断行为规制也主要集中于垄断协议——这从法律修改将行业协会的特别规定从末尾的附则提前至垄断协议一章中就可窥见立法者的关注点变化——因此本研究在此予以省略。

二、行业协会处罚纠纷中反垄断司法审查的特殊性

虽然行业协会的诸多行为都有可能被指涉为限制竞争行为，但相较于行业协会其他行为，行业协会处罚行为更容易被认定为横向联合竞争，也常常成为反垄断执法机关关注的焦点。

首先，从表现形式看，共谋是构成横向联合限制竞争行为的要件之一，垄断协议则是共谋行为的载体。尽管各国立法对于"协议"的定语——即何为"限制、排除竞争"，一般通过司法判例的形式予以逐案厘清，[①]但对于"协议"本身的认定却并无多大争议，协议的表现形式包括明示与默示两种类型，正式的书面协议，口头约定、联合行动合意、行业协会的决议等都可以被称之为"协议"。[②]行业协会处罚权的行使基本上都以书面的、正式的组织规则为依据，如前所述，各国司法实务中一般将此类组织规则视为一种契约，另外，相比于较难以证明的默示协议，白纸黑字的成文规则几乎免除了行政执法机关以及反垄断民事诉讼原告有关的查证与举证责任。在行业协会行使处罚权的案件中，垄断协议的外观非常容易确认。

其次，从处罚措施与核心卡特尔行为的关联来看，行

① 刘旭：《中欧垄断协议规制对限制竞争的理解》，载《比较法研究》2011年第1期。

② 王先林：《论联合限制竞争行为的法律规制——〈中华人民共和国反垄断法（草拟稿）〉的相关部分评析》，载《法商研究》2004年第5期。

业协会处罚权的表现形式非常接近核心卡特尔行为。集体抵制本身就是行业协会常见的制裁手段；除名在大多数情况下意味着组织成员断绝与被处罚者之间的交易，因此，其在美国司法判例中也经常被纳入“集体抵制”的范畴（如前文提到的 Northwest Wholesale Stationers, Inc. v. Pacific Stationery & Printing Co. 一案）；财产罚、资格罚等制裁手段虽然本身不属于核心卡特尔的范畴，但由于价格与市场本身就是行业协会关注的核心利益，因此也就成为实践中行业协会动用处罚权协调集体行动的常见目标。目标与手段分开来说都是中性的，并不具有法律之非难性，但结合到一起之后，客观上就很容易落入核心卡尔特的范畴。在百度搜索中键入“行业协会、反垄断”关键词，对结果中有关的案例稍加分析即可发现，价格垄断等核心卡特尔行为几乎都与行业协会的自律处罚措施直接相关。[①]

最后，从后果来说，以处罚权为后盾的横向联合竞争对市场秩序的破坏性更大。一般市场经营者间的卡特尔协议可以适用集体行动的分析范式，协议若要有效维持就必须满足比较苛刻的条件，否则很容易自行瓦解。霍温坎普将之归纳为：较高的市场壁垒、较大的市场份额、所有成员就协议达成完全一致、欺骗行为能够被发现、发现后可以

① 除前文提到的案例之外，还包括“浙江省富阳市造纸行业协会价格垄断协议案”、“深圳市惠尔讯科技有限公司、深圳市有害生物防治协会垄断纠纷一案”（2012 年广东省高级人民法院“民事判决书”粤高法民三终字第 155 号）等。

有效加以制裁、行为的隐蔽性。[①] 可以看出，除前两项条件外，[②] 行业协会的组织环境为卡特尔的孕育与持续提供了温床：行业协会的存在在客观上为行业内竞争者提供了一个交换有关商业与竞争信息的平台，这种平台表现为行业协会定期举办的年会以及会议前后非正式的探讨，行业协会成员可以就市场、产品、消费者以及价格等竞争要素展开充分交流，更为充分地披露成员间的私人信息，并将行业协会组织掌握的市场信息内化为共有知识，由此更容易在成员间形成正式的协议或者心照不宣的共谋；行业协会组织的信息优势以及专业技术优势，有助于组织及时发现违反协议信息(可观察)并对此加以正确解码(可验证)，进而以处罚权对违反者予以更为有效、及时的制裁；行业协会与社会外部环境的相对隔离可以保障以上行为的私密性，即便有个别被处罚者心有不平，但考虑到组织内重复博弈蕴涵的长期社会交换收益，一般也会采取隐忍而非告发的应对策略。

行业协会以处罚权作为后盾从事联合限制竞争行为，这一议题本身即可作为一项颇有价值的博士论文选题，[③] 有关其反垄断法边界不但涉及法律规制原则的适用，还包

---

① [美]赫伯特·霍温坎普:《联邦反托拉斯政策：竞争法律及其实践》，许光耀、江山等译，法律出版社 2009 年版，第 157~158 页。

② 其实在一些实力强大、成员众多且包括行业精英企业的行业协会中，连这前两项条件也是满足的。

③ 参见叶明:《行业协会限制竞争行为的反垄断法规制》，重庆：西南政法大学博士学位论文，2008 年。

括限制竞争行为的认定、行为的法律后果尤其是民事责任的承担[①]以及举证责任分配[②]，此外反垄断执法的宽恕制度[③]、部分特殊行业协会（如体育协会、保险业协会）的豁免制度[④]同样值得关注。显然，以上内容是一个章节无法涵盖的。本部分主要围绕司法审查的法律规制原则展开论述。

三、我国的典型司法判例

第一则案例是深圳惠尔讯科技有限公司诉深圳市有害

① 参见谭袁：《垄断民事责任构成要件研究》，载《河北法学》2013年第2期。

② 参见邹亚莎、李亚：《反垄断民事诉讼中的举证责任分配》，载《法律适用》2014年第2期。

③ 参见娄丙录：《反垄断法宽恕制度的理论基础与实效保障》，载《法律科学》（西北政法大学学报）2010年第5期，另外喻玲在《运用声誉激励机制破解卡特尔的稳定性——完善宽恕制度的一条路径》一文（载《法商研究》2010年第1期）中以信息经济学及博弈论的研究方法对于反垄断宽恕制度作了较为深入的论述。

④ 对于反垄断的豁免制度一个体系化的研究，参见钟刚：《反垄断法豁免制度研究》，北京：中国政法大学博士学位论文，2008年；有关体育协会反垄断豁免，参见贾文彤、毛璞：《对美国职业体育反垄断豁免的再认识》，载《北京体育大学学报》2005年第7期，以及魏鹏娟：《职业体育反垄断豁免制度初探》，载《体育学刊》2008年第6期；有关保险业、证券业反垄断豁免的研究，参见彭岳：《反垄断豁免中的规制性冲突及其解决——以证券市场为例》，载《当代法学》2012年第4期，以及陈敏、官兵：《我国保险业反垄断法豁免制度建设研究》，载《保险研究》2012年第1期。

生物防治协会案。[①]

深圳市有害生物防治协会在其会员单位签订的《深圳市有害生物防治服务诚信自律公约》中规定，对于在防治工程承包竞投中，为达到承揽工程的目的，报价低于深物价〔1997〕55号的除“四害”消杀服务收费标准及其他相关收费标准的80%以下者，视为不正当竞争行为，协会对报价低于前述标准的行为可以采取处罚措施。惠尔讯科技有限公司与该协会某会员单位签订了消杀服务协议，有关价格则按照市物价局《关于除“四害”消杀服务收费标准的批复》《深圳市有害生物防治服务诚信自律公约》计算。惠尔讯科技有限公司以深圳市有害生物防治协会与其会员公司签订《深圳市有害生物防治服务诚信自律公约》固定服务价格，致其失去了本可以获得更低廉价格的机会，多支付了服务费为由提起反垄断诉讼。

该案两审法院判决的思路基本相同：在明确本案相关市场后，由于《深圳市有害生物防治服务诚信自律公约》对于价格采取以政府指导价为基准线，以80%为下浮红线的方式，“实际服务价格仍然留有较大空间或者调整幅度，该服务市场的价格形成机制也并没有因该《深圳市有害生物防治服务诚信自律公约》的存在遭受到严重扭曲”，因此，不属于固定价格行为，这意味着该案不能适用《中华人民共和国反垄断法》有关推定违法的列举规定，同时也

① 本案涉及合理原则的适用、相关市场的判定等多方面内容，此处仅围绕判定的基本原则展开。

意味着不能将证明协议不具有排除、限制竞争的效果的举证责任全面分配给行业协会。一审法院在阐述本案是否涉及价格固定之前，有如下一段论述："垄断协议的前提是排除、限制竞争，判断是否构成垄断协议的基本原则在于协议是否具有排除、限制竞争的目的、效果以及不合理地限制了竞争"，对于该事实应当遵循"谁主张、谁举证"的举证分配责任原则，由惠尔讯科技有限公司证明因为《深圳市有害生物防治服务诚信自律公约》的签订，产生了限制市场竞争的实际影响从而达到排除或限制竞争的目的。换句话来说，原告首先需要依据合理原则，证明包含处罚规则的自律公约存在"限制竞争的效果或目的"[①]，使案件满足《中华人民共和国反垄断法》第十三条适用的前提条件——"垄断协议"，以此为基础才有该条六项列举特殊情形适用本身违法原则的可能性，这一论述在二审判决中并未予以正面回应，但以相关市场分析推导出该协议不属于固定价格协议，同样秉承了以上合理性原则的判定思路。

李剑对此案持批评态度，认为法院错误理解了诸如本身违法原则、合理原则、核心卡特尔等基本概念，依据《中华人民共和国反垄断法》以及最高人民法院"司法解释"，本案的自律公约只要在外观上满足固定价格的形式，就可推定其具备限制竞争的目的或效果，法院无需对此作进一

① 《中华人民共和国反垄断法》第十五条没有明确说明到底是限制竞争的效果，抑或限制竞争的目的，一般认为，只要具备限制竞争效果或者限制竞争目的中任一情形，即可认定存在限制竞争。

步分析，行业协会应当就《中华人民共和国反垄断法》第十五条的豁免情形承担举证责任。①

另一则典型案例则是北京市水产批发行业协会与娄丙林垄断纠纷案。②

该案似乎体现了另一种不同的审理思路。该案中，北京市水产批发行业协会向其会员发放了《北京市水产批发行业协会手册》，其中的“奖罚规定”禁止会员不按协会规定的销售价格折价销售扇贝，禁止会员在本协会会员所在的市场向非会员销售整件扇贝，否则将对违规者处以罚款。一审法院认为，北京市水产批发行业协会通过组织协调会员商议的形式，促使具有竞争关系的会员达成变更和固定不同产品价格的协议，“使得本应存在的价格差别趋于一致”。行业协会处罚权的形式，意在防止本来具有竞争关系的协会会员之间产生内部竞争，“联合抵制其他非协会会员的市场经营者对协会会员的竞争，影响价格的正常变动，同时提高销售利润，客观上产生了排除、限制竞争的效果”。因此，行业协会有关奖惩的规定，符合《中华人民共和国反垄断法》第十三条第一项所列情形，应当认定为无效。二审法院对此予以支持，并进一步指出：“北京市水产批发行业协会……意图通过固定

① 李剑：《横向垄断协议法律适用的误读与澄清——评“深圳有害生物防治协会垄断案”》，载《法学》2014 年第 3 期。

② 北京市高级人民法院民事判决书（2013）高民终字第 4325 号，这也是最高人民法院裁判文书网中能够查询到的涉及行业协会处罚权反垄断纠纷的少数判决。

和变更价格减少甚至消除会员之间的竞争，并尽可能地提高销售利润……这本身在一定程度上会减弱或消除市场竞争，产生排除或限制竞争的效果，最终损害消费者的利益。”

本案的审理可能更符合批评者的评判标准。二审判决中将固定价格与限制、排除竞争的效果直接勾连，未继续分析该行为对市场竞争的实际后果，并将证明豁免条件的举证责任分配给了行业协会，无论是审判思维还是判决的行为，都体现了对本身违法原则的适用。

但我们认为，决定两案不同适用原则的动因并不在于（至少不是主要的）不同法院对于反垄断法以及相关原则概念的理解偏差，而在于案件的基本事实存在不同。在“水产案”中，行业协会固定价格的标准以其判断为基准，固定价格的行为直截了当，诸如“关于运费，协会协商统一价格，大件每件 7 元，小件每件 2 元，体现了协会的作用”“经研究，协会与会员结账价为大贝 27 元 / 斤，中贝 19 元 / 斤，小贝 15 元 / 斤，扣贝 12 元 / 斤”等文句频繁见诸该协会的会议记录、协会负责人会议文件中；在“惠尔讯案”中，行业协会对于价格的决议是通过与第三方制定的行政指导价挂钩，以最低下浮比例的方式体现，价格可以在一定范围（20%）差内浮动，对此是否会产生限制竞争的效果，法院通过法律解释的方法给出肯定的答案，其实并没有什么可以指责的——假设浮动范围为 0%，构成固定价格行为几乎没有异议（如“水产案”），但如果浮动范围在 20% 的协会规则是当然的固定价格行为的话，那么浮动 30% 的又如何处理？浮动60%呢？在某一个比例的时候，有关价格的行业协会决议行为的性质肯定会跨越固定价格的概念界限，而如何在个案中决定这一比例，就必须依赖合理原则的判断标准。[①]

以上仅仅是从规范分析的视角出发。如果从法律思维角度分析，将固定价格、集体抵制等行为视为本身违法，进而采取较为严厉的规制手段，则体现了分类法(Categorical Analysis)的思想。在启蒙运动时期，人们即开始寻求通过分类来理解世界。通过大量观察进而将某些生物形态、政治组织乃至人类行为纳入一个人造的概念体系，这既是人类思维进步的里程碑，同时也可能成为桎梏人类认识外部世界的枷锁。[②] 法律科学的分类学意味着直接的行为后果，在我国反垄断诉讼纠纷数量极其有限的情况下，法院对于分类分析采取更为谨慎的态度，更多地适用合理原则而非本身违法原则恰恰是一种更为稳妥的司法策略。

实际上，对于“惠尔讯案”的批评，借助的便是美国以及欧盟反垄断法实践的分类方案，然而，以美国为例，其百余年的反垄断司法实践史一方面给司法者提供了可供观察、归类的样本基础，另一方面，这种分类同时也体现出不

① 其实这还是一种相对简化了的分析方案，因为市场支配地位、相关市场状态等其他因素影响，个案的实际情况比单纯的浮动比例问题更为复杂，更需要合理原则的正确运用。

② H. Ritvo. *The Platypus and the Mermaid and Other Figments of the Classifying Imagination*. Harvard University Press. 1997：3–12.

同时代政经背景的直接影响。对于行业协会的限制竞争行为而言，美国司法判例对于“核心卡特尔”（姑且借用这一欧盟法律中的概念）行为如何选择适用本身违法与合理原则，其总体思路并不统一，无法得出某些行为类型本身违法原则当然适用的结论。立法与司法的生命不在于逻辑，美国本身违法原则与合理性原则的边界流变随着美国社会政经格局而演变，历史分析可能是更接近真相的一个进路。

四、两项原则的制度史考察——以美国反垄断判例为例

由于《谢尔曼法》第一条没有规定任何除外情形，因此从文本上来说，本身违法原则自美国反垄断法律创立之时即已存在，不过学界一般认为，本身违法（Illegal Per Se）这一概念的最早系统性表达出现在 United States v. Socony-Vacuum Oil Co. Inc.[①] 一案中，Northern Pacific R. Co. v. United States[②] 案对于本身违法适用情形予以明确：“某些特定协议或者行为因为其对于市场竞争的严重危害影响，并且缺乏任何补偿性的特质，因此被不可推翻地推定（Conclusively Presumed）为不合理与非法的，（法院）无需精心探究这类协议或者行为可能造成的精确损害，或者此类行为是否有可原谅的事由。”在 FTC 的《竞争者协作反垄断指南》

① United States v. Socony-Vacuum Oil Co. Inc. 310 U. S. 150（1940）.

② Northern Pacific R. Co. v. United States. 356 U. S. 1（1958）.

(Antitrust Guidelines of Collaborations Among Competitors, 2000)中,对于本身违法原则的描述借用了 Broadcast Music Inc. v. Columbia Broadcasting Sys.[①] 一案的裁判思想,本身违法原则适用的协议,是指那些总是或者几乎总是倾向于提高价格 c 或减少产量的协议。目前,较为成熟的本身违法原则适用的行为类型的分类学,基本上以 Palmer v. BRG of Georgia Inc.[②](市 场 划 分),United States v. Trenton Potteries Co.[③](价格固定)等案件为分类的基准,竞争者固定价格或者产量、操纵投标、划分市场与消费者等行为是适用本身违法原则的主要形态。

合理原则自联邦最高法院在 Standard Oil Co. v. United States[④] 一案中明确表示支持以来,已经成为美国反垄断司法的一项基本原则。对于合理原则的批评是美国反垄断法学界的一个热点话题,过于松散、缺乏确定性、易于出错、执法成本较高等问题几乎成为这一原则的"原罪"[⑤]。这一原罪也许可以追溯到该原则的创立者法官,在 1899 年的 United States v. Addyston Pipe & Steel Co.[⑥] 一案中,塔夫脱

① Broadcast Music Inc. v. Columbia Broadcasting Sys. 441 U. S. 1,19–20 (1979).

② Palmer v. BRG of Georgia Inc. 498 U. S. 46(1990).

③ United States v. Trenton Potteries Co. 273 U. S. 392(1927).

④ Standard Oil Co. v. United States. 221 U. S. 1,61, 62(1911).

⑤ 比较典型的论文参见 F. H. Easterbrook. The Limits of Antitrust. *Texas Law Review*. 1984(63): 11–14, 以及 T. C. Arthur: Farewell to the Sea of Doubt: Jettisoning the Constitutional Sherman Act. *California Law Review*. 1986(74):322–328。

⑥ United States v. Addyston Pipe & Steel Co. 85 F. 271 (6th Cir. 1898), aff' d, 175 U. S. 211(1899). 一般认为该案才是合理原则的源头。

法官也承认，"在某些案件中，如何确定放松对限制贸易行为决定原则的边界，就如同在疑问之海中扬帆（Set Sail on a Sea of Doubt）"。一个比较晚近的抨击是，"这一司法适用标准经常被批评为过于分散，缺乏适用焦点——将几乎所有与某一行业的诸因素都变得与案件审理相关，进而诱使诉讼当事人以及法院参与到对被告记录永无止境的审前盘问中"[①]。

我们并不试图比较两项原则的优劣，以合理原则为例，诸如不确定性等缺陷恰好也体现了该原则的生命力。真正引起笔者兴趣的，是在美国司法制度史上两项原则此消彼长趋势背后"超越法律"的制度变迁。反垄断法追求的价值目标是多元的，除效率之外，还包括公平、选择多样性、创新、分散决策、中小企业的经济独立等。[②]不同的社会现实与社会思潮决定了美国反垄断司法的价值观取舍，例如，20世纪70年代初直至90年代初的反垄断判例，较为集中地体现了以波斯纳等人为代表的芝加哥学派的影响，波斯纳甚至提出更为极端的原则：本身合法（Per Se Legality）。[③]

鉴于《谢尔曼法》等反垄断法规极简主义式的条文规定，美国国会实际上将形塑反垄断政策的主要权力委之于

---

① H. Hovenkamp，P. E. Areeda. *Fundamentals of Antitrust Law*. Kluwer Academic/Plenum Publishers. 2010：389.

② T. A. Jr. Piraino. Reconciling the Per Se and Rule of Reason Approaches to Antitrust Analysis. *Southern California Law Review*. 1991（64）：739.

③ R. A. Posner. The Next Step in the Antitrust Treatment of Restricted Distribution. *The University of Chicago Law Review*. 1981（48）：6–26.

司法机关的个案裁判。自1890年至21世纪初，美国法官逐渐加大司法判决对其他社会现实，以及社会学、经济学等社会科学思维的吸收与渗透，而美国反垄断政策思路变迁也集中体现了经济学等思维方式[①]对于法院裁判的重大影响，这一潮流变迁可以大致划分为若干阶段。尽管我们尽量采用与行业协会横向联合中处罚权相关的典型判例，但为了更为全面展示制度史的演进，其中部分案例不可避免的与本选题有一定距离。[②]

（一）文本解释与经济学思潮——从分离到融合

这一部分包括三个阶段。

从1890年《谢尔曼法》到1914年《克莱顿法》与《联邦贸易委员会法》的颁布，可以视为美国反垄断法的早春，在这一阶段，大部分经济学家对于《谢尔曼法》可谓嗤之以鼻，从好的方面讲，该法虽然无力改变垄断企业日益增多的现实，但毕竟从手段上来说是无害的，从坏的方面来说，该法有可能导致新兴产业组织有可能带来的社会效率增益，

① 其实如果非要进一步推敲，法经济学研究所鼓吹的价值中立、方法至上是站不住脚的，以波斯纳等人为代表的芝加哥法经济学派的学术组织史，其实也是规律性政经运动的表象，同样体现了特定的价值需求与取向。有关芝加哥学派的学术发展史及相关政经背景分析，参见田雷：《波斯纳反对波斯纳——为什么从来没有学术的自由市场这回事》，载《北大法律评论》2013年第1期。

② 本节后文有关美国反垄断法司法史的阶段划分，主要参考了加维尔、科瓦西奇、夏皮罗几位学者的划分标准。参见 A. I. Gavil. Moving Beyond Caricature and Characterization: The Modern Rule of Reason in Practice. *Southern California Law Review*. 2012(85):733-782，以及 W. E. Kovacic, C. Shapiro. Antitrust Policy: A Century of Economic and Legal Thinking. *Journal of Economic Perspectives*. 2000(14)。

很少有经济学家严肃地认为该法可以真正有利于控制企业的垄断行为。[①]与之形成对应的是，在《谢尔曼法》实施后的20余年时间里，尽管美国法院试图对该法看似绝对实则晦暗不明的条款加以明晰化，但这一阶段的司法判例基本从法律文本文意出发，甚少在判决中引用经济学思维，本身违法原则体现出刚性适用与泛化的特点。在United States v. Trans-Missouri Freight Association[②]一案中，尽管法院意识到铁路公司协会的固定价格行为旨在减低价格而非推高价格，对此加以禁止有可能危及该协会共谋行为带来的积极收益，但法院依然以《谢尔曼法》禁止一切竞争者共谋限制贸易为由予以禁止。这一文意解释的基本进路在United States v. Addyston Pipe & Steel Co.中得到部分修正，法院开始利用分类法区分所谓“赤裸裸”(Naked)的贸易限制(竞争者达成协议目的即在于限制产量与价格提升)与合理的辅助式限制(为了扩大产量或者研发单个企业无力承担的新产品不得不采取的措施)。价格依然是禁区，尽管某些固定价格行为旨在遏制无休止的竞次式价格战，但法院几乎是拒绝以合理性或可欲性作为豁免的理由。[③]但随着Dr. Miles Medical Co. v. John D. Park & Sons一案的判决出台，本身违法原则开始扩大至纵向价格限制协议(如该案中的最

① F. M. Scherer. Efficiency, Fairness, and the Early Contributions of Economists to the Antitrust Debate. *Washburn Law Review*. 1989(29):243–255.

② United States v. Trans-Missouri Freight Association. 166 U. S. 290(1897).

③ M. Perelman. Fixed Capital, Railroad Economics, and the Critique of the Market. *Journal of Economic Perspectives*. 1994(8):189–195.

低转售价格限制)。即便如此,美国国会对于司法系统试图软化《谢尔曼法》刚性原则的思路极为不安,认为法院将该法旨在禁止所有限制贸易合谋的目的限缩为仅对不合理行为予以禁止,出于对这种司法保守主义(Conservative)苗头的担忧,美国国会在1914年制定了《克莱顿法》以及《联邦贸易委员会法》,前者通过对搭售协议、专卖协议、合并的特别禁止达到限制法院自由裁量权的目的,后者造就了反垄断行政执法的双头格局,以解决行政执法权的垄断问题。[①] 不过这也在客观上固定了两项原则的区分适用格局。

自1915年至罗斯福执政结束可以视为第二个历史阶段,在该阶段,合理性原则开始在司法实践中崭露头角。随着《克莱顿法》的出台,人们预期美国反垄断执法将进入一个高速发展的阶段,但与立法动机相悖的是,这一时期美国的反垄断司法却进入一个相对的休眠期,[②] 法院开始频繁依赖合理性原则测度垄断行为,在基本面上体现出倾向于允许的司法态度。造成这一现象的原因主要在于,第一次世界大战中美国政府与企业间的紧密协作以及战争的胜利,特别是1929年开始的大萧条,为“关联主义”(Associationalist),而非市场自由竞争,提供了丰厚的现实土壤,胡佛总统极力提倡美国企业通过行业协会组织,开展信

① W. E. Kovacic, C. Shapiro. Antitrust Policy: A Century of Economic and Legal Thinking. *Journal of Economic Perspectives*. 2000(14): 43–60.

② R. Hofstadter. *The Paranoid Style in American Politics and Other Essays*. Alfred A. Knopf. 1966: 193. 该书作者将这一时期称为反垄断法疏忽的年代(Era of Neglect)。

息交换等旨在消减市场竞争负面效应的行为,[1]以《国家工业复兴法》为代表的“新政”重在提倡国家与企业间的合作,对自由竞争支持的衰落导致了反垄断司法的停滞。联邦最高法院在 Chicago Board of Trade v. United States[2]一案中,以合理性原则支持了商品交易所对于盘后交易实施的价格限制(美国司法部最初指控其涉嫌固定价格),布兰代斯法官在判决中写道:“检验合法性的正确标准应当是考虑相应的限制措施的设置是否将提振竞争,或者压制设置消灭竞争。”而要正确适用合理原则,则需要综合考量该组织的历史、措施设置的目的以及最终效果。显然,合理原则的综合考量体系其实更加有助于保障判决的准确性,但由此带来的对相关信息收集成本的增加,却在客观上造成了行业协会等被告胜诉可能性的增大。在 United States v. Colgate & Co.[3]一案中,法院允许产品生产者制定于己有利的分销政策,并可以单方面拒绝与下游销售商的交易,这实际大大限制了 Dr. Miles Medical Co. v. John D. Park & Sons 一案确立的,在纵向价格限制中适用本身违法原则的范围。与之相比,Maple Flooring Manufacturers' Association v. United States[4]一案更受美国经济学家的关注,因为本案判决中首

① E. W. Hawley. Herbert Hoover: The Commerce Secretariat, and the Vision of an 'Associative State,' 1921–1928. *Journal of American History*. 1974 (16): 116–140.

② Chicago Board of Trade v. United States. 246 U. S. 231(1918).

③ United States. v. Colgate & Co. 250 U. S. 300(1919).

④ Maple Flooring Manufacturers' Association v. United States. 268 U. S. 563(1925).

次出现了对经济学理论的直接引证，以说明行业协会内部的信息交换行为有助于为成员扩展信息渠道，进而作出有效率的价格与产量决策。当然，这一时期的联邦最高法院依然针对某些形式的共谋行为适用了本身违法原则，在 United States v. Trenton Potteries Co.[①] 一案中，法院认为，竞争者之间就限定价格所达成的不加任何掩饰（Unadorned）协议的行径，运用更为精细的合理原则也许可以在个别案例中发现其中的合理性因素，但由于其通常危害严重以至于法院可以直截了当地宣告其非法，这一判决推翻了 Chicago Board of Trade v. United States 一案中短暂成立的，对“所有”竞争者协议均适用合理性原则的先例。不过，到了 20 世纪 30 年代大萧条的最低谷时期，以往法院对于赤裸裸的有关产量的横向联合限制竞争行为的反对态度也开始发生了动摇。1933 年的 United States v. Appalachian Coals Inc.[②] 一案中，法院拒绝对一份煤矿企业间达成的联合销售协议中有关产量限制的内容适用本身违法原则。法院认为，当竞争者将各自资本集聚起来并共摊风险与收益时，应当被看作一个单一经营者而非竞争者集合，所以此类有关价格与产量的限制措施也许在表面上看属于限定价格或者限定产量，但却并不具有反垄断法上的意义。也许是受到国会立法思想的影响，这一时期的美国法院似乎已经对自由竞争绝望，因此开始欢迎行业协会等社会部门对重构市场秩

① United States v. Trenton Potteries Co. 273 U. S. 392 (1927).

② United States v. Appalachian Coals Inc. F. Supp. 339 (1932).

序的尝试。总体来说，这一时期的司法判决中依然很难寻觅有关经济学思维对司法判决发生影响的规律性线索：法院通过强调市场份额并以此作为市场支配力的指示器，而这一时期的经济学家却将目光集中于规模经济的巨大潜力以及由此给价格特别是市场价格带来的影响；庇古有关价格歧视的研究在经济学领域已经得到了检验，但其思想却未能体现在《罗宾逊—帕特曼法案》中，有关有效率的价格歧视的拉姆齐定价[①]理论，在该时期的司法判决中也难觅影踪。

第三个阶段是1936年至尼克松执政结束。在这一时期，“新政”为美国经济带来的助推力逐步消退，市场自由竞争思想再次占据主流，西蒙斯等人极力抨击有关“新政”合理性的统计学假设，并倡导更为激进的反垄断执法措施，以及美国经济的去中心化，[②]芝加哥学派开始显示其理论在反垄断司法中的解释力。[③]而美国联邦最高法院开

① 最优定价是按照边际成本定价，拉姆齐定价是一种次最优定价，一般适用于受管制企业，假设该企业生产A与B两种产品，对需求弹性大的产品A而言，定价策略应该设定到与边际成本基本一致，对需求弹性相对较小的产品B来说，定价应当远离边际成本。比较典型的是铁路部门对站票、硬座、硬卧、软卧实行的区别定价。

② H. Simons. *Economic Policy for a Free Society*. The University of Chicago Press. 1948: 87–88.

③ 芝加哥学派与后芝加哥学派在反垄断领域的差异主要体现在四个方面：市场机制与反垄断规制的相容性、反垄断法的首要价值取向是经济效率抑或消费者福利、掠夺性定价是否具有可非难性，以及纵向约束如何进行反垄断规制。相关比较研究参见任剑新：《美国反垄断思想的新发展——芝加哥学派与后芝加哥学派的比较》，载《环球法律评论》2004年第2期。

始转而强调本身违法原则的适用，Chicago Board of Trade v. United States 一案中确立的广泛适用合理原则的方案由于施加给原告方过多的举证责任，有过于偏向被告方等原因，在这一时期的使用被大大限制。前文提到的 United States v. Socony-Vacuum Oil Co. Inc. 一案是这一时期司法判例的一个较为典型的代表。该案中，法院认为原油精炼厂商间达成的有关价格限制的横向协议应当不考虑其实际后果而适用本身违法原则以判定其违法性。这一判决表明法院试图通过司法判例告诫企业及其经理人，即便有行政部门的事前批准，私人企业间旨在再造有关价格等因素的规划方案也可能自担相应的违法风险。如今尽管不少学者认为该案将本身违法原则适用于所有价格限制案件的做法有失偏颇，但考虑到当时法院急于通过复兴《谢尔曼法》，重塑市场自由竞争优于凯恩斯主义的动机，这一判决其实也就很容易理解了。在 Interstate Circuit Inc. v. United States ① 一案中，法院以证明标准的调整达到相同的目标，在没有任何直接证据的情况下，依据间接证据认定横向联合协议成立。这一时期本身违法原则的适用范围相当广泛，包括：

(1) 搭售协议。其中较为典型的如前文所提及的 Northern Pacific R. Co. v. United States 一案以及 International Salt Co. v. United States② 一案，在后者中，法院认为，当某种产品的销售者对该产品享有合法垄断权（如专利）时，该销

① Interstate Circuit Inc. v. United States. 306 U. S. 208(1939).

② International Salt Co. v. United States. 332 U. S. 392(1947).

售者如果要求买方同时购买其他不具有合法垄断权利的产品的搭售行为适用本身违法原则。

(2) 非价格的纵向限制。在 United States v. Arnold, Schwinn & Co.[①]一案中,作为诉方的反垄断执法机构本来是以合理原则要求法院审查被告的垄断行为,但法院却直接对被告行为适用了本身违法原则,可谓是得来全不费工夫。[②]作为自行车生产企业的被告与某自行车分销商协会达成协议,协议内容不但涉嫌固定价格,而且将其品牌产品零售商的销售限定在特定区域,法院认为,"当生产者与产品的所有权以及风险分离后,其对于产品的支配权也随之分离,因此,生产者在分离后实施的旨在限制产品转移对象与地域的行为,无论是通过具体的协议还是默示的合意等行为,都构成对《谢尔曼法》第一条的本身违反"。

(3) 集体抵制。在 Klor's Inc. v. Broadway-Hale Stores Inc.[③]一案中,作为一家大型零售百货商店的被告,利用其市场支配力与产品供应者达成共谋,对其他折扣商店实施集体抵制。本案法院不但审查行为本身,而且还考察其将来的可重复性,因此,即便在实际上并没有什么贸易行为遭到了限制,但法院依然认为该案中潜藏着"垄断的倾向",进而适用本身违法原则加以禁止。

另一个相关的现象是,法院更加倾向于认定那些占据

① United States v. Arnold, Schwinn & Co. 388 U. S. 365(1967).

② L. L. Williams. Distribution and the Sherman Act—The Effects of General Motors, Schwinn and Sealy. *Duke Law Journal*. 1967(4):732–740.

③ Klor's Inc. v. Broadway-Hale Stores Inc. 359 U. S. 207(1959).

市场主导地位的企业或者行业协会的行为违反反垄断法，在 United States v. United Shoe Machinery Corp.[①] 一案中，法院一方面认可被告有关研发的政策，并且也注意到其消费者对有关产品只租不卖的同意，但依然将之视为非法。类似的案例还有 Utah Pie Co. v. Continental Baking Co.[②] 等，但因为其与本章主旨关联有限，因此就不再赘述了。

如果要总结这一时期司法政策的特色，那么，在 United States v. Von's Grocery Co. 一案的反对意见中，大法官的嘲讽也许最为形象："反垄断诉讼中我唯一能够找到的一致性就是，政府总是会胜诉。"[③] 不过从总体来看，反垄断司法实践依然落后于该时期经济学思潮的变迁，这一时期的经济学已经开始意识到历史的演进已经到了该向完全竞争模型说再见的时候了，[④] 克拉克等人开始着手厘清市场在何种标准下可以称之为一种切实可行的竞争，[⑤] 尽管效率因素依然不被该时期的经济学家以及法院重视，但这一思路在随后的 20 年成为反垄断司法的主导思想。

(二) 芝加哥学派时期——一个时代断面的考察

从这一时期开始，以波斯纳等为代表的新一批芝加哥学派学人，开始系统性地批判美国法院激进的反垄断司法

---

① United States v. United Shoe Machinery Corp. 391 U. S. 244 (1968).

② Utah Pie Co. v. Continental Baking Co. 386 U. S. 685 (1967).

③ United States v. Von' s Grocery Co. 384 U. S. 270 (1966).

④ W. E. Kovacic. The Influence of Economics on Antitrust Law. *Economic Inquiry*. 2010 (30):294–306.

⑤ J. M. Clark. Toward a Concept of Workable Competition. *American Economic Review*. 1940 (30):241–256.

政策。同样出于对自由市场的虔诚,以西蒙斯为代表的芝加哥学派前辈更为看重垄断行为对于市场竞争的破坏性,而波斯纳等人则更为重视效率因素对经济现象的解释力。在这一时代断面内,芝加哥学派着手将经济分析概念与工具"解码"成能为司法裁判可用的操作性原则,[①] 前一时期得以扩展的本身违法原则此时又遭到学者的批评:一切都应当以效率为优先考量因素,一些本质上可以促进竞争的良性垄断行为甚至应当适用本身合法原则加以解决。[②] 在 Continental Television v. GTE Sylvania[③] 一案中,法官首次以效率作为断案的基本价值目标,一改以往分散且略显平民主义做派的司法策略,将非价格的纵向协议纳入合理原则审查范围。法官们开始在 Reiter v. Sonotone Corp.[④] 等案件中大段引用博克等人的经济学著作,鲍威尔大法官的判决中随处可见萨缪尔森、博克、波斯纳等人的观点。[⑤] 反垄断政策开始再次趋于保守的另外两个因素是:一是在法官的人事方面,以鲍威尔为代表的保守派法官对与公权力广泛介入反垄断纠纷并不"感冒";另一个可能更为重要的因素

① W. E. Kovacic. The Antitrust Paradox Revisited: Robert Bork and the Transformation of Modern Antitrust Policy. *Wayne Law Review*. 1990(36): 1413–71.

② R. A. Posner. The Next Step in the Antitrust Treatment of Restricted Distribution. *The University of Chicago Law Review*. 1981(48): 6–26.

③ Continental Television v. GTE Sylvania. 433 U. S. 36(1977).

④ Reiter v. Sonotone Corp. 442 U. S. 330, 343 (1979),引用了博克的 *The Antitrust Paradox: A Policy at War with Itself* 这本著作的内容。

⑤ 郭跃:《美国反垄断法价值取向的历史演变》,载《美国研究》2005 年第 1 期。

是，随着战后美国经济高速发展的戛然而止，特别是德国、日本等新兴经济体竞争力的加强，美国在世界经济的主导地位开始动摇，效率也开始成为美国社会更加重视的价值取向。

以效率为导向的反垄断政策认为，既然企业的天然属性在于追求效率，那么市场中的各色竞争行为都应当推定为合法，除非原告能够通过合理原则证明其对自由竞争的反作用。不过，司法系统对于这一观点的认知并不统一，不少法官依然拒绝接受这种看起来多少有点抵触"一元论"的新思维，FTC 等反垄断行政执法部门在这一问题上的态度也并不明朗，[①] 在这一不完全转型时期的变迁与抵抗之间，反垄断司法判例看起来有些游移不定，但这也最为集中地体现了两种原则适用其实并不具有本体论意义上的"原则性"。

这一时期"分类学"的裁判方法开始形成较为完备的体系，联邦最高法院在一系列案件中确立了适用本身违法原则分析的案件类型。例如，在 United States v. Topco Associates Inc.[②] 一案中，将竞争者划分市场的行为纳入本身违法分析范畴，在 Klor's Inc. v. Broadway-Hale Stores Inc.[③] 一案中则是拒绝交易，在 Northern Pacific R. Co. v. United States[④]

① R. H. Lande. The Rise and (Coming) Fall of Efficiency as the Ruler of Antitrust. *The Antitrust Bulletin*. 1988(33): 429–465.

② United States v. Topco Associates Inc. 405 U. S. 596, 610–12(1972).

③ Klor' s Inc. v. Broadway-Hale Stores Inc. 359 U. S. 207, 212–14(1959).

④ Northern Pacific R. Co. v. United States. 356 U. S. 1, 6(1958).

一案中是有关捆绑销售，United States v. Socony-Vacuum Oil Co. Inc. 一案则是关于价格固定。

不过，这种分类学的边界并不确定。为说明这一问题，有学者梳理出该时期 9 个较为典型的美国司法判例，这些判例被诉主体均为行业协会（部分是职业协会）。[①]

（1）Goldfarb v. Virgina State Bar。[②] 该案中，原告希望通过律师进行房屋购买前的产权调查，弗吉尼亚州以及费尔法克斯郡的律师协会印制了一份最低收费表格，要求协会内律师对于产权调查等服务事项收费不得低于该收费表格的要求。尽管表面上看来，律师协会对于最低收费并未使用直接的罚款等处罚作为保障，但没有律师协会的允许，任何人不得在该州执业，而且，该州律师协会出版了数份报告，公开谴责违反最低收费的行为，将之斥为职业不端行为，因此，此案至少存在事实上的声誉罚，以及潜在的资格罚威慑。法院最终对此案适用本身违法原则认定为非法。本案也同时宣告了律师协会反垄断豁免的终止。

（2）National Society of Professional Engineers v. United States。[③] 该案中，国家职业工程师联合会通过内部道德准则，严格限制成员间在投标时就价格展开竞争，违规者将遭受协会处罚。该协会认为，以尽量低的价格提供服务的竞

---

① G. T. Gundlach, J. J. Mohr. Collaborative Relationships: Legal Limits and Antitrust Considerations. *Journal of Public Policy & Marketing*. 1992(11):101–114.

② Goldfarb v. Virginia State Bar, 421 U. S. 773(1975).

③ National Society of Professional Engineers v. United States. 435 U. S. 679 (1978).

争压力，将严重影响工程师设计成果的质量，而且，如果采取低价者中标，有可能导致设计者罔顾设计成果的质量并最终危害公共福利。地区法院认为此行为属于固定价格，据此适用本身违法原则宣告其非法，联邦最高法院却放弃了本身违法原则，通过合理标准分析该行为准则是否会带来反竞争的效果。法院认为，协会不允许其成员提交竞争性投标不是价格固定，但却在实际上取消了所有消费者选择工程师前进行价格比较的可能性，这种统一性的禁止实际上是将该协会对成本与收益的观点强加于整个市场，因而具备反竞争性。

(3) Broadcast Music Inc. v. Columbia Broadcasting Sys.。[①] 该案中，原告是代表音乐版权所有者的联合会组织，有权通过签发概括性授权允许被告等媒体播放其成员作品，并统一接收、分配由此获得的授权使用费。该案争议在于，这一行为是否构成价格固定进而适用本身违法。地区法院拒绝了这一观点，但上诉法院却认为这一行为不但构成版权滥用，也属于本身违法的价格固定。最高法院的判决以合理原则审查该案，在判决中充分体现出效率优先的思想。判决认为，概括性授权并非对于贸易赤裸裸的限制，也不符合"除了限制竞争之外没有任何目的"，该行为的效率性体现在"有助于对盗版行为进行统一监督与执法"，以及推动版权交易在个体使用者与版权者之间进行顺利开展。尽管没有出现任何经济学著作的引证，但交易成本理论的思想却

① Broadcast Music Inc. v. Columbia Broadcasting Sys. 441 U. S. 1(1979).

呼之欲出——以版权所有者联合组织形式对外代表版权者进行价格谈判、版权授权，乃至侵犯版权的诉讼，可以大大降低市场交易的搜寻成本、谈判成本与执行成本，因此，即便在外观上看起来属于通过合意固定价格，但依据合理原则判定却可以发现该行为对于市场竞争的助益。

（4）Catalano Inc. v. Target Sales Inc.。① 被告为啤酒批发商协会，该协会的批发商达成协议的内容为，除非零售商同意以现金方式在交付货物之前支付货款，否则他们将拒绝与之交易。该案法院认为此行为等同于取消折扣的横向协议，属于价格固定，并按照本身违法原则认定其非法。

（5）Arizona v. Maricopa County Medical Society。② 该案中，被告是一家郡医药协会，该协会规定，就某些拥有特别医疗保险的客户，医生只能在限定价格内收取费用，否则将遭到处罚。该案同样被视为固定价格，并以本身违法原则宣告非法。

（6）NCAA v. Board of Regents of Univ. of Oklahoma。③ 该案中，NCAA 控制了大学橄榄球比赛的电视转播权，并对各大学球队每赛季的出场次数加以控制，以保证良好的上座率。几所较大的高校对此表示异议并自行成立了"高校橄榄球协会"（College Football Association），试图自行开展电视转播权合同谈判。NCAA 威胁将在橄榄球等多个体育项目中禁止该协会成员参加，处罚权体现为一种资格罚。法院认为 NCAA 的行为属于对价格与产量的限制，史蒂文斯

---

① Catalano Inc. v. Target Sales Inc. 446 U. S. 643（1980）.

② Arizona v. Maricopa County Medical Society. 457 U. S. 332（1982）.

③ NCAA v. Board of Regents of Univ. of Oklahoma. 468 U. S. 85（1984）.

代表联邦最高法院撰写了多数意见，认为NCAA建立了一套以限制价格与产量为特征，偏离市场自由竞争的内部机制，由于其无法就此偏离提供积极性抗辩，法院最终以合理原则认定其非法。怀特大法官与伦奎斯特大法官对此持有异议，前者认为高校体育竞技与职业体育竞技在许多非商业目标上存在清晰差别，没有证据证明NCAA的限制行为导致价格上升或者产量下降，因此应当被看作是合理的限制。不过，法院两派法官在该案应当适用合理原则审查上的观点上倒是基本一致。

(7) Northwest Wholesale Stationers, Inc. v. Pacific Stationary & Printing Co.。本案案情前文已有介绍，尽管该案中处罚体现为开除，但法院认为其本质上属于集体抵制，在审理中以合理原则判定其合法。

(8) FTC v. Indiana Federation of Dentists。[1] 该案同样被定性为集体抵制，作为一家牙医协会，被告制定一项政策，要求其成员在出现收益索赔评估过程中，不得向保险公司提供X光照片结果。法院以合理原则认定其非法。

(9) Superior Court Trial Lawyers Association v. FTC。[2] 因为不满意指定辩护的微薄收益，前者组织律师成员开展了“罢工”，要求哥伦比亚特区提高相应的补助。本案目的在于固定价格，采取的形式是集体抵制，法院认为这是一种赤裸裸的贸易限制，因此适用本身违法原则宣告其非法。

---

① FTC v. Indiana Federation of Dentists. 476 U. S. 447(1986).

② Superior Court Trial Lawyers Association v. FTC TLA :493 U. S. 411 (1990).

以上 9 个案例的简单比较如表 4–2 所示[①]：

表 4–2　案例比较图

案件	横向限制竞争的事项	组织处罚措施	法院分析原则	判决结果
Goldfarb v. Virgina State Bar［1975］	固定价格	有	本身违法原则	非法
National Society of Professional Engineers v. United States［1978］	固定价格	有	合理原则	非法
Broadcast Music Inc. v. Columbia Broadcasting Sys［1979］	固定价格	无	合理原则	合法
Catalano Inc.v. Target Sales Inc.［1980］	固定价格	对外的拒绝交易	本身违法原则	非法
Arizona v. Maricopa County Medical Society［1982］	固定价格	有	本身违法原则	非法
NCAA v. Board of Regents of Univ. of Oklahoma［1984］	固定价格与产量	有	合理原则	非法

① 参见 G. T. Gundlach, J. J. Mohr. Collaborative Relationships: Legal Limits and Antitrust Considerations. *Journal of Public Policy & Marketing*. 1992(11):101–114。

续表

案件	横向限制竞争的事项	组织处罚措施	法院分析原则	判决结果
Northwest Wholesale Stationers, Inc. v. Pacific Stationary & Printing Co.［1985］	集体抵制	有	合理原则	合法
FTC v. Indiana Federation of Dentists［1986］	集体抵制	对外的拒绝交易	合理原则	非法
Superior Court Trial Lawyers Association v. FTC［1990］	固定价格,集体抵制	对外的拒绝交易	本身违法原则	非法

可以看出,即便是在分类学较为完备的芝加哥学派时期,两项原则的分类学边界也并不清晰,在涉及行业协会、职业协会时这种模糊性体现得尤其明显。考察该时期有关行业协会(部分是职业协会)横向联合限制竞争的联邦最高法院司法判例可以发现,在这些案件中,行业协会以处罚权作为后盾协调成员集体行动的目标,本来都是可以划入“核心卡特尔”限制范围内的价格固定、集体抵制以及产量限制协议的,相比于纵向垄断等通常被视为良性的联合行为,此类行为一般来说对自由竞争有害无益,因此,应当直接宣告非法,并不存在合理原则适用的空间,但事实却并非如此。

(三)后芝加哥时代与合理原则

1985 年,霍温坎普在一篇文章中首次提出了后芝加哥学派这一概念。[1]芝加哥学派将价格理论以及数据统计分析结论运用到反垄断司法的分析与解释中，与之不同的是，以夏皮罗为代表的后芝加哥学派则更为关注博弈论等研究方法在反垄断法中的适用问题，这一侧重点也导致其放弃了以经验数据对假设加以检测的芝加哥方法论。[2]另外，与芝加哥学派有关的市场完美的预设相反，后芝加哥学派认为由于信息成本的制约以及市场中信息不对称的普遍性，现实中的市场很难符合完美市场理论的基本条件，因此，反垄断法应当对放任式的立场保持充分警惕，极力在竞争与反竞争中平衡。[3]克林顿政府对于技术革新的倡导造就了美国历时最长的经济增长周期，反垄断法政策也开始日渐重视科技与经济增长之间的相关性、专利与许可制度对于技术创新的推动或滞缓效应，这也成为目前美国反垄断执法的一个重点关注领域。2005 年，小布什任命罗伯茨（John Roberts）成为联邦最高法院首席法官后，美国联邦最高法院对于反垄断司法的判例体现出重视“决策理论”（Decision Theory）这一综合性方法的特色，与以往偏向于分析涉诉行为社会总体盈余的思路（即促进竞争效应与反竞争效应在社会总体福利上的总成）不同的是，罗伯茨法院更为强调决

① H. J. Hovenkamp. Antitrust Policy After Chicago. *Michigan Law Review*. 1985 (84): 213–225.

② B. H. Kobayashi, T. J. Muris. Chicago, Post-Chicago, and Beyond: Time to Let Go of the 20th Century, *Antitrust Law Journal*, 78 (1): 147–172.

③ 任剑新:《美国反垄断思想的新发展——芝加哥学派与后芝加哥学派的比较》，载《环球法律评论》2004 年第 2 期。

策成本与最优反垄断规制之间的关系——最优的反垄断法律规制应当以决定成本（即作出判决的社会成本）与预期错误成本[①]最小化为目标。[②]

博弈论的运用。在反垄断的行政执法中，美国司法部根据“囚徒困境”分析框架制定了反垄断宽恕制度，运用于那些首先“反水”的卡特尔成员身上。这一做法很快就收到了实效，根据美国司法部有关 Hoffmann-La Roche v. Empagran-Amicus 一案的案件摘要信息显示，在 1999 年的一次反垄断宽恕执法中，根据反水卡特尔成员提供的数据，美国司法部迫使巴斯夫与罗氏两家医药公司就其固定维他命价格的行为达成有罪答辩，两家公司总共支付了 7.5 亿美元的刑事罚金。这一运用的另一种表现是，反垄断行政执法开始惩治“协助共谋”行为，而不再局限于共谋行为本身，例如，1994 年，FTC 禁止了数家航空公司通过电脑预订系统协调价格的行为。[③]在司法判例中，集中体现交易成本与博弈论思想的判例当属 Eastman Kodak Co. v. Image Technical Services Inc. 一案。[④]本案中，柯达公司因为对其生产的复印机的服务与零配件捆绑销售，以及滥用市场支配力量引发独立服务组织的反垄断诉讼。地方法院作出即

① 错误的确认构成垄断判决（假阳性）与错误的不构成垄断判决（假阴性）是法院判决错误成本的主要体现。

② T. A. Lambert. The Roberts Court and the Limits of Antitrust. *Boston College Law Review*. 2011(52):871-939.

③ United Stated v. Airline Tariff Publishing Co. 1994-2 Trade Cas.(CCH) ¶70,687,(D. D. C August 10, 1994)(Final Consent Decree).

④ Eastman Kodak Co. v. Image Technical Services Inc. 504 U. S. 451(1992).

决判决，认为柯达公司的复印机仅占销售市场的20%，在此安装基数的前提下，判定该公司对零配件市场予以反垄断是不理性的。上诉法院推翻了该即决判决并得到联邦最高法院的支持，法院判决中有关博弈论评论的引用篇幅，与Continental Television v. GTE Sylvania一案中引用芝加哥学者评论的篇幅不相上下，最高法院认为，由于柯达公司在产品服务以及零配件方面的垄断性市场占有率，导致柯达产品的消费者陷入"锁定效应"中，由于不完全信息以及转换成本的原因，复印机的服务与零配件市场实际上由柯达公司垄断。

尽管在思维进路上与芝加哥学派有所差异，但两种基本规制原则在选择上却大致趋同，合理原则的统治地位越发稳固，其方法论使用也日趋成熟，法院将《谢尔曼法》第一条、第二条以及《克莱顿法》第三条以及第七条的内容有机结合起来，形成了美国反垄断法规制的一项基本原则，并以区分反竞争性与有效率行为为特色。在California Dental Association v. FTC[①]一案中，法院已经发展出一套有关合理原则分析的可操作性方案，这一方案由三部分构成并在时间上前后相接。

首先，应当分析有关协议是否有损害或者限制竞争的主观意图；其次，是否存在对竞争的真实损害；最后，根据该行为存在的提高竞争等积极因素是否可以抵消其带来的反竞争危害，判断这一限制是否合理。在审理思路上，一般

① California Dental Association v. FTC. 128 F. 3d 720(9th Cir. 1997).

以评估原告是否能够证明遭受具体的“反垄断损害”作为实质意义的前置“程序”（思维意义上的），在 Associated Gen. Contractors of Cal. Inc. v. Cal. State Council of Carpenters[①] 一案中，法院以较为严格的因果关系标准认为该案原告举证所受之损害，与被告行为之间过于遥远，是一种推测意义上的联系，因而以即决判决拒绝了原告的赔偿请求。经过这一思维流程过滤之后，才进入真正意义上的两造对抗：原告证明案件存在反竞争的效果，被告证明其行为存在可识别的效率性。在 Texaco Inc. v. Dagher 一案中，法院指出：“我们推定运用本身违法原则的分析，在这一原则之下，反垄断诉讼的原告方必须首先证明特定的协议在事实上是不合理与反竞争的，之后才考虑其合法律性问题。”[②]

合理原则成为一项成熟的分析“标准”，也意味着从 20 世纪 20 年代至 70 年代联邦最高法院发展起来的“分类学”[③] 理论逐步退出法官思维。早在 1978 年的 National Society of Professional Engineers v. United States[④] 一案中，法院即通过回顾合理原则的发展历史指出，本身违法原则与

---

① Associated Gen. Contractors of Cal. Inc. v. Cal. State Council of Carpenters. 459 U. S. 519（1983）.

② Texaco Inc. v. Dagher. 547 U. S. 1, 5（2006）.

③ 分类学发展的极端表现在于，从概率上来说，适用本身违法一般意味着原告胜诉，而适用合理原则意味着被告胜诉，这一现象虽然是由两项原则在举证责任等因素方面的差异引发，但当这种现象被感知之后，法官开始有意识的首先对涉诉行为进行分类，进而确定其到底适用何种分析原则。

④ National Society of Professional Engineers v. United States. 435 U. S. 679（1978）.

合理原则不过是适用同一标准得出的不同路径而已。侧重对行为效率的分析，而非行为类型的归类，直接导致本身违法原则适用范围大为缩小，法院一般只在那些不会引发过度威慑，并且存在特殊赔偿问题的案件中适用该原则。[①] “法院开始系统性地拆除之前半个世纪建立起来的有关本身违法原则适用的分类体系，并将现代经济学理论的思维与解释方案越来越多地运用于反垄断司法实践中”[②]。Leegin Creative Leather Products, Inc. v. PSKS, Inc. 一案是这一趋势的集中代表。该案终结了 1911 年 Dr. Miles Medical Co. v. John D. Park & Sons 案确立的对于纵向价格限制适用本身违法原则的历史，完成了 Continental Television v. GTE Sylvania 一案（非价格纵向限制适用合理原则）开启的对于纵向联合反垄断管制日益宽松的制度探索历程。

该案中，原告为了遏制竞次式的价格恶性竞争，要求零售商必须在其推荐的价格水准上销售，被告的子公司却在低于其推荐价格 20% 的折扣水准上销售原告的产品，原告遂停止向前述子公司供货。法院在判决中直截了当地指出，“判断某种商业限制行为是否违反《谢尔曼法》第一条规定的标准应当是合理原则……合理原则要求考察与该行业有关的信息、有关该限制行为的历史、本质以及实际效

① A. I. Gavil. Moving Beyond Caricature and Characterization: The Modern Rule of Reason in Practice. *Southern California Law Review*. 2012(85): 733–782.

② A. I. Gavil, W. E. Kovacic, J. B. Baker. Antitrust Law in Perspective: Cases, Concepts and Problems in Competition Policy. American Casebook Series, Thomson and West, 2002 : 358.

果……合理原则可以区分某种限制竞争行为是否会损害消费者福利，或者该行为其实最终是为了消费者福利最大化考虑……但是，当一种限制行为预先被视同为本身违法，则根据真实市场状况探查某种具体限制的合理性的通道就被堵死了”。

通过以上制度史梳理，我们认为，《谢尔曼法》归根到底是一部普通法法令，尽管在百年的制度史发展中有所反复，但除初期少数的反垄断司法判例对本身违法的刚性适用外，本身违法原则适用的范围呈现日益缩小的趋势，合理原则逐渐成为一项主导性的判别标准（Standard），美国的司法与行政执法部门开发出日益成熟的过滤技术赋予合理原则适用越来越多的确定性。这一趋势背后，不同时代的经济环境、政法背景、其他社会科学部类（特别是经济学）的思维渗透，甚至公权力部门的人事任免都与这一趋势息息相关。这也提示我们，讨论与行业协会处罚有关的限制竞争法律规制本土化问题，仅仅在比较法意义上采取“分类学”的研究思路并不充分，在切入点的选择上应当以价值导向为基础，进而考虑运用相对统一的分析方法，并以此为反垄断执法提供可操作性的指南。

五、行业协会反垄断司法审查的法律规制优化

（一）价值与分析方法

1. 效率优先

博克在《反垄断法的悖论》一书中指出，反垄断价值目

标的确定是有效开展反垄断执法的前提。[①]尽管博克在消费者福利与社会总体福利两个概念运用上的混乱招致不少批评，但仅就这一论断来说依然是有说服力的。对于反垄断法的价值取向这一话题，国内外争议颇多，所有部门法一旦涉及价值取向，其争议往往会旷日持久。

在美国，有关论点大致可以分为三个类型：芝加哥学派一般将效率[②]作为反垄断法的唯一价值；同属芝加哥学派的博克认为消费者福利是反垄断法的终极价值目标；霍温坎普则认为在效率之外，保护创新与市场竞争也是与之并列的重要价值。[③]1995 年美国司法部与 FTC 联合颁布的《知识产权许可反垄断指南》中体现了思想的折衷："知识产权法与反垄断法分享同样的目的，即促进创新并提升

---

① R. H. Bork. *The Antitrust Paradox: A Policy at War with Itself* . Basic Books Inc. 1978 :50 .

② 所谓效率包括四个相关子概念：静态效率（Static Efficiency）、生产效率（Productive Efficiency）、配置效率（Allocative Efficiency）与动态效率（Dynamic Efficiency）。其中，静态效率是指在现有技术条件下通过最小化净损失实现的生产最优。生产效率与配置效率属于静态效率的两个表现形式，生产效率描述的是运用资源的水平，简单来说，最优的生产效率即经济体在最低费用的情况下利用资源，配置效率关注消费者支付意愿，当生产耗费资源的成本与消费者愿意支付的费用之间相当时——即市场价格等于边际成本时——配置效率达到最优。动态效率则是指通过向教育、研究等环节投资增加资源获取能力，从 20 世纪 50 年代起，该效率已经被认为是推动经济增产的主要动力。反垄断法对于效率的强调，基本上都是从配置效率角度出发。参见 B. Y. Orbach. The Antitrust Consumer Welfare Paradox. *Journal of Competition Law and Economics*. 2011（1）。

③ H. Hovenkamp. *The Antitrust Enterprise: Principle and Execution.* Harvard University Press. 2005 ：14.

消费者福利。”[①] 不过正如后文所言，博克所言的消费者福利概念其实基本上等同于配置效率，与诸多法院乃至行政执法部门理解的消费者福利并不是同一回事，保护创新本来也是为效率服务，从方法论的角度来说，以经济学原理分析反垄断法律规制问题本身就会导致效率导向的政策价值取向，因此可以认为至少在美国，经历了百余年反垄断政策变迁后，目前已经形成比较稳定的以效率为主导价值的取向。

《中华人民共和国反垄断法》第一条开宗明义地阐明了该法的四个价值目标：保护竞争、提高效率、保护消费者利益、保护社会公共利益，[②] 在垄断协议一章，第十五条的豁免条件其实也体现了这种多价值并举的立法思维。这一并列式的立法造成的疑问在于，如果多个价值之间发生冲突应当如何取舍？目前，我国经济法学者均从经济法这一部门法律体系的本质特征出发，主张一种以效率优先、兼顾其他的价值体系。

首先，社会公共利益、消费者利益等可以概括为公平价值，这一价值的实现依赖于效率价值的实现而非相反，“在经济法中，公平价值实际上是内化于效率价值之中的”[③]，经济法与民法相比更加强调效率，因此，效率至少应当是反垄断法的核心价值目标，只有在效率体现不明显的时候，才考

① U. S. Dep’T of Justice & Fed. Trade Comm’N, Antitrust Guidelines for the Licensing of Intellectual Property § 1(1995).

② 王为农、许小凡:《论我国反垄断法价值目标的选择与实现》，载《浙江社会科学》2013 年第 12 期。

③ 赵万一、魏静:《论我国反垄断法的价值目标界定及制度架构》，载《社会科学研究》2006 年第 1 期。

虑其他价值。[①]

其次,已有学者开始反思传统的将有效竞争作为一种目标价值的取向,以哈佛学派理论为根基的有效竞争理论已经无法解释新经济形式下的反垄断实际问题,有可能扼杀诸如规模经济、策略联盟等有效率的新经济组织形式。[②]

最后,将效率概括为我国反垄断法的核心价值其实与法律条文也不冲突。我国该领域学者一般将欧盟立法作为直接比较对象,根据《欧共体条约》第八十一条第三款的规定,欧盟反垄断法的价值取向是多元化的,某项贸易限制如果要享受豁免,除了增加社会总体效率外,还必须保证消费者由此得到补偿。《中华人民共和国反垄断法》第十五条尽管采取列举(而非确立标准)的立法技术,但在总体框架上确实与欧盟立法类似。欧盟立法首先把有效竞争放在一个较为次要的位置,即只要是"必不可少的限制措施,其不会有重大份额消除竞争"的后果,就可以适用豁免(当然需要满足其他条件)。[③] 这一立法很大程度上反映了经济学方

① 赖源河:《公平交易法新论》,中国政法大学出版社 2002 年版,第 35 页。

② 盛杰民、叶卫平:《反垄断法价值理论的重构——以竞争价值为视角》,载《现代法学》2005 年第 1 期。

③ 德国《反限制竞争法》也有类似表述,该法第二条规定,如果协议"有利于改善商品的生产或销售,或者有利于促进技术或经济进步,同时,消费者能够适当地分享由此获得的利益",并且"参与企业没有受到为实现上述目的所不必要的限制","没有排除参与企业就相关产品的重大部分开展竞争的可能",即可享受集体豁免。参见方小敏、李淳、杨娟译:德国《反限制竞争法》(2005 年第七次修订,2005 年 7 月 15 日公布),载《中德法学论坛》2006 年第 4 辑。

法论——卡尔多—希克斯标准。作为一种效率的判断标准，该标准与帕累托最优不同的地方在于，它并不苛求每个人的状况都不会变糟，而是只要变糟者可以通过效率的总体提高而得到充分补偿即可。[①] 这也意味着即便某些行为下消费者盈余为负，但只要生产者盈余足以补偿这一差值，该行为也应当视为不违反反垄断法。

需要指出的是，我们并没有使用“消费者福利”这一概念。霍温坎普在其著作中指出，“30 年后，有关反垄断法的理念争议已趋向于平静，大多数人如今都同意保护消费者福利是反垄断法唯一的价值目标”[②]。不过如果要追根溯源的话，有关消费者福利的价值取向最有影响力的倡导者应该还是博克。波斯纳等芝加哥学派认为，社会总体福利提高才是判断反垄断法唯一的价值目标，社会福利增加则消费者福利在一般均衡状态下也会增加，即便矛盾，消费者福利也应当服从于社会总体福利。[③] 没有把有效竞争列为基本价值，理由在于，如果以效率作为一项基本价值的话，竞争就可以看作是实现这一终极价值的中间手段，以往之所以产生“竞争是一种基本价值取向”的原因在于，很多时候

---

① ［美］理查德·A. 波斯纳:《正义 / 司法的经济学》，苏力译，中国政法大学出版社 2002 年版，第 90 页。

② H. Hovenkamp. *The Antitrust Enterprise: Principle and Execution.* Harvard University Press. 2005：1.

③ 任剑新:《美国反垄断思想的新发展——芝加哥学派与后芝加哥学派的比较》，载《环球法律评论》2004 年第 2 期。

竞争与效率距离足够近,以至于"法院不必看得更远"[1]。而博克则在其一系列著作中将消费者福利描述为一项看起来与经济效率原则等同的基本价值。博克的理论建立在两个假设基础上,第一,从立法目的看,《谢尔曼法》是一部以消费者福利为宗旨的立法[2],是一部清楚明确的以消费者福利保护方案加以提出与辩论的法律,[3]第二,竞争以及分配的效率等概念可以等同于"消费者福利"这一概念。[4]美国联邦最高法院在一系列案件中对其观点不加辨别的直接引证,也在客观上为"消费者福利"成为一个主导型价值起到了推波助澜的作用。[5]不过,这两种假设似乎存在缺陷:《谢尔曼法》在立法之初,没有任何文献记载证明国会真正考虑过消费者福利,这一认识放到美国反垄断法发展思想史的背景中显得非常突兀,因为彼时亚当·斯密的古典经济学才是主导思想;对于第二点,三个概念显然有较为重大的区别,像博克这样的学者不应该出现如此明显的概念错误。

已有学者指出,博克有关消费者福利(Consumer Welfare)

① [美]理查德·A. 波斯纳:《反托拉斯法》(第二版),孙秋宁译,中国政法大学出版社 2003 年版,第 32 页。

② R. H. Bork. *The Antitrust Paradox: A Policy at War with Itself*. Basic Books Inc. 1978:7.

③ R. H. Bork. *The Antitrust Paradox: A Policy at War with Itself* 1978 :66.

④ R. H. Bork. *The Antitrust Paradox: A Policy at War with Itself* 1978 :427.

⑤ 这些案例包括:Reiter v. Sonotone Corp. 442 U. S. 330, 343 (1979); Nat'l Collegiate Athletic Ass'n v. Bd. Of Regents of Univ. of Oklahoma. 468 U. S. 85, 107 (1984)等。

与经济效率(Economic Efficiency)在概念使用上的暧昧不明,其目的在于以消费者福利这种相对缓和的概念,躲开那些对效率原则充满敌意的旧观点卫道者的阻碍。[①]“博克其实应当使用诸如总体福利、总体效用甚至更为直白的总体经济效率这些更为诚实的概念。”[②]目前,对于消费者福利这一价值目标的看法,有学者认为应当指消费者盈余,[③]而更多的则认为其实就是总体效率的代称。[④]即便采取前一种概念指称,如果依据卡尔多—希克斯原则,消费者盈余也应当服从于社会总体效率原则,效率才应当是反垄断法的基本原则与价值目标。

2. 经济学的分析进路

垄断现象本来就是制度经济学的一个重要分析标本,因此,经济学思维对于反垄断法律规制的全面渗透是顺理成章的。考虑到现实市场中存在的信息成本与资产专用性问题,新制度经济学以交易成本为中心的分析方案有可能是目前最为可行的一种思维进路。

本身违法原则允许法院推定特定的、有限类型的行为

---

① B. Orbach. Was the Crisis in Antitrust a Trojan Horse? *Antitrust Law Journal*, 79(3): 881–902.

② R. H. Lande. Chicago's False Foundation: Wealth Transfers Should Guide Antitrust. *University of Baltimore School of Law*. 1989(58):631–638.

③ J. F. Brodley. The Economic Goals of Antitrust: Efficiency, Consumer Welfare, and Technological Progress. *New York University Law Review*. 1987(62):1018–1026.

④ D. W. Carlton. Does Antitrust Need to Be Modernized? *Journal of Economic Perspectives*. 2007(21):155–176.

具有反竞争的效果，即便在事实上需要运用特定市场的全面分析才能得出以上结论。[①] 因此，如果站在法官决策的角度来看，本身违法原则的主要功能就在于节约法官断案的信息成本。判断某种行为是否应当受到反垄断法的非难，除了相应信息符合可观察原则外，还需要法院能够以较低的成本予以验证。如果从决策理论角度出发，本身违法原则的合理性在于，其可以基于经验归纳而形成的"分类学—原则适用"体系，节约相应决策成本。美国法院在判决中也并不避讳其对于这种分类学的依赖：本身违法原则适用于"特定种类的协议"[②]，并且"允许分类式的裁决"[③]。美国联邦最高法院在 Continental Television v. GTE Sylvania 一案的案例摘要中对此解释道："不符合一般化归类的案件尽管可能产生，但是本身违法原则反映了这么一种判断，即此类（超出分类学范畴之外的）案件并不常见或者并不足够重要，因此，不值得花费时间与成本（运用合理原则）加以一一鉴别。本身违法原则的建立，旨在为商业活动提供具体指南，并且减小诉讼中当事人与法院的成本负担（与合理原则相比）。"该思想在 Northern Pacific R. Co. v. United States 以及 United States v. Topco Associates

① Pace Elecs. Inc. v. Canon Computer Sys. Inc. 213 F. 3d 118, 123 (3d Cir. 2000).

② Business Electronics Corp. v. Sharp Electronics Corp. 485 U. S. 717, 723 (1988).

③ Northwest Wholesale Stationers, Inc. v. Pacific Stationery & Printing Co. 472 U. S. 284, 289 (1985).

Inc.[①]等案件中也得到体现。不过,上述优点本身并不足以证明本身违法原则的正当性,因为若如此,所有的反垄断法都应当依照分类法进而适用本身违法原则,由此可能带来不可欲的法律适用刚性。合理原则是分类学的另一面:法院需要作为事实的发现者,衡量与案件有关的诸多因素,以判断某种限制竞争行为是否因为不合理而予以禁止。[②]法院的探查应当直接聚焦于该限制对竞争的影响,不接受对于那种假设某种行为本身即不合理的观点。[③]对于中国反垄断实践的本土化而言,首要任务在于如何评价当前《中华人民共和国反垄断法》的分类立法技术,其次,则需要将合理原则考量因素具体化,使之具备司法可操作性。

经济学思维的运用与分析则因个案而异,新制度经济学有关交易成本、博弈论的方法论是法官思辨的有力武器,这也意味着合理原则应当成为判断限制竞争行为的基本原则,本身违法原则只在特定情形下适用。在 Leegin Creative Leather Products, Inc. v. PSKS, Inc. 一案中,联邦最高法院认为,纵向价格限制等纵向行为(本案为转售价格维持)并不必然具有限制竞争的效果,其分析思路主要围绕搭便车与集体行动展开。最低转售价格维持可以降低同一品牌零售商之间的竞争,刺激同类商品、不同品牌生产者之间的竞

① United States v. Topco Associates Inc. 405 U. S. 596,405 U. S. (1972).

② Continental T. V. Inc. v. GTE Sylvania Inc. 433 U. S. 36, 49 (1977).

③ National Soc'y of Professional Eng'rs v. United States. 435 U. S. 679, 688, 696 (1978).

争，而根据 State Oil Co. v. Khan[①] 案，反垄断法的主要目标在于促进不同品牌之间的竞争。单一的生产者如果采取纵向价格限制，将消除品牌内的价格竞争，这将转而刺激零售商对该品牌产品的服务等方面进行投资或者采取其他促销措施，最终提高该品牌生产者在同一产品内的竞争能力。另外，转售价格维持还可以给予消费者更为多样化的消费选择（以低价与低服务、高价与高服务为两极）。如果没有纵向价格限制，即便有零售商愿意为服务等项目投资，也会因为折价销售的零售商可以方便搭便车而产生激励不足，品牌内对于服务的投资就可能因为激励不够而产生供给不足。

波斯纳在一起有关品牌处方药价格歧视的判决中[②]主要运用了信息经济学的进路。该案中，品牌处方药一般都是有专利授权的，即便有部分专利已经过期，医生也会倾向于开具品牌处方药，这一现象既可以解释为惯性，但更重要的动因是商标的信息功能。由于产品质量属于生产者的私人信息，为了向消费者传递某种产品质量出色的信息，厂家需要借助一定的信号发送装置，这一装置不但要易于观察，而且需要耗费不菲的成本（否则人人都可以选择该信息装置则会造成信息发送目的的落空），厂家对于品牌的投资，从可见的商业广告到花费大量成本申请专利，恰好满足了这两项要求，另外，这笔投资无法给厂商带来直接的收益，

① State Oil Co. v. Khan. 522 U. S. 3(1997)，该案确定纵向最高价格限制不适用本身违法原则，推翻了 1968 年 Albrecht v. Herald Co. 一案创建的先例。

② In Re Brand Name Prescription Drugs Antitrust Litigation 115 F. 3d 456 Court of Appeals, Seventh Circuit .

因此，基本上可以视为一笔昂贵的沉没成本。以上行为向市场传递了一个强烈的信号：该厂商充分相信其生产的产品疗效好、质量卓越，能够为其带来足够的收益。这一信息经济学的基本原理也使医生与患者倾向于认为，与非品牌药品相比，品牌处方药的质量更优，更值得持有。

（二）司法审查中的"过滤"技术

通过前文制度史考察可以看出，由于《谢尔曼法》等反垄断法规的条文规定非常简单，美国国会实际上将形塑反垄断政策的主要权力委之于司法机关，自 1890 年至 21 世纪初，美国法官的司法判决与社会政治经济背景的联系越来越密切，同时也日益体现吸收与渗透其他社会科学思维的趋势，其中经济学的思维方式对于美国反垄断政策思路变迁的影响最为显著。尽管在美国百余年的制度史发展中有所反复，但总体来看，本身违法原则适用的范围呈现日益缩小的趋势，合理原则逐渐成为一项主导性的判别标准（Standard），美国的司法与行政执法部门开发出日益成熟的举证责任分配方案，赋予合理原则适用越来越多的确定性。

如果从逻辑上来分析，法院要判断某种行为是否应该适用特定分类范畴，进而适用本身违法原则的话，其标准也应是合理原则。基于这一原因，在美国晚近的不少判例中，法官认为合理原则才是衡量限 制竞争行为可非难性的基本标准。不过，美国的司法者并不满足于大而化之的处理方式，而是试图通过以下一系列的过滤技术使合理原则具备司法可操作性。

1. 快速检查

第一种方案可以描述为“快速检查”，当面对某种新型的、在外观上具备反竞争效果的限制竞争行为时，法院会要求被告提供证据证明该行为是促进竞争的，如果被告不能完成该证明责任，则会面临适用本身违法原则的后果。这种方案实际上是在传统分类学中插入第三种分类，即本身违法、快速检查、合理原则审查。这一尝试似乎并未得到联邦最高法院的赞赏，在 California Dental Association v. FTC 一案中，联邦最高法院否定了第九巡回法院的快速检查方法，将案件纳入合理原则审查范畴，法院反对的并不是降低决策成本的动机，而是证明责任的分配。

2. 举证责任过滤

另一种更为综合的过滤技术是通过举证责任[①]的分配来实现的，争议行为将面临四种不同的举证责任分配后果。以垄断协议争议为例，争议行为将面临四种不同的后果，四种情形中，原告都需要就行为具有限制竞争的效果承担证明责任，但有关的证明标准却因具体行为类型不同而有所差异。

(1) 对于可推定的、赤裸裸的限制竞争行为，适用不可推翻的推定，原告只需提交相关协议即完成其证明责任，此时被告的举证对于案件最终判决几乎没有影响，这也是本身违法原则适用的唯一情形。(2) 在外观上具有明显限制竞争效果的，适用“可反驳的推定”，被告需要对其行为实际上具有

① 这里的举证责任，主要指的是结果意义上的举证责任，即证明责任。

促进竞争的后果举证,但原告需要在协议之外,就“明显限制竞争效果”提供表面证据,当推定被推翻后,法院将运用合理原则判断行为的合法性。(3) 对于那些外观上没有明显限制竞争效果的,原告需要就被告的市场支配力(一般通过定义相关市场、计算市场份额以及高市场份额带来的市场支配力的推断)及由此引发的限制竞争效果举证。①(4) 某种行为具备实际的限制竞争效果。与第2点不同的地方在于,限制竞争的效果是有充分证据加以证明与证实的,而非推定的,证明这一事实的证据源自原告,此时进一步通过市场界定等方式确定市场支配力等因素就没有必要了。②

这一举证责任分配方案的目的,看上去是在利用证明责任的分配以及证据提出责任的转换,决定何种案件应当适用合理原则,从理论上来说,当案件中同时存在证明某种行为具有“促进竞争”以及“反竞争”的效果时,法院依然需要从实体上依据“平衡原则”③ 判断行为的违法性。但是在实践中,上述有关举证责任的转换,以及各转换点原被告双方提出证据的情况,往往直接决定了判决的结果。卡里尔的一项数据统计分析结论指出,司法实践中真正运用平

① United States v. Phila. Nat' l Bank. 374 U. S. 321, 354-355(1963).

② A. I. Gavil. Moving Beyond Caricature and Characterization: The Modern Rule of Reason in Practice. *Southern California Law Review*. 2012(85): 733-782.

③ 在不少判例中,法院均明确指出,合理原则的最后分析环节在于,以平衡原则某种行为的反竞争与促进竞争效果。典型案例参见 Leegin Creative Leather Products, Inc. v. PSKS, Inc. 615 F. 3d 412, 417(5th Cir. 2010); In re Ins. Brokerage Antitrust Litig. 618 F. 3d 300, 316(3d Cir. 2010); Benson v. St. Joseph Reg' l Health Ctr. 575 F. 3d 542, 549(5th Cir. 2009).

衡原则的案例不到统计样本的3%,97%以上的案件均因为没有任何证据证明被告行为存在反竞争效果而致原告败诉。[①]卡里尔在更早的一篇文献中还指出,在96%的适用合理原则审查的案件中,法院根本不会平衡任何东西。[②]所以,前述有关举证责任分配方案,其实已经成为美国法院以合理原则审查反垄断行为的主导路径,这一主导性不但体现在程序上,也直接影响到案件的实体法律关系确定。

3. 本质上值得怀疑

美国的反垄断行政执法部门具备准司法性质,在实际执法中,执法思路也体现出与司法机关类似的思路。例如,FTC使用的就是"本质上值得怀疑"(Inherently Suspect)这一案件过滤技术。根据冈拉克等的归纳,FTC的检验法如图4–1所示[③]:

FTC对此解释道:首先,我们会认定,该限制行为是否在本质上具有可怀疑性,即该行为是否从表象上就可以很有把握地判断其缺乏效率。如果该限制行为不符合这一判断,则需要运用合理原则,通过分析市场定义与市场支配力等因素确定其合理性。如果符合这一判断,我们会接着探查另一个问题,即该行为是否具有貌似可信的效率方面的

---

① M. A. Carrier. The Rule of Reason: An Empirical Update for the 21st Century. *George Mason Law Review*. 2009(16): 827–828.

② M. A. Carrier. The Real Rule of Reason: Bridging the Disconnect. *Brigham Young University Law Review*. 1999:1267–1268.

③ G. T. Gundlach, J. J. Mohr. Collaborative Relationships: Legal Limits and Antitrust Considerations. *Journal of Public Policy & Marketing*. 1992(11): 101–114.

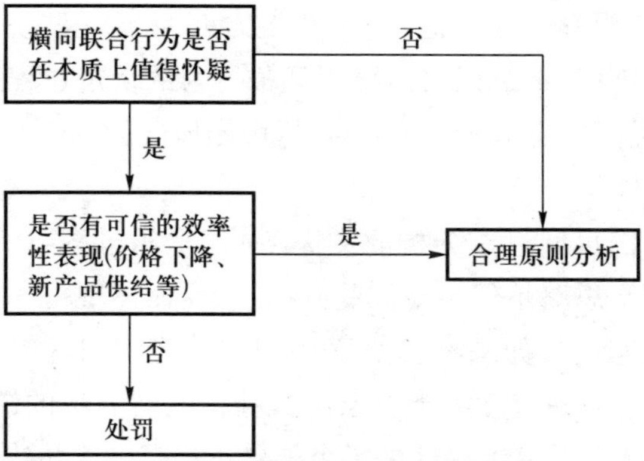

图 4-1 本质上值得怀疑的过滤技术

正当性——该行为是否看起来可以创作或者促进竞争(比如减少制造成本、制造新产品、促进市场运营效率)。若被调查方不能提供相关证据,我们就可以对该行为径行处罚,而一旦具备这些看起来可信的证据,进一步的广泛审查就不可避免。第三步在于确定这种看上去可信的有关效率的正当性证明是否真实。如果所言非虚,我们就需要运用合理原则进行全方位的考量。[①]

4. 小结

以上三种方式尽管在具体操作细节上有一定差别,但大致思路一致。合理原则屡遭诟病的一个重要原因在于,该原则无法给市场经营者提供一个较为稳定的行为预期,而本身违法原则不加节制地使用有可能带来过度威慑,以上过滤技术可以较好地平衡确定性与精确性二者之间的关

① In Re Mass. Bd. of Registration in Optometry. 110 F. T. C. 549, 604(1988).

系，以证明责任以及证明标准为发力点，无论是法院还是行政执法部门，都可以将对限制竞争行为的认定过程进一步细化，在降低决策成本的同时，尽可能地保证案件性质判断的准确性。

我们再回过头分析前文提到的“惠尔讯案”。该案法院的判案思路不但不应该受到指责，反而体现了一种审慎的司法态度。如果不加留意，不少人都会得出《中华人民共和国反垄断法》第十三条全盘移植欧盟立法的结论，但该条中不为学者所关注的一个差异点却有可能导致不同的结论。我们认为，该条原则禁止的是“垄断协议”，同时，该条对于垄断协议的概念予以界定，只有符合这一前提，法院才能要求被告承担第十五条的举证责任。无论是《欧共体条约》第八十一条，还是诸如《德国反限制竞争法》第一条的规定，均没有该定语。因此，我们如果作出如下解释想必也不算什么原则性错误。

这一行文方式与其说类似于欧盟的核心卡特尔限制，不如说更接近于 FTC 的“本质上值得怀疑”过滤技术。面对一个限制竞争协议，原告需要就该行为是否构成“垄断协议”承担证明责任[①]并提供证据。如果该行为足够典型以至于一眼望之即可确定其会产生反竞争的效果，则原告只需出示有关协议存在的证据即完成其证明责任，被告需

① 此处开始区分两种意义上的举证责任，即证据提出责任与证明责任，前者也被称为行为意义上的举证责任，后者为结果意义上的举证责任。依照法律要件分类，证明责任以法律规则事前确定，在诉讼中不发生转移，证据提出责任则根据原被告提供证据的证明力在诉讼中发生转换。

要就相关豁免条件承担证明责任。但如果法院认为,某种行为从外部判断是否具备反竞争效果并不足够明确,则法院可以要求原告就该协议具有限制竞争效果提供证据加以证明以完成其证明责任(当然,此处的证明标准比较低),并以此作为是否要求被告进一步提供豁免证据的基础。

“惠尔讯案”中,固定价格的基准是行政指导价而非行业协会自定价,对法院来说,如果推定该行政指导价是基于缜密的市场调研、以优化市场定价为目标的,可以算得上一种非常合理的假定,另外,该行业协会会员可以该行政指导价为基线有一定程度的浮动,并非典型意义上的价格之“固定”。本案与“北京市水产协会案件”的不同之处就在于此,后者中,行业协会依据自己对市场供求的判断,将价格标准强加于成员,强行介入了本应由市场机制决定的价格问题,限制竞争的效果非常明显,以至于无需原告就此承担证明责任。在反垄断判例稀少、学术智库支撑乏力的前提下,法院出于审慎考虑试图对“惠尔讯案”进行更为深入的分析,进而要求原告提供证据证明该协议具有限制竞争的效果,并不能被看作一种“法律理解”的错误,因为如果原告完成此项证据提出责任,被告就需要就法定的豁免条件举证。“北京锐邦公司诉强生医疗器材有限公司案”中,一、二审判决尽管结论并不相同,但在对法条的解释上却与“惠尔讯案”相通。对于这一裁判思路,学者的批评态度格外一致,如王健认为,“对于《反垄断法》第 13 条第 1 款和第 14 条所明确禁止的典型垄断协议,原告或执法机关只要提供了经营者达成和实施垄断协议的证据即可推定违法”[①]。

这一认识不限于有关行业协会处罚权引发的限制竞争行为的认定，对于其他类型的反垄断案件也具有同样的适用性。不过，可以看出，以上举证责任分配在一定程度上与较为精确的分类技术相关，这一分类学必须基于大量样本的归纳，并经过理论的充分论证。

（三）分类学的经验化与价值多元化

从一个相对宽泛的意义来说，《中华人民共和国反垄断法》第十三条、第十五条有关原则禁止的限制竞争事项，吸收了各国反垄断立法经验，法条所列行为一般来说都会带来限制竞争的效果，因此，被告必须提供充分的证据证明其行为符合法定的豁免条件。但是，如果与美国本身违法原则的适用范围相比，我国的分类体系范围要广一些。以美国联邦最高法院判例确立的有关横向联合行为的分类学标准来看，即便是固定价格、集体抵制等属于核心卡特尔的横向联合行为，同样存在合理原则适用的空间，只有那些对贸易“赤裸裸”的限制才适用本身违法原则，另外，纵向限制均适用合理原则加以审查。三种类型的关系如图 4–2 所示：

与略显专断的早期经验归纳相比，美国法院对于限制竞争行为是否适用本身违法原则，越来越多地借助于经济学的解释方案，并充分参考有关行为的统计数据分析，以此不断修正本身违法原则的适用范围。《中华人民共和国反

① 王健：《垄断协议认定与排除、限制竞争的关系研究》，载《法学》2014 年第 3 期。

图 4-2　三种类型的关系图

垄断法》颁布不过十余年时间，有限的案例资源大大限制了基于经验的归纳；学者似乎将反垄断的制度移植视为理所当然，分类学成为研究的基础而非可质疑的对象，对于限制竞争行为实际效果的统计数据分析几乎是一片空白。由此带来的后果就是，在法官断案阶段（包括反垄断行政部门的行政执法），《中华人民共和国反垄断法》只告诉法官诸如固定价格、联合抵制交易应当原则禁止，但对于哪些行为属于上述概念的范畴却缺乏一个明确的解释。

"原则禁止 + 例外豁免"的立法模式，主要功能与本身违法原则相似，均在于降低行政执法与司法机关的决策成本，但在缺乏充分本土化实证资源支撑的前提下，尤其是缺乏足够多数量的实际案例为归纳基础的前提下，刚性运用外延并不明确的列举式规定，有可能带来过度威慑的负面效果。

自生效以来，我国法院以及行政机关受理的反垄断争议其实并不多，其中与行业协会相关的反垄断案件仅有"北京市水产批发行业协会手册横向垄断案"等少数几例。

我国法院审理的反垄断案例类型也相对单一(主要是固定价格)。因此,在反垄断争议领域,我国法院决策成本的压力尚不明显,但可供司法机关归纳、锤炼司法经验的本土资源也较为有限。与之形成对比的是,从数量上看,进入21世纪以来,尽管美国反垄断诉讼案件数量有递减的趋势,但仅联邦反垄断集体诉讼案件每年平均就有420件,其中,2005年达到660件之多,案件数量最少的2011年也有223件。反垄断案件庞大的数量一方面为美国法官提供了充分的归纳、分类基础。另一方面,案件的积压导致法官也不得不频繁采用更为便捷的分类学裁判法尽快了结案件。即便如此,合理原则依然是美国法院审理反垄断案件的基本原则。

目前我国在反垄断法司法与行政执法实践中更为急迫的问题在于,由于执法与司法尚处于起步阶段,法院与行政机关亟须在司法实践中研究更为精准的行为类型的分类标准、裁判中举证责任的分配等问题,以应对今后可能更为复杂多样的反垄断争议。在United States v. Topco Associates Inc.一案中,美国联邦最高法院指出,“只有在对特定行业关系分析积累可观经验的前提下,法院才能将某些行为清晰界定为对《谢尔曼法》的本身违反。”[1]如果不充分考虑中国国情,片面强调将《中华人民共和国反垄断法》的理解“欧盟化”,最为直接的风险在于提高案件判断错误的可能性,这种判断错误的表现形式主要是假阳性的(即惩治了本

① United States v. Topco Associates Inc. 405 U. S. 596, 607-608(1972).

来具有效率的限制行为),但也可能是假阴性的(未能惩治没有效率的限制行为),在增加判断错误成本的同时,进而抵消“本身违法原则”旨在实现的另一个价值目标:为社会行为提供相对恒常的指导。

行业协会运用处罚措施开展自律行动,难免以成员产品价格、产量、成员资格为指向目标,如果对《中华人民共和国反垄断法》第十三、十四条所列举行为类型的外延作过于宽泛的解释,在集体豁免制度付之阙如的前提下,很可能严重抑制我国行业协会相对孱弱的行业自律尝试。

综上,我们认为,在行业协会处罚权的反垄断司法审查领域,人民法院在行为类型分类与举证责任分配方面,可以将扶持行业协会发展作为一个重要的价值参考目标,在行为类型的外延方面不宜作过度的扩张理解,在举证责任方面,对于具有行业自律规范管理目的,并且涉及价格、产量、集体抵制的处罚行为,不属于典型的《中华人民共和国反垄断法》第十三条所列举的行为类型,法院可以要求原告就存在限制竞争效果承担初步的证明责任。

(四)不同种类处罚措施的具体适用

第一,需要在分类学意义上对于“明显具有限制竞争效果”行为进行界定。由于行业协会处罚权与限制竞争行为体现为“手段—目的”的关系,因此,此处主要从处罚权旨在实现的目标着手。

处罚权与价格。如果行业协会处罚权的设置,旨在将行业协会对于产品或者服务的价格认识强加于市场交易,则原告只需提供该协议即可完成证明责任，进而要求被告就其行为具备《中华人民共和国反垄断法》的法定豁免条件举证，若案件事实真伪不明，则法院应当按照证明责任分配的判决被告败诉。这一固定价格形式可以体现为最低价格限制与最高价格限制两种类型，有统计数据表明，此类价格限制行为几乎确定会产生限制竞争的效果。[①]

就卡特尔协议而言，限制价格往往与限制产量、划分市场行为相关，否则其成员就有充分的动机扩大自己产品生产进而导致卡特尔协议崩溃。因此，有关产量的限制以及市场划分与价格的限制处理原则类似，如果行业协会处罚权旨在将行业协会组织自身对于产品数量的认识强加于成员，则原告只需提交相关协议即可完成其证明责任。

联合抵制交易属于《中华人民共和国反垄断法》第十三条规定的一种单独的垄断协议形式。就本书所界定的范畴而言，联合抵制交易即集体抵制，与其他处罚措施一样，行业协会对于内部成员的集体抵制都是实现某种特定集体目标的手段，该手段是否应当受到非难，取决于该手段的目标是否存在限制竞争的效果，“只有当联合抵制被用来实施一个违反实体性反托拉斯政策的行为时，用反托拉斯法予以打击才是合适的”[②]。本书所谓的作为行业协会处

① M. A. Lemley, C. R. Leslie. Categorical Analysis in Antitrust Jurisprudence. *Iowa Law Review*. 2008(93): 1207.

② [美]理查德·A. 波斯纳：《反托拉斯法》(第二版)，孙秋宁译，中国政法大学出版社 2003 年版，第 285 页。

罚措施的集体抵制，是协会组织向枉行成员施加的，即便有可能引发反垄断争议，但对于市场自由竞争秩序带来的损害都较为有限，因此，对于集体抵制适用本身违法并不恰当。我们认为，集体抵制行为是否应受到反垄断法的非难，取决于其服务的目的，原告仅仅提供有关该联合抵制行为存在的协议本身，并未能完成其基本的证明责任，原告还需要向法院提交有关该行为具备限制竞争效果的初步证据。

对于纵向限制而言，已经有充分的经济学研究证明其并不必然导致限制竞争的后果，因此在行业协会以处罚权保证价格等纵向限制目标时，原告至少需要提供初步证据证明此类协议具有限制竞争的效果。

第二，是关于合理原则的具体适用问题。《中华人民共和国反垄断法》尽管没有明确的关于合理原则的条款规定，但第十五条的内容对于法院如何正确运用合理原则依然具有很强的指导意义。简单来说，如果某种处罚权所保障的行为具有可信的限制竞争效果(即显而易见无需证明的，或者原告提供初步证据即可证明的)，则第十五条构成该垄断协议豁免的条件，被告对此承担证明责任；如果某种处罚权所保障的行为限制竞争效果并不明显，则第十五条的规定可以成为法院全面判断该行为是否应当被禁止的指南，只不过相应的证明责任由原告承担。

作为比较特殊的处罚形式，集体抵制及开除的合理原则适用需要单独分析。在美国司法判例中，对内的集体抵制包括两种形式，一种是对于成员资格的限制要求，即将不满足特定条件的行业经营者排除在组织之外，另一种是以拒绝交易甚至开除等处罚权形式将本属于组织的成员排除于组织之外。对于前者而言，成员准入条件的规定如果是合理的，并且不存在限制竞争的意图，则没有反垄断诉讼之虞，但是，如果某一行业协会组织的成员资格构成了在该行业经营的重要条件，那么法院对于组织规则中有关标准设置与程序规定就要采取格外严格的审查。[①]需要指出的是，如果行业协会对于相应制裁措施没有提供程序保障，虽然有可能导致法院认定该处罚违反章程规定，有程序瑕疵甚至缺失，却并不必然导致本身违法原则的适用，[②]除非该行业协会对于该行业拥有市场支配力，或者是该行业内不可缺少的组织形态。

与集体抵制相关的另一种较为特殊的处罚是开除。美国法院对于开除这一处罚措施的反垄断审查比较严苛，一般来说，如果行业协会的成员资格本身具有市场竞争价值(Competitive Value)，且失去或者无法获得该成员资格将导致不合理的市场竞争损害(Competitive Injury)，那么行业协会决定授予或者剥夺某行业经营者的决定就必须符合合理标准。当一个行业协会的资源动员能力越强，在市场竞争中的重要性越高，行为违反反垄断法的可能性也就越高，则法院对于有关会员资格的争议审查应当越严格。但如果行业协会会员资格如此重要，以至于成为该行业经营者保证

---

① Foundation for Interior Design Education Research, Plaintiff-Appellee, v. Savannah College of Art & Design 244 F. 3d 521 (6th Cir. 2001).

② Northwest Wholesale Stationers, Inc. v. Pacific Stationery & Printing Co. 472 U. S. 284 (1985).

基本的市场竞争能力的前提条件时，则法院可以判决强制行业协会接纳某经营者，或者至少为之提供相当于会员可以享受的俱乐部产品。例如，在 Associated Press v. United States[①] 一案中，美国联邦最高法院判决认为，美联社章程中有关禁止会员向非会员出售消息，以及赋予成员拥有拒绝非成员竞争者加入协会的条款，违反了《谢尔曼法》，理由在于，如果无法从这家最大的新闻机构及其成员购买新闻的话，新成立的报业公司将面临无法与美联社成员公司竞争的严峻局面。在 Silver v. New York Stock Exchange[②] 一案中，联邦最高法院认为，就纽约证券交易所对非成员享受服务的限制而言，相关证据充分表明，与纽约证券交易所成员经纪人以及交易所之间直接的电报交流，构成了非成员经纪人参与市场竞争的基本条件，因此，交易所及其成员采取集体行动，终止对非成员的电报服务违反了《谢尔曼法》。对于具有资格成员的除名，其审查原则与行业协会以准入标准限制申请者加入组织基本类似。

德国联邦最高法院对于行业协会资格准入问题也秉持类似的处理原则，当一个行业协会事实上处于垄断地位时，如果其拒绝该行业某经营者加入行业协会，即使该拒绝行为的依据有章程的明确规定，法院依然会作出强制接纳的判决，其理由在于，如果任由此类行业协会依据成员意思排除该行业其他竞争者，将“导致事实上不合法不平等的后

① Associated Press v. United States. 326 U. S. 1 (1945).

② Silver v. New York Stock Exchange. 373 U. S. 341 (1963).

果并且给该企业造成不公平的损害”[①]。基于同样的理由，德国卡特尔局有权命令该行业协会接受该行业某企业的申请。需要指出的是，垄断性地位并非行业协会资格准入限制的必要条件，只要该行业协会满足“已取得了显著地位，且申请人在申请取得成员地位方面有着重大或根本的利益”即可。[②]

① ［德］卡尔·拉伦茨:《德国民法通论》（上册），王晓晔等译，法律出版社2003年版，第225页。

② ［德］卡尔·拉伦茨:《德国民法通论》（上册），王晓晔等译，法律出版社2003年版，225~226页。

参考文献

中文著作类(含学位论文):

[1] 陈金罗，金锦萍，刘培峰．等．中国非营利组织法专家建议稿[M]．北京：社会科学文献出版社，2013.

[2] 陈晓军．互益性法人法律制度研究——以商会、行业协会为中心[M]．北京：法律出版社，2007.

[3] 方洁．社团处罚研究[D]．北京：中国政法大学博士学位论文，2006.

[4] 郭树理．体育纠纷的多元化救济机制探讨——比较法与国际法的视野[M]．北京：法律出版社，2004.

[5] 金锦萍．等译．外国非营利组织法译汇(二)[M]．北京：社会科学文献出版社，2010.

[6] 黎军．行业自治与国家监督——行业协会实证研究[M]．北京：法律出版社，2006.

[7] 鲁篱．行业协会经济自治权研究[D]．重庆：西南政法大学博士学位论文，2002.

[8] 鲁篱．行业协会限制竞争法律规制研究[M]．北京：北京大学出版社，2009.

[9] 裴洋．反垄断法视野下的体育产业[M]．武汉：武汉大学出版社，2001.

[10] 曲彦斌．行会史[M]．上海：上海文艺出版社，1999.

[11] 王名扬．法国行政法[M]．北京：中国政法大学出版社，1988.

[12] 王名扬．美国行政法[M]．北京：中国法制出版社，1995.

[13] 王日根．中国会馆史[M]．上海：中国出版集团东方出版中心，

2007.
[14] 余晖 . 等 . 行业协会及其在中国的发展 : 理论与案例 [M]. 北京 : 经济管理出版社 , 2002.
[15] 张静 . 法团主义 [M]. 北京 : 中国社会科学出版社 , 1998.
[16] 周雪光 . 组织社会学十讲 [M]. 北京 : 社会科学文献出版社 , 2003.

译著类 :

[1] 阿维纳什·迪克西特 . 法律缺失与经济学 : 可供选择的经济治理方式 [M]. 郑江淮 , 等译 . 北京 : 中国人民大学出版社 , 2007.
[2] 埃哈尔·费埃德伯格 . 权力与规则——组织行动的动力 [M]. 张月 , 等译 , 上海 : 上海人民出版社 , 2005.
[3] 埃莉诺·奥斯特罗姆 . 公共事物的治理之道 : 集体行动制度的演进 [M]. 余逊达 , 陈旭东 , 译 . 上海 : 上海译文出版社 , 2012.
[4] 埃莉诺·奥斯特罗姆 . 等 . 规则、博弈与公共池塘资源 [M]. 王巧玲 , 任睿 , 译 . 西安 : 陕西人民出版社 , 2011.
[5] 埃里克·C. 波斯纳 . 法律与社会规范 [M]. 沈明 , 译 . 北京 : 中国政法大学出版社 , 2004.
[6] 埃里克·弗鲁博顿 , 鲁道夫·芮切特 . 新制度经济学 : 一个交易费用分析范式 [M]. 姜建强,罗长远 , 译 . 上海 : 格致出版社 , 上海三联书店 , 上海人民出版社 , 2010.
[7] 安东尼·吉登斯 . 民族—国家与暴力 [M]. 胡宗泽 , 赵力涛 , 译 . 北京 : 生活·读书·新知三联书店 , 1998.
[8] 贝卡利亚 . 论犯罪与刑罚 [M]. 黄风 , 译 . 北京 : 中国大百科全书出版社 , 2005.
[9] 边沁 . 立法理论——刑法典原理 [M]. 孙力 , 等译 . 北京 : 中国人民公安大学出版社 , 1993.
[10] 布劳 . 社会生活中的交换与权力 [M]. 李国武 , 译 . 北京 : 商务印书馆 , 2008.
[11] 大卫·D. 弗里德曼 . 经济学语境下的法律规则 [M]. 杨欣欣 , 译 . 北京 : 法律出版社 , 2004.

[12] 佛里德赫尔穆·胡芬.行政法学总论[M].莫光华,译.北京:法律出版社,2003.
[13] 弗兰克·H.奈特.风险、不确定性和利润[M].安佳,译.北京:商务印书馆,2010.
[14] 哈罗德·J.伯尔曼.法律与革命——西方法律传统的形成[M].贺卫方,等译.北京:中国大百科全书出版社,1993.
[15] 霍布斯.利维坦[M].黎思复,黎庭弼,译.北京:商务印书馆,1985.
[16] 卡尔·拉伦茨.德国民法通论[M].王晓晔,等译.北京:法律出版社,2003.
[17] 理查德·A.波斯纳.正义/司法的经济学[M].苏力,译.北京:中国政法大学出版社,2002.
[18] 卢梭:《社会契约论》,何兆武,译,北京:商务印书馆,2003.
[19] 罗伯特·C.埃里克森.无需法律的秩序[M].苏力,译.北京:中国政法大学出版社,2003.
[20] 罗伯特·阿克塞尔罗德.合作的进化[M].吴坚忠,译.上海:上海人民出版社,2007.
[21] 罗纳德·哈里·科斯.企业、市场与法律[M].盛洪,陈郁,译.上海:格致出版社、上海三联书店、上海人民出版社,2010.
[22] 罗素.西方哲学史(下卷)[M].马元德,译.北京:商务印书馆,2003.
[23] 马克斯·韦伯.经济与社会(第1卷)[M].阎克文,译.上海:上海人民出版社,2010.
[24] 曼瑟尔·奥尔森.集体行动的逻辑[M].陈郁,郭宇峰,李崇新,译.上海:格致出版社、上海三联书店、上海人民出版社,2011.
[25] 美浓部达吉.公法与私法[M].黄冯明,译.北京:中国政法大学出版社,2003.
[26] 米歇尔·福柯.规训与惩罚[M].刘北成,杨远婴,译.北京:生活·读书·新知三联书店,2007.
[27] 棚濑孝雄.纠纷的解决与审判制度[M].王亚新,译.北京:中

国政法大学出版社，2004.
[28] 乔纳森·H. 特纳 . 社会学理论的结构 [M]. 邱泽奇，张茂元，等译 . 北京：华夏出版社，2006.
[29] 山本敬三 . 民法讲义·总则 [M]. 解亘，译 . 北京：北京大学出版社，2004.
[30] 汤普逊 . 中世纪经济社会史 (下册) [M]. 耿淡如，译 . 北京：商务印书馆，1997.
[31] 意大利民法典 [M]. 费安玲，丁玫，译 . 北京：中国政法大学出版社，1997.
[32] 约翰·罗尔斯 . 正义论 [M]. 何怀宏，何包钢，廖申白，译 . 北京：中国社会科学出版社，1988.
[33] 詹姆斯·N. 罗西瑙 . 没有政府的治理 [M]. 张胜军，刘小林，等译 . 南昌：江西人民出版社，2001.

英文著作类：

[1] D. P.Baron. *Business and Its Environment* [M]. London: Pearson Education International, 2009.
[2] G. C.Homans. *Social Behavior: Its Elementary Forms* [M]. New York: Harcourt, Brace & World, 1961.
[3] H. Hovenkamp, P.E. Areeda. *Fundamentals of Antitrust Law* [M]. New York: Kluwer Academic/Plenum Publishers, 2010.
[4] H. Simons. *Economic Policy for a Free Society* [M]. Chicago: The University of Chicago Press, 1948.
[5] J. V. Rees. *Hostages of Each Other: The Transformation of Nuclear Safety Since Three Mile Island* [M]. Chicago: The University of Chicago Press, 1996.
[6] M. Hechter. *Principles of Group Solidarity* [M]. Berkeley, CA: University of California Press, 1987.
[7] M. Freedland, J. Auby. *The Public Law/Private Law Divide, Une ententeassez cordiale* ? [M]. Portland: Hart Publishing, 2006.
[8] P. M. Blau. *Structural Contexts of Opportunities* [M]. Chicago: The

University of Chicago Press, 1994.
[9] R. H. Bork. *The Antitrust Paradox: A Policy at War with Itself* [M]. New York: Basic Books Inc., 1978.
[10] T. V. Vakerics. *Antitrust Basics* [M]. New York: Law Journal Press, 1995.

中文论文类：

[1] A. 米切尔·波林斯基，斯蒂芬·谢弗．公共执法的经济学理论 [J]. 徐昕，尹彦，译．南大商学评论，2005 (1).
[2] 曹达全．行政诉讼审查范围的难题——以公法与私法的划分为出发点分析 [J]. 行政法学研究，2008 (1).
[3] 陈承堂．论社会团体权力的生成——以消费者协会与行业协会为例 [J]. 南京大学学报：哲学·人文科学·社会科学，2009 (4).
[4] 陈承堂．社团罚的合法性审思——武汉光谷足球俱乐部退赛事件的法理解读 [J]. 武汉体育学院学报，2009 (7).
[5] 陈荣隆．同业公会为联合行为主体之研究——兼评行政院公平交易委员会公处字第 95012 号及第 95013 号处分书 [J]. 月旦民商法杂志，2008 (6).
[6] 陈剩勇，马斌．温州民间商会：一个制度分析学的视角 [J]. 浙江大学学报（人文社会科学版），2003 (3).
[7] 方洁，周兴．社团规章的行政法法源性论说 [J]. 行政法学研究，2006 (1).
[8] 顾昕，王旭．从国家主义到法团主义——中国市场转型过程中国家与专业团体关系的演变 [J]. 社会学研究，2005 (2).
[9] 管瑜珍．社团自治离不开法律？——以社团规章的司法介入为例 [J]. 行政法学研究，2007 (2).
[10] 康晓光，韩恒．分类控制：当前中国大陆国家与社会关系研究 [J]. 社会学研究，2005 (6).
[11] 黎军．基于法治的自治——行业自治规范的实证研究 [J]. 法商研究，2006 (4).
[12] 黎军．论司法对行业自治的介入 [J]. 中国法学，2006 (4).

[13] 黎军 . 试论行业组织管理权力的来源 [J]. 当代法学 , 2002 (7).
[14] 李剑 . 横向垄断协议法律适用的误读与澄清——评“深圳有害生物防治协会垄断案”[J]. 法学 , 2014 (3).
[15] 林明锵 . 同业公会与经济自律——评大法官及行政法院相关解释与判决 [J]. 台北大学法学论丛 , 2009 (9).
[16] 林腾鹞 . 德国行政处罚制度之研究 [J]. 东海法学研究 , 1999 (14).
[17] 鲁篱 . 论非法律惩罚——以行业协会为中心展开的研究 [J]. 河北大学学报 (哲学社会科学版), 2004 (5).
[18] 陆冰然 , 谢思全 . 行业协会中的横向与纵向联系——基于 TCE 框架的探讨 [J]. 云南社会科学 , 2010 (1).
[19] 马斌 , 徐越倩 . 民间商会的治理结构与运行机制——以温州民间商会自主治理为个案的研究 [J]. 理论与改革 , 2006 (1).
[20] 乔迪·弗里曼 . 私人团体、公共职能与新行政法 [J]. 晏坤 , 译 . 北大法律评论 , 2003 (2).
[21] 任剑新 . 美国反垄断思想的新发展——芝加哥学派与后芝加哥学派的比较 [J]. 环球法律评论 , 2004 (2).
[22] 王健 . 垄断协议认定与排除、限制竞争的关系研究 [J]. 法学 , 2014 (3).
[23] 王林萍 , 林奇英 . 责任关怀的影响及评述 [J]. 技术经济 , 2006 (11).
[24] 王诗宗 . 第三部门的发展与公民社会的前景——以温州商会为例 [J]. 公共管理学报 , 2004 (4).
[25] 吴元元 . 公共执法中的私人力量——悬赏举报制度的法律经济学重述 [J]. 法学 , 2013 (9).
[26] 信春鹰 , 张烨 . 全球化结社革命与社团立法 [J]. 法学研究 , 1998 (3).
[27] 徐建牛 , 孙沛东 . 行业协会 : 集群企业集体行动的组织基础——基于对温州烟具协会的案例分析 [J]. 浙江学刊 , 2009 (1).
[28] 徐明 , 卢文道 . 从市场竞争到法制基础 : 证券交易所自律监管

研究 [J]. 华东政法学院学报 , 2005 (5).
[29] 许春镇 . 论自治行政之概念及其类型 [J]. 台北大学法学论丛 , 2006 (59).
[30] 余晖 . 行业协会的制度动力学原理 [J]. 经济管理 , 2001 (4).
[31] 余凌云 . 行业协会的自律机制——以中国安全防范产品行业协会为个案研究对象 [J]. 清华法律评论 , 2007 (1).
[32] 袁曙宏 , 苏西刚 . 论社团罚 [J]. 法学研究 , 2003 (5).

英文论文类：

[1] A. A.King, M. J.Lenox. Industry Self-Regulation Without Sanctions: The Chemical Industry's Responsible Care Program [J]. *Academy of Management Journal*, 2000,(43).
[2] A. Gavil. Moving Beyond Caricature and Characterization: The Modern Rule of Reason in Practice [J]. *Southern California Law Review*, 2012, 85 (3).
[3] A. J. Hoffman. Institutional Evolution and Change: Environmentalism and the U. S. Chemical Industry [J]. *Academy of Management Journal*, 1999, 42 (4).
[4] A. K. Gupta, L. J. Lad. Industry Self-Regulation: An Economic, Organizational, and Political Analysis [J]. *Academy of Management Review*, 1983, 8 (3).
[5] A. Grief. Contract Enforceability and Economic Institutions in Early Trade: The Maghribi Traders Coalition [J]. *American Economic Review*, 1993, 83 (3).
[6] B. Kobayashi, T. Muris. Chicago, Post-Chicago, and Beyond: Time to Let Go of the 20th Century [J]. *Antitrust Law Journal*, 2012, 78 (1).
[7] B. Orbach. The Antitrust Consumer Welfare Paradox [J]. *Journal of Competition Law and Economics*, 2011, 7 (1).
[8] D. Knight. Power to Make Bylaws [J]. *New Zealand Law Journal*, 2005, 5.
[9] D. Sinclair. Self-Regulation Versus Command and Control ? Beyond

False Dichotomies [J]. *Law & Policy*, 1997, 19 (4).

[10] D. Baldwin. Power and Social Exchange [J]. *American Political Science Review*, 1978, 72 (4).

[11] G. T. Gundlach, J. J.Mohr. Collaborative Relationships: Legal Limits and Antitrust Considerations [J]. *Journal of Public Policy & Marketing*, 1992, 11.

[12] G. Homans. Social Behavior as Exchange [J]. *American Journal of Sociology*, 1958, 63 (6).

[13] I. Maitland. The Limits of Business Self-Regulation [J]. *California Management Review*, 1985, 27 (5).

[14] J. T. Scholtz,. Cooperation, Deterrence, and the Ecology of Regulation Enforcement [J]. *Law & Society Review*, 1984, 18 (2).

[15] J. T. Scholz, W. Gray OSHA Enforcement and Workplace Injuries: A Behavioral Approach to Risk Assessment [J]. *Journal of Risk and Uncertainty*, 1990, 3 (3).

[16] J. T. Scholz. Enforcement Policy and Corporate Misconduct: The Changing Perspective of Deterrence Theory [J]. *Law and Contemporary Problems*, 1997, 60 (3).

[17] J. V. Rees. Development of Communitarian Regulation in the Chemical Industry [J]. *Law & Policy*, 1997, 19 (4).

[18] K. Cook. Charting Futures for Sociology: Structure and Action [J]. *Contemporary Sociology*, 2000, 29.

[19] K. S. Cook, J. M. Whitmeyer. Two Approaches to Social Structure: Exchange Theory and Network Analysis [J]. *Annual Review of Sociology*, 1992, 18

[20] L. Bernstein. Opting out of the Legal System: Extralegal Contractual Relations in the Diamond Industry [J]. *The Journal of Legal Studies*, 1992, 21 (1).

[21] L. Bernstein. Private Commercial Law in the Cotton Industry: Creating Cooperation Through Rules, Norms, and Institutions [J]. *Michicgan Law Review*, 2001, 99 (7).

[22] M. L. Barnett, A. A. King. Good Fences Make Good Neighbors: A Longitudinal Analysis of an Industry Self-Regulatory Institution [J]. *Academy of Management Journal.* 2008, 51 (6).

[23] M. Lenox. Industry Self-Regulation and Adverse Selection: A Comparison Across Four Trade Association Programs [J]. *Business Strategy and the Environment*, 2003, 12 (6).

[24] M. A. Lemley, C. R. Leslie. Categorical Analysis in Antitrust Jurisprudence [J]. *Iowa Law Review*, 2008, 93.

[25] N. Gunningham. Environment, Self-Regulation, and the Chemical Industry: Assessing Responsible Care [J]. *Law & Policy*, 1995, 17 (1).

[26] P. J. Dimaggio, W. W. Powell. The Iron Cage Revisited: Institutional Isomorphism and Collective Rationality in Organizational Fields [J]. *American Sociological Review*, 1983, 48 (2).

[27] P. R. Milgrom, D. C. North, B. R. Weingast. The Role of Institutions in the Revival of Trade: The Medi-Eval Law Merchant, Private Judges, and the Champagne Fairs [J]. *Economics and Politics*, 1990, 2 (1).

[28] R. M. Emerson. Power-Dependence Relations [J]. *American Sociological Review*, 1962, 27 (1).

[29] R. D. Cooter, A. Porat. Should Courts Deduct Nonlegalsanctions from Damages ? [J]. *Journal of Legal Studies*, 2001, 30 (2).

[30] R. A. Posner. The Next Step in the Antitrust Treatment of Restricted Distribution [J]. *The University of Chicago Law Review*, 1981, 48 (1).

[31] T. R. Wotruba. Industry Self-Regulation: A Review and Extension to a Global Setting [J]. *Journal of Public Policy & Marketing*, 1997, 16 (1).

[32] T. R. Hemphill. Self-Regulating Industry Behavior: Antitrust Limitations and Trade Association Codes of Conduct [J]. *Journal of Business Ethics*, 1992, 11 (12).

[33] T. C. Arthur. Farewell to the Sea of Doubt: Jettisoning the Constitutional Sherman Act [J]. *California Law Review*, 1986, 74 (2).

[34] T. Piraino. Reconciling the Per Se and Rule of Reason Approaches

to Antitrust Analysis [J]. *Southern California Law Review*, 1991, 64.

[35] W. E. Kovacic. The Influence of Economics on Antitrust Law [J]. *Economic Inquiry*, 2010, 30 (2).

[36] W. E. Kovacic, C. Shapiro. Antitrust Policy: A Century of Economic and Legal Thinking [J]. *Journal of Economic Perspectives*, 2000, 14 (1).

[37] W. E. Kovacic. The Antitrust Paradox Revisited: Robert Bork and the Transformation of Modern Antitrust Policy [J]. *Wayne Law Review*, 1990, 36.

索　引

B

C

D

G

H

J

N

Q

S

T

W

X

Z

后　记

本书是在我的博士学位论文基础上修订而成的，我不打算在后记中聊诸如自己的出生、童年、人生际遇及求学经历之类的话题，因为情节如此平淡，以至于无论如何都不可能写成一部《大卫·科波菲尔》式的自传。我还是老老实实写一点与本书相关的学术话题吧。

有关选题。行业协会处罚权的研究严格意义上是一个传统民法研究题目（社团罚的子概念），但在我国反倒是行政法学者对此研究颇多。这种学科差别导致在研究结论上颇有特色，例如，有关社团罚到底应该以民事诉讼审查，还是以行政诉讼审查为原则。我提出的以民事诉讼为原则的解决方案与其说是标新立异，不如说是借鉴了大陆法系对于该论题的传统解决方法。本选题具备很强的扩展适用性，有关权力产生与平衡的机制研究可以运用于其他紧密型组织的权力分析，有关反垄断法规制原则的梳理，对于我国刚刚起步的反垄断司法与行政执法，即便不属于行业协会行为，也有同样的解释力。宏观上来说，行业协会处罚权属于软法机制的一个运作范例，如果本书的相关方法与结论能够经受住检验的话，我很期待将之运用于方兴未艾的软法研究中。从微观的角度来说，本书仅仅是一个总论，并未特别就某种特定行业协会作具体分析，理由在于，概括性的构建尽管难度更大，但若能形成一个初步的理论体系，则可以将之运用于具体行业协会的场景研究，反之则不然。另外，行业处罚权问题的研究可以深化目前学术界对于行业自治权的认识，为利用行业自治解决诸如环境污染、食品安全等热点问题提供坚实的理论基础。

有关体例。读者对于本书体例的直接观感可能是四平八稳平淡无奇，说不好听一点就是类似于教材的体例。关于这个问题，我认为：第一，对于行业协会处罚权的系统化研究虽然目前非常稀缺，但其中的理论争议点不少，因此，值得花工夫、花篇幅对此加以全面梳理与解读；第二，本书20余万字，基本涵盖了与本课题相关联的主要研究内容，但并非面面俱到，主次不分。如果稍加留意就可以看出，本书的结构与内容安排方面，与惯常的研究体例在逻辑上有很大区别，重在回应关涉行业协会处罚权问题的核心话题与争议。如果非要说这本书是一本教材的话，那么方法、思路、观点乃至材料选取才是判断检验的标准，诚如朱庆育教授在其著作《民法总论》的序言中所言，即便是教科书，也并不必然比研究特殊问题的作品更少学术含量。[①]

有关缺憾。我在写作过程中翻阅了许多外文文献，但由于语言工具的限制，不少第一手的域外参考材料源于英美法系的学者，欧陆国家尤其是德、法两国有关该问题的第

---

① 朱庆育：《民法总论》，北京大学出版社2013年版，序言。

一手资料比较欠缺，这是本书一个较大缺憾。从英美法系的相关研究看，有关行业协会（不限于处罚权问题）的研究已经涌现不少出色的实证分析文章，例如对于环境产业自治效果与处罚权之间因果律的统计分析论文。统计分析的方法可以有效检验理论假设的真伪，是社会学研究的一个主要范式分支，由于数据及方法两方面的客观限制，本书未能将之运用于理论检验环节，这也是我深感忐忑的地方。尽管我在写作中付出了艰辛的劳动，但献芹之作，其中疏漏甚至错误是否"蜇于口，惨于腹"，还需要方家指点迷津。

本书有关域外司法判决案例在各主流搜索引擎中均可以方便查找，有关外文论文主要来源于Westlaw、Lexis、Heinonline等数据库。当然，文献检索过程本身就是一项并不比写作轻松的工作。

很大程度上来说，我仅仅是本书的执行者，在书稿完成之际，我对那些帮助、支持我完成这本专著的亲人师友致以真诚的谢意。

首先要感谢的，当然是我的导师，西南财经大学法学院院长、博士生导师鲁篱教授。鲁篱教授渊博的知识与严谨的治学态度让我折服。在西南财经大学求学的这几年，鲁篱教授的言传身教让我这个资质平平的法学研究门外汉初步具有了独立从事科研工作的能力。鲁篱教授本身就是行业协会研究的权威学者，本书选题可以看作学生对老师研究领域的进一步拓展。从选题方向的确定，到全文的结构布局，甚至与本书相关的参考资料收集，鲁篱教授都付出了巨大心血。就研究方法论来说，从见面第一天开始，鲁篱教授就重在锤炼我对综合性研究方法的把握能力，也正是在他的引导下，我开始初步了解诸如结构功能论、冲突理论、社会交换理论等法社会学的分析范式，我也希望本书能够基本达到鲁篱教授预期，至少不让恩师过于失望。

其次我要感谢我的爱人严皓女士。在我博士就读期间，严皓女士承担了大部分家庭事务，以便我能够安心地看书写论文。本书的每一个字都离不开她无私的支持与付出。我还要感谢我的父母和岳父岳母，父母给予我的是生命，而岳父岳母则赐给我一个好妻子。

感谢西南财经大学法学院博士生导师吴元元教授对我的科研工作提供的智识引导，在论文写作过程中，我尝试着运用吴教授讲授的方法论，文中多处也引用了吴教授的代表作品。感谢我的博士后合作导师，四川大学的龙宗智教授，感谢西南财经大学法学院的高晋康教授、马俊驹教授、辜明安教授，他们在学术方面的点拨与帮助让我获益良多。

感谢重庆市社科规划项目(课题编号 2020YBFX46)、重庆工商大学高层次人才科研启动项目(批准号:2053021)、基层司法能力研究中心年度项目(课题编号:JCSF 2015-01)，以及重庆知识产权运营研究中心为本书的写作提供经费支持，感谢我的工作单位重庆工商大学。感谢富顺县人民法院、四川省银行业协会、四川省家用电器行业协会为本书提供的丰富调研素材。

凌潇

2020 年 10 月 11 日